【제4판】

인간행동과 사회환경

장수한 · 김현주 · 임 혁 · 채인숙

KNOWLEDGE COMMUNITY 공동체

머리말

'인간행동'은 모든 학문의 오랫동안의 역사이자 내용이다. 사회의 변화와 문제를 반영하고 인간의 욕구를 발견하며 해결하는 개입방안을 제시한다. 특히 인간 상호 간이나 인간과 체계의 상호작용을 강조하는 사회복지실천에 있어서 '인간행동'은 과학적 · 체계적 접근의 기본 전제이자 기초 학문이다.

이 책은 인간행동과 발달에 대한 이론적 기반을 형성하고자 한다. 또한 인간의 성장과 발달주기에 대한 이해와 사회복지실천의 개입 근거를 제공하고자 한다. 따라서 이 책은 이러한 목적을 달성하기 위해 인간행동과 사회환경의 개요, 발달이론의 이해, 성격이론의 이해, 사회환경의 이해의 4부로 구성되어 있다.

제1부에서는 인간행동에 대한 이해와 사회복지와의 관계에 관한 내용으로서 '인간행동과 사회환경' 과목의 이해와 발달이론과 성격이론 및 사회환경과 사회복지실천과의 관계를 논의하고 있다.

제2부에서는 인간의 발달이론과 생의 주기에 관한 내용으로서 영유아기, 아동기, 청소년기, 성인기, 노년기로 생의 주기와 발달단계를 구별하고 있으며 발달단계별 특징과 욕구 및 문제 등에 대해 기술하고 사회복지실천에서의 관심과 개입기술을 논의하고 있다.

제3부에서는 인간행동에 대한 개입의 사회과학적 체계로서 성격이론을 소개하고 있다. 인간행동의 발달과정과 성격이론은 개인 및 사회 문제에 대한 시대적 · 사회적 · 문화적 맥락을 중심으로 기술하였다. 정신분석이론, 분석심리이론, 개인심리이론, 심리사회이론, 행동주의 이론, 사회학습이론, 인지이론, 인본주의 이론

으로 구별하여 기술하고 있다.

제4부에서는 사회환경에 대한 이해로서 사회환경과 사회체계를 다루고 있다. '사회체계'는 사회복지실천의 관점과 개입기술에 많은 영향을 미치고 있다. 이러한 관점에서 사회체계적 관점과 이론에 대해 소개하고 있으며, 생태학적 관점의 차이점과 관계로서 사회체계 내에서의 인간행동을 이해하고 또 파악하는 내용들을 논의하고 있다. 또한 가족과 집단, 조직, 지역사회와 문화체계의 소개를 통해 사회체계 속에서의 인간행동을 설명하고 있다.

네 번째 개정판은 다음의 몇 가지 점에서 완성도를 높이고자 노력하였다.

첫째, 생애 발달과 사회복지 부문에서 각 단계의 특성과 연령, 제도 및 개입에 대한 최근의 경향을 반영하고자 노력하였다. 특히 학대, 권리, 존엄사 등 인간행동과 복지이슈에 대해 저자들의 현장에서의 실천경험과 지역사회 등 환경적 요인의 영향과 관련된 연구경험을 바탕으로 영유아와 아동, 청소년, 성인, 노년기 등 사회복지 실천현장에 접목하고자 노력하였다.

둘째, 성격이론 부분에 있어서 최근의 새로운 관점과 사회복지실천과의 연관성을 보완하려고 노력하였다. 특히, 저자의 감정코칭에 대한 실천과 연구경험을 토대로, 개인심리이론, 분석심리이론, 인지이론, 행동주의 및 사회학습이론을 스트레스 연구 및 여러 인구집단의 정신건강 연구와 실천경험을 학문적 자산으로 삼아 인간행동, 생애발달과 사회복지, 심리사회이론, 인본주의이론, 사회구성체계의 이해를 수정하고 보완하는 집필 작업을 수행했다.

또한 정신건강 및 학교, 지역사회 등 환경적 요인의 영향과 관련된 연구경험을 바탕으로 영유아 및 아동발달, 정신분석이론, 생태체계이론을 집필했다.

셋째, 현재 현장과 임상사회사업에 중점을 두고 정신장애인의 정신사회재활, 가족상담 및 부모교육 등을 보완하였다.

넷째, 1급 사회복지사 필수과목으로서 최근의 출제경향에 대한 분석과 대비에 중점을 두었다.

집필진의 실천경험과 연구의 전문성을 바탕으로 급속한 사회환경의 변화와 다양한 욕구와 개인 및 사회 문제에 접근하는 이론적 기반과 사회복지적 실천기술의 체계적 · 전문적 개입의 틀을 제공하고자 하는 욕구를 최대한 반영하고자 노력하였다.

그러나 4판의 개정에서 곳곳의 경사진 부분을 보완하고, COVID-19로 인한 인간행동과 사회환경에 대해 현장의 목소리와 집필진의 수많은 토론에도 불구하고 부족함은 여전하다.

이 점에 대해 독자 여러분의 너그러운 이해를 바라며, 지속적인 노력을 해나갈 것을 약속한다.

2022. 8.

저자 일동

차례

| 제2부 | 발달이론의 이해

| 제2장 | 영유아기 발달과정과 사회복지실천 / 37

| 제3장 | 아동기 발달과정과 사회복지실천 / 59

| 제4장 | 청소년기 발달과정과 사회복지실천 / 75

| 제11장 | 행동주의 및 사회학습이론 / 221

| 제12장 | 인지이론 / 243

| 제13장 | 인본주의 이론 / 271

1

Part

인간행동과 사회환경의 개요

제1장 인간행동, 생애발달과 사회복지

인간의 생애발달과 행동 특성을 연구하는 사회과학의 오래된 연구 주제는 첫째, "인간의 신체와 정신은 어떻게 발달하는가?", 둘째, "인간은 어떤 행동을 하고 그 이유는 무엇인가?", 셋째, "인간의 성격과 행동은 어떤 상황에서 주로 나타나고 그것은 어떤 결과를 가져오는가?" 등 인간의 발달과 성격 그리고 행동의 인과관계를 중심으로 이루어져 왔다. 사회복지학에서는 인간을 대상으로 인간의 삶의 안녕(well-being)을 증진하는 것을 강조한다. 그러므로 인간을 발달을 둘러싼 생물학적 요인과 사회환경 요인을 검토하는 일은 사회복지실천의 기초 지식기반이 되고 있다. 그런 점에서 볼 때, '인간행동과 사회환경(Human Behavior and Social Environment)'이라는 교과목은 인간의 성격과 행동을 연구하는 사회복지학의 기본서로 불리고 있다. 특히 클라이언트(client)를 효과적으로 원조하기 위해서는 개인의 성격과 발달과정을 잘 이해하고 개인의 삶과 가족의 관계, 개인과 환경의 관계 등을 충분히 검토하는 것이 필요하다. 그 이유는 인간은 사회적 존재이며 타인과의 관계 속에서 성장하고 발달하는 개별화된 존재이기 때문이다. 따라서 인간행동의 사회적 맥락을 고려하고 개인 심리 내면의 특성을 깊이 분석하는 일은 사회복지실천을 수행할 때 매우 중요한 의미를 지닌다. 이 장에서는 인간행동의 특성, 생애발달과 사회복지의 관계를 이해하는 데 초점을 두고자 한다.

1. 인간행동의 심리사회적 특성

인간은 사회적 존재이며 다른 사람들과의 관계 속에서 자신만의 뚜렷한 개성을 찾고 이를 유지한다. 그래서 사회복지학에서는 개인이나 가족이 사회환경과 맺고 있는 관계에 일차적인 관심을 둔다. 인간행동은 인간의 행동과 그 행동이 일어나는 사회환경 간의 끊임없는 상호작용을 충분히 고려할 때 비로소 그 의미가 정확하게 이해될 수 있다. 이것은 인간행동의 사회적 맥락과 성격발달과 관련된 것으로서, 인간행동의 심리사회적 특성을 이해하기 위해서는 다음과 같이 세 가지 측면을 고려할 필요가 있다.

첫째, 인간의 생애발달주기별로 나타나는 특수한 발달의 양상과 특정 발달시기에 주어지는 발달과업에 관한 심리사회적 특성에 대한 이해이다. 인간은 태어난 순간부터 사망에 이르기까지 끊임없이 발달하는 역동적인 변화를 거듭한다. 일반적으로 인간의 역동적 변화를 설명해 줄 수 있는 개념을 발달(development)이라 부른다. 발달은 인간의 신체 · 심리 · 사회적 요인이 상호작용하여 전 생애에 걸쳐 일어나는 질서정연하고 연속적이고 때로는 상승하나 때로는 퇴행하는 일련의 변화과정을 의미한다(권중돈 · 김동배, 2006).

둘째, 인간의 행동을 결정하는 요인과 특정한 인간행동의 맥락을 이해하는 기본 틀을 제공하는 성격에 관한 심리사회적 특성의 이해이다. 흔히 성격(personality)이라고 하는 것은 어떤 한 개인이 다른 누구도 아닌 오로지 자신을 대표하는 한 사람으로서 세상과 타인을 구별하여 주는 신체 · 정신 · 행동적 특성들의 복합체라고 할 수 있다(Zastrow & Kirst-Ashman, 2004). 그야말로 성격이란 한 사람의 모습이 사회적으로 어떻게 보이고 그 사람이 실제 어떤 사람인지를 보여주는 대표적인 사회적 언어와 같은 것이다.

셋째, 사회복지실천 과정에서의 인간행동과 발달과업에 관한 심리사회적 특성의 이해이다. 인간행동에 관한 심리사회 특성을 이해하는 것이 중요한 이유는 다음과 같은 사회복지실천의 목적과 연관하여 설명할 수 있다(Zastrow & Kirst-Ashman, 2007 : 5).

① 사회복지 실천의 목적은 클라이언트가 사회환경에 적응하지 못하는 부적응의 문제들을 해결하고 환경에 잘 적응하도록 돕는 데 있다.
② 사회복지사는 클라이언트에게 필요한 사회자원과 사회서비스가 충분히 제공될 수 있도록 가족과 지역사회, 정부조직 등을 포함한 여러 사회체계에 개입할 수 있어야 한다.
③ 사회복지사는 클라이언트가 사회자원과 사회참여의 기회에 쉽게 접근할 수 있도록 그와 관련된 체계들을 연결하고 중개한다.

이상의 견해들은 사회복지실천이 인간행동과 더불어 개인과 그를 둘러싼 사회체계들 사이에서 이루어지는 상호작용에 관심을 가지고 개입하는 등 인간행동의 심리사회적 특성에 근거하여 이루어지는 실천학문임을 잘 설명해 주고 있다.

2. 인간발달의 개념과 원리

1) 인간발달의 개념

일반적으로 발달(development)은 경험이나 훈련은 물론 유전적 요인으로 일어나는 변화까지 포함하며, 내적인 변화뿐 아니라 외적인 변화까지도 포함하기 때문에 더 넓은 의미를 지닌다고 볼 수 있다. 발달은 신체뿐만 아니라 심리적 측면과 사회적 측면을 포함하기 때문에 양적 확대뿐만 아니라 양과 질의 상승적 · 퇴행적 변화를 모두 포함한다. 그러므로 발달은 다른 유사개념들과 달리 가장 넓은 개념이라 할 수 있으며, 전 생애에 걸쳐서 일어나는 변화의 특징을 가진다. 다음은 발달과 유사한 의미로 사용되는 성장(growth), 성숙(maturation), 학습(learning)에 관한 설명이다.

(1) 성장(growth)

성장이란 신체 크기의 증대, 근력 증가 등과 같은 양적 확대를 의미하는 것으로, 신체적·생리적 측면에서의 양적인 변화를 의미한다. 성장은 환경의 영향을 비교적 덜 받는 것으로서 외적 자극이 없이도 일어날 수 있다. 그리고 성장은 일정 시기가 되면 멈추는 특성이 있다. 예를 들어, 성장에는 키와 몸무게의 증가, 사용할 수 있는 어휘력의 증가, 유치가 영구치로 대체됨, 일정한 나이가 되면 나타나는 2차 성징의 출현 등 매우 다양한 신체변화의 특징이 포함될 수 있다. 성장과 발달의 차이는 성장이 양적인 변화를 의미하는 것이라면 발달은 양적이고 질적인 것 모두를 포함한다는 점에서 차이가 있다.

(2) 성숙(maturation)

성숙은 경험이나 훈련과 관계없이 인간의 내적 또는 유전적 기제의 작용에 따라 나타나고, 체계적이면서 규칙적으로 진행되는 신경생리학적 측면에서 발생하는 신체적 및 심리적 변화를 의미한다(Berk, 2002). 그리고 성숙은 자연적으로 형성되는 성격이 강하여 외부 환경의 영향을 상대적으로 덜 받는다. 따라서 성숙은 학습이나 훈련과 관계없이 순전히 유전적인 요인에 따라서 나타나는 질적 변화를 의미한다. 예를 들면, 아기가 돌 무렵이 지날 때쯤 걷게 되거나 일정한 시기가 되면 말을 하게 되는 것은 어느 아동에게나 비슷한 발달시기에 나타나는 행동적 특성이라 할 수 있다.

(3) 학습(learning)

학습(learning)은 경험이나 훈련 또는 연습의 결과로 일어나는 개인의 내적 변화를 의미한다. 그래서 학습은 우리 인간이 환경에 적응하는 과정에서 형성되는 개인의 능동적인 노력의 결과와 같은 모든 변화를 포함한다. 예를 들면, 학습에는 교육을 통한 지식 습득, 자신과 세상에 대한 깊은 이해의 발달, 감정조절의 방법을 배우는 것 등이 포함될 수 있다.

2) 인간발달의 원리

한편 사람마다 신체적 측면과 정신적 측면의 발달속도가 다르지만, 일정한 발달의 순서와 주기를 따른다고 알려져 있다. 가령, 아이가 태어나면 머리 부분이 먼저 발달한 후에 하체가 발달하게 된다. 그리고 신체 중심부와 가까운 곳부터 먼 곳 순으로 발달하며, 미분화적 운동능력이 먼저 발달한 뒤에 분화적 운동으로 발달하게 된다.

선행연구들에서 밝혀진 인간발달의 원리를 정리하여 보면 다음과 같다(임선영 · 권석만, 2012 : 427-431).

(1) 유전(성숙)과 환경(학습)의 상호작용 원리

인간의 성장과 발달은 생물학적이고 뇌신경생리와 같은 성숙과 후천적인 학습이라는 두 가지의 상호작용의 결과이다. 태어나면서부터 아주 우수한 유전적 소질을 갖고 태어났다고 해도 적절한 환경적 자극을 받지 못하면 그 우수성을 발휘할 수 없다. 반면, 아무리 좋은 환경적 자극도 그것을 수용할 수 있는 유전적 소질이 준비되어 있지 않으면 큰 효과를 발휘하기 어렵다.

(2) 일정한 방향과 순서의 원리

발달에는 일정한 방향과 순서가 있다. 예컨대, 모든 어린이는 앉기 시작한 후에 설 수 있으며, 목 운동이 가능해야 몸을 뒤집을 수 있다. 그리고 한 단어를 사용하기 시작해서 점진적으로 어려운 단어와 문장을 말할 수 있게 된다. 이는 시간의 흐름과 같이 거꾸로 진행할 수 없는 과정이다. 이처럼 발달이 진행되는 순서 또는 방향에는 네 가지 기본 원리가 있다.

① 발달은 상체에서 하체로 진행된다. 머리에서 손이나 발쪽으로 발달해 간다.

② 발달은 중추신경(동물의 신경계가 집중하여 중심부를 형성하고 있는 부분. 척추동물의 뇌와 척수)에서 시작하여 말초신경(중추신경계로부터 피부, 근육, 감각 기관 따위에 연결된 신경체계) 순으로 발달이 진행된다. 대(大)근육이 있는 중심 부위에서 소(小)근육의 말초 부위로 발달해 간다.

③ 전체운동에서 부분운동으로, 또는 전신운동에서 특수운동 순으로 발달한다.

④ 구조의 변화가 기능의 변화보다 먼저 이루어진다. 신체적인 발달이 먼저 준비되고 완성된 후에야 비로소 기능적으로 발달할 수 있다.

(3) 장기적 · 단기적 발달의 원리

인간의 발달은 오랜 시간을 두고 연속적이고 계속하여 발달하는 장기적 성격을 지니지만 단기적인 관점에서는 개인마다 발달시기별로 그 발달의 정도가 서로 다르게 나타남으로써 발달의 속도가 일정한 것은 아니다.

(4) 개인차의 원리

모든 아동의 경우 발달은 보편적인 발달의 순서에 따라 진행되지만, 인간의 발달에는 개인차가 존재한다. 나이나 성별이 같다고 해도 개인마다 키나 몸무게는 물론 지능과 성격 등의 발달속도는 서로 다를 수 있다. 예를 들어, 생후 9개월부터 걷기 시작하는 유아가 있는 반면에 생후 15개월이 되어도 걷지 못하는 유아가 있을 수 있다.

(5) 분화와 통합의 원리

인간의 각 기관이나 기능은 처음에 분화되어 있지 않으나 점차 부분적이고 특수한 형태로 분화되어 간다. 그와 동시에 분화된 기간과 기능들은 서로 통합되어 새로운 체제를 형성한다. 지적, 감정적, 신체적 어느 것이든 뭉쳐있다가 나누어지고 다시 뭉쳐진다. 예를 들어, 아기는 물건을 잡으려 할 때 처음에는 먼저 몸을 물건 쪽으로 구부리다가 이 활동이 분화되어 팔을 뻗치고, 이것이 다시 분화되어 손목을 움직이며, 거듭 분화되어 손가락을 사용하게 된다. 그러나 팔도 뻗치고 손목과 손가락을 사용하며 몸을 구부리는 활동은 결국 원하는 물건을 붙잡아 쥐는 행동으로 통합되어 마침내 원하는 대로 목표물을 잡게 된다.

(6) 발달경향 예측의 어려움

유아기에는 유전적인 요인의 영향을 더 많이 받는다. 하지만 나이가 들수록 환경의 영향을 더 많이 받게 된다. 유전적 요인에 의한 변화와 같은 성숙은 어느 정도 보편성의 원리가 작동하므로 예측하기 쉬우나 환경에 따른 변화와 같은 학습의 경우에는 그 발달의 수준을 예측하기 쉽지 않다.

(7) 상관성의 원리

발달의 각 측면은 상호 밀접히 관련되어 있다. 신체발달은 지적인 발달이나 도덕성과 관련되어 있고, 정서발달 역시 사회성 발달이나 성격발달과 관련되어 있다. 그러므로 한 측면의 발달은 다른 여러 측면의 발달과 각기 독립적으로 이루어지는 것이 아니라 서로 밀접히 관련되어 영향을 주고받는다. 아동기에는 신체발육이 튼튼한 아동이 성취동기도 높고 지적 호기심이 강하여 그렇지 않은 아동보다 상대적으로 사회성이 높은 성격으로 발달할 가능성이 크다.

3. 인간발달이론이 사회복지실천에 미친 영향

인간은 전 생애를 통해 환경과 상호작용하며 역동적인 변화와 발달을 거듭한다. 인간발달에 관한 연구는 다양한 학문 분야에서 이루어져 왔으며, 다음과 같은 공통주제들이 존재한다(이인정 · 최해경, 2006).

① 태어나서 죽음에 이르기까지 인간의 생애는 어떤 발달과정을 거치는가?
② 전 생애에 걸친 발달과 변화에 영향을 미치는 요소들은 무엇인가? 유전적 요소와 환경적 요소 중 어느 것이 더 강한 영향을 주는가?
③ 인간발달에서 신체적 · 인지적 · 정서적 · 사회적 기능은 어떻게 상호작용하는가?
④ 각각의 인간발달 단계에서 사회적 관계는 개인의 발달에 어떠한 영향을 미치는가?

이러한 주제와 관련한 인간발달연구가 사회복지실천에 영향을 주는 지식체계는 대체로 다음의 아홉 가지로 정리해 볼 수 있다(Green, 1991).

① 인간의 생애발달주기(life-cycle)를 순서대로 정리할 수 있게 해준다.
② 각 발달단계에서 개인이 수행해야 할 과제들이 무엇인지 구체적으로 제시해 준다.
③ 각각의 발달단계마다 서로 다른 인간발달에 영향을 주는 요인들이 무엇인지 제시해 준다.
④ 각 단계에서 발달의 내용을 구성하는 신체 · 심리 · 사회적 요인들이 무엇인지 밝혀주고, 각각의 요인들이 어떤 관계를 갖는지 보여준다.
⑤ 진학, 결혼, 퇴직과 같은 생활주기의 전환점(life-transition)에서 변화와 안정의 차원을 파악할 수 있게 해준다.
⑥ 출생에서 사망에 이를 때까지 변화하거나 지속하는 발달의 과정을 일목요연하게 보여준다.
⑦ 이전 발달단계의 결과로서 출현하는 각 발달단계의 특징에 대한 이해의 틀을 설명해 준다.
⑧ 이전 발달단계의 결과가 각 발달단계의 성공이나 실패에 미치는 영향을 보여준다.

⑨ 인간발달에서 개인적 차이가 존재한다는 사실을 보여준다.

인간발달에 대한 연구가 사회복지실천에 준 중요한 지식을 도구로 인간발달의 특성을 체계적으로 정리한 사람은 자스트로와 커스트－애쉬만(Zastrow & Kirst-Ashman, 2007)이었다. 이들은 사회복지실천 과정에서 인간발달에 관한 지식을 특별히 강조하였다. 그 이유는 클라이언트의 문제를 정확하게 이해하기 위해서는 기본적으로 보편적인 인간발달의 원리를 이해하는 것이 필요하다고 보았기 때문이다. 정확히 이해하면 나아가야 할 방향이 보이는 법이다. 사회복지실천에서는 문제를 조사(査)하고 정확한 개입 방향을 결정(決定)하는 것을 사정(査定, assessment)이라고 표현한다. 사회복지실천에서는 사정을 통해 클라이언트가 특정 문제의 상황에 놓여있음을 이해하고 꼭 필요한 개입을 시도할 수 있다. 사정에서 가장 중요한 도구는 인간발달의 특성에 대한 지식과 기본 특성을 이해하는 것이다. 다음은 인간발달의 특성에 대한 설명이다.

첫째, 인간발달의 보편성이다. 인간의 생애발달과정은 누구나 일반적으로 경험하는 보편적인 발달궤적과 경향성을 가진다. 예를 들면, 신생아가 돌이 지날 무렵 걷기 시작하고, 청소년기에 들어서면 자아정체성의 위기를 경험하는 것들을 대표적으로 들 수 있다. 사회복지사는 병적인 또는 문제 있는 상태를 정상적 상태로부터 구분해 내기 위해 삶의 각 단계에서 신체・심리・사회적 차원에서 이루어지는 보편적인 인간발달의 원리를 잘 알고 있어야 한다.

둘째, 인간발달은 생애사건을 경험하면서 축적되는 경향이 있다. 인생을 살다 보면, 특정 시기에 공통적으로 맞이하게 되는 생애 사건(life-event)이란 것이 존재한다. 청년기에 들어서면 결혼을 하고, 중년기 이후에 경험하는 은퇴의 경험 등이 그 예이다. 이러한 사건들은 그것이 일어나는 시기 자체가 주는 사회적 맥락도 중요하지만, 특정 사건에 대해 개인이 부여하는 의미가 무엇인지를 고려하는 것도 중요하다. 사회복지사가 여러 생애 사건들을 대하는 개인의 대처방식을 이해하고 그에 부합하는 사회복지실천을 계획하는 등의 노력을 기울이기 위해서는 일련의 삶의 사건들이 개인의 삶에 미치는 영향을 잘 이해하고 개입의 초점을 맞추는 것이 필요하다.

셋째, 인간발달은 사회계층의 속성을 반영한다. 어떤 사람은 특정 사회집단의 특징을 갖게 되고, 사회는 그 사람의 개인적인 고유한 속성에 따라 반응하는 경향이 있다. 사회복지사는 개인이 속한 사회집단의 사회계층적 속성이 개인의 정체감 형성과 사회행동의 선택에 중요한 영향을 미친다는 사실을 이해함으로써, 편견과 선입견에서 자유로운 실천 활동을 전개할 수 있다.

요약하면, 인간행동과 인간발달에 관한 지식은 사회복지실천에서 올바른 개입과 사정을 위해 필수적으로 갖추어야 하는 기초적인 이론적 기반이 되어줄 것이기에 매우 중요한 학문적 의미를 지닌다.

4. 성격이론과 사회복지실천의 연관성

성격에 관한 무수히 많은 정의 중에서 가장 널리 인용되고 있는 정의 중 하나로 저명한 사회학자인 올포트(Allport, 1961 : 28)의 정의를 들 수 있다. 이 정의에 따르면, 성격이란 개인의 특유한 행동과 사고를 결정하는 그 개인에 내재하는 심리·신체적 체계들의 역동적 조직이라고 할 수 있다. 다음으로 카버와 쉐어(Carver & Scheier, 2000 : 5)의 정의에서도 성격을 개인의 행동, 사고, 감정의 독특한 양상을 창조하는 개인 내부의 심리·신체적 체계의 역동적 조직으로 정의하고 있다. 이처럼 성격은 개인의 독특한 성질을 뜻하는데, 이는 인간의 사고과정이나 행동, 감정이 손에 있는 지문만큼이나 독특하다는 것이라 할 수 있다.

한편 사회복지실천의 거장 자스트로와 커스트-애쉬만(Zastrow & Kirst-Ashman, 2004)은 "성격이란 개인으로서의 한 사람을 타인과 구별시켜 주는 정신적·정서적 · 행동적 특성들의 복합체이다"라고 정의하였다. 성격은 한 사람을 묘사하는 다양한 특성들을 포함한다. 예를 들어, 어떤 사람은 '공격적이다', '주도적이다', '재치 있다' 또는 '사교적이다'라는 말로 표현할 수 있지만, 또 어떤 사람은 '보수적이다', '수동적이다', '조용하다' 또는 '따분하다' 등의 말로 표현할 수 있다. 성격은 개인이 가지고 있는 심리사회적 특성 중에서 다양한 모습을 포함하기 때문에 한마디로 특정 개인의 성격을 표현하는 것은 말처럼 쉽지 않다(손병덕 외, 2007).

1) 우리가 성격이론을 공부해야 하는 이유

우리가 성격이론을 공부해야 하는 이유는 쉽게 표현하고 설명하기 어려운 성격의 복잡한 특성을 이해하고 자신을 비롯한 타인을 대하는 현명한 삶의 자세를 가질 수 있도록 돕는 것에 있다. 성격이론에 관한 사회복지학의 관심은 인간행동을 이해하여 체계적이고 과학적으로 원조할 수 있는 실천방법을 개발하는 데 두고 있다. 레비(Levy, 1970)는 우리가 성격에 관심을 가져야 하는 이유로 첫째, 인간이 어떤 개체이고, 어떻게 해서 그러한 존재가 되었는지를 설명하기 위해서라고 밝혔으며, 둘째, 인간의 현재 모습에 영향을 주는 여러 요인들을 이해할 수 있고, 셋째, 어떻게 하면 인간이란 존재를 변화시킬 수 있는지를 설명할 수 있어야 하고, 마지막으로, 개인은 타인과 어떻게 구분되고 현재와 미래의 행동은 어떨 것인지를 예측하기 위해서라고 주장하였다.

이처럼, 성격이론은 '서술적(descriptive) 기능'과 '예측적(predictive) 기능'을 모두 가지고 있다(이훈구 역, 1993). 먼저, '서술적 기능'이란 인간행동을 체계적으로 정리해서 알기 쉽게 제시하는 것을 말한다. 반면 '예측적 기능'은 아직 나타나지 않은 사건과 그 사건의 결말을 예언할 수 있도록 하는 것과 관련된 것이다. 성격이론이 갖는 이 두 가지 기능은 다양한 형태의 인간행동에 대한 이해와 원조방법을 시사할 수 있다. 따라서 성격이론에 관한 폭넓은 지식은 사회복지실천에서 매우 중요한 이론적 도구가 되어줄 수 있다.

2) 성격이론이 주는 유용성

(1) 성격의 안정성과 일관성을 이해하도록 돕는다

대부분의 사람은 상황이 달라지고 시간이 지나더라도 일정한 자기만의 패턴을 유지하면서 행동한다. 그렇다고 하더라도 환경과 자극에 대한 개인의 반응양식에 따라 개인적 차이가 존재할 수 있다. 이는 비록 기본적인 성격의 특징이 비슷하더라도 유사한 상황들 속에서 개인마다 서로 다른 방식으로 반응할 수 있다는 것을 보면 잘 알 수 있다(이인정 · 최해경, 2006).

잘 알려진 사실 그대로 성격은 개인의 사고나 감정 또는 행동을 결정하는 지속적이고 일관되며, 역동적인 정신기제라 할 수 있다. 그래서 역사적으로 수많은 학자들이 이 성격이 작동하는 정신기제를 규명하고자 무수히 많은 이론을 제시하였던 것이다. 현재까지 알려진 여러 성격이론의 주제라고 할 수 있는 '인간의 본성과 성격발달의 관계'에 관한 문제는 그 주제 자체가 워낙 광범위하였다. 그래서 인간을 어떤 관점에서 보는가에 따라 이론적 접근과 그 내용 또한 서로 다를 수밖에 없었다. 하지만 다양한 관점의 성격이론들은 상호보완적으로 인간행동에 대한 이해를 증진하는 데 큰 기여를 한 것도 사실이다.

(2) '환경 속의 인간(person-in-environment)'의 관점을 이해하도록 돕는다

1960년대 사회복지실천현장에서는 인간의 심리적, 행동적 문제를 진단하는 데 초점을 두고 환경의 영향을 무시하는 의료모델(medical model)의 유용성에 대하여 깊은 의문을 제기하기 시작하였다(Zastrow & Kirst-Ashman, 2004). 클라이언트에게 문제가 유발되는 데는 내적인 요인들 못지않게 환경적 요인들도 중요하다. 그래서 클라이언트의 문제를 치료하는 데 정신분석적 접근이나 진단적 처방은 그리 효과적이지 못하다는 연구결과들이 다수 등장하기 시작했다. 그 과정에서 사회복지실천에 새로운 접근이 시도되었다. 여기에는 클라이언트를 원조하기 위해 체계를 변화시키려는 노력이 포함되었다.

이른바 '환경 속의 인간(person-in-environment)' 관점이 등장하면서, 미국의 대표적인 빈곤퇴치 프로그램인 헤드스타트(Head Start)와 같이, 빈곤의 원인을 개인의 탓으로 돌리지 않고 빈곤을 유발하는 환경적인 원인을 제거하는 방향으로 사회복지 개입이 시도되었다. 이러한 영향으로 사회복지학에서는 기본적으로 인간행동에 관하여 유전 및 생물학적 요인과 더불어 사회환경적 요인을 함께 고려하는 사회복지실천이 강조되었고, 인간의 성격에 대한 성격이론의 설명력은 더욱 확장되었다(손병덕 외, 2007).

(3) 생애발달과 성격의 연관성을 이해하도록 돕는다

정신 역동적 관점을 지향하는 성격이론들은 초기 유년의 경험을 매우 강조하는 경향이 있다. 이런 유형의 이론들은 개인의 아동기, 부모와 자식과의 관계, 과거와 현재 경험의 관계, 방어기제, 생애발달주기별로 나타나는 독특한 발달과업, 기본 생활양식, 가족관계와 역동 등에 초점을 둔다. 사회복지사는 이런 이론에서 제시하는 지식에 근거하여 클라이언트의 행동을 이해할 수 있어야 한다. 그리고 이것은 클라이언트가 자신의 문제에 대해 통찰하거나 해결할 수 있도록 돕는 최초의 개입기법을 제공하여 주었다.

(4) 인간행동의 환경적 맥락을 이해하도록 돕는다

행동주의 관점을 지향하는 성격이론들은 사회복지실천에 있어서 인간의 행동을 수정 가능한 것으로 인식하고 환경과의 상호작용을 강조하고 있다. 특히 자극과 반응, 조작적 조건화, 관찰학습 등으로 대표되는 행동주의 이론의 개념들은 클라이언트의 문제행동에 대한 정확한 사정과 평가를 가능하게 해주었고, 변화가 필요한 인간행동 수정의 목표설정을 포함하는 여러 가지 행동지향적 사회복지실천 영역에서 활발하게 사용되고 있다.

(5) 인간의 인지발달에 대한 기본 이해를 돕는다

인간의 지각반응과 인지적 요소를 강조하는 성격이론들은 인간의 사고기능과 학습기능을 강조함으로써, 현대적 의미에서의 심리치료이론으로 널리 사용되고 있다. 인지발달이론은 인지구조의 발달을 통한 인간과 환경의 적응을 강조하고 인간을 사고하는 합리적 존재로 가정한다. 이러한 전제는 인간이 환경에 능동적으로 대처할 수 있고 성장과 발달에 대한 잠재력을 가졌다고 보는 사회복지실천의 기본 가정과 일치한다.

(6) 인간중심의 철학을 실현할 수 있도록 돕는다

내담자 중심의 인본주의적 관점의 성격이론들은 인간의 존엄성, 자기결정권과 같은 사회복지실천 철학의 기반을 제공해 주고 있다. 특히 주관적 경험과 가능성을 강조하는 면에서 클라이언트를 이해하고 비심판적 입장에서 클라이언트의 행동을 설명하는 것이 가능하도록 돕는다.

이상과 같이 다양한 관점을 가진 성격이론들로 무장한 사회복지사는 인간행동의 역동을 충분히 이해할 수 있도록 돕는다는 점에서 인간행동을 설명할 수 있고 그에 따른 적절한 개입을 시도할 수 있게 된다. 이 점에서 우리는 사회복지실천이 과학적이고 통합적인 과정으로 몇 가지 기본 단계를 거치게 된다는 사실을 먼저 이해할 필요가 있다(Zastrow & Kirst-Ashman, 2004).

첫 번째 단계에서는 사회복지실천에서는 클라이언트의 문제나 상황을 자세히 사정(assessment)하는 것을 중시한다.

두 번째 단계에서는 주의 깊게 선택되고 사정을 통해 밝혀진 사실에 근거하여 개입목표를 설정하고 행동의 구체적인 계획을 수립한다.

세 번째 단계에서는 실행으로서 목표에 따른 구체적인 개입 프로그램을 실행하는 등 실제적인 개입이나 수행이 일어난다.

네 번째 단계에서는 개인이 상담을 받도록 해준다든지 클라이언트의 욕구에 좀 더 부합하도록 큰 조직의 정책들을 변화시키는 일을 수반한다.

다섯 번째 단계에서는 문제해결의 과정을 평가한다. 이때 클라이언트와 세웠던 목표가 얼마나 달성되었는지 살펴보는 것이 무엇보다 중요하다.

마지막 단계에서는 사회복지 실천의 개입을 종결하게 된다. 여기에는 실천의 전 과정을 마무리하고 실천의 개입으로 무엇이 성취되었는지 요약하는 일이 중요하다.

요약

- **인간행동과 사회환경** : 인간의 성격과 행동을 연구하는 학문으로 사회복지학의 기본서
- **인간발달과 유사개념** : 발달은 경험이나 훈련을 포함하여 양적, 질적인 변화 모두를 의미
  - ① 성장 : 신체 크기의 증대, 근력 증가 등과 같은 양적 확대를 의미
  - ② 성숙 : 경험이나 훈련과 관계없이 나타나는 신체적, 심리적 변화를 의미
  - ③ 학습 : 경험이나 훈련 또는 연습의 결과로 일어나는 개인의 내적 변화를 의미
- **인간발달의 원리** : 인간발달은 개인마다 정도의 차이는 있지만 일정한 순서와 주기가 존재함
  - ① 유전(성숙)과 환경(학습)의 상호작용의 원리
  - ② 일정한 방향과 순서의 원리
  - ③ 장기적·단기적 발달의 원리
  - ④ 개인차의 원리
  - ⑤ 분화와 통합의 원리
  - ⑥ 발달경향 예측의 어려움
  - ⑦ 상관성의 원리
- **성격이론과 사회복지실천의 연관성** : 성격은 개인 안에 내재한 심리, 신체적 체계의 복합체
  - ① 성격의 안정성과 일관성을 이해하도록 도움
  - ② '환경 속의 인간(person-in-environment)'의 관점을 이해하도록 도움
  - ③ 생애발달과 성격의 연관성을 이해하도록 도움
  - ④ 인간행동의 환경적 맥락을 이해하도록 도움
  - ⑤ 인간의 인지발달에 대한 기본 이해를 도움
  - ⑥ 인간중심의 철학을 실현할 수 있도록 도움

기출문제

01. 인간발달에 관한 설명으로 옳은 것은?(제12회 기출문제)

① 일정한 속도로 전 생애에 걸쳐 이루어진다.
② 주로 유전적 요인에 의해 주도되는 과정이다.
③ 하부에서 상부로, 말초 부위에서 중심 부위로 진행된다.
④ 인간행동양식의 전체적인 맥락 안에서 분석되어야 한다.
⑤ 점진적으로 일어나는 체계적 변화이며 질적 변화보다는 양적 변화를 의미한다.

02. 이중적 관점으로 사회복지사의 전문직을 강조하는 관점은?(제4회 기출문제)

① 체계적 관점 ② 상호작용적 관점 ③ 현상학적 관점
④ 환경 속의 인간 ⑤ 통합적 관점

03. 성장과 성숙에 관한 설명으로 옳은 것을 모두 고른 것은?(제11회, 제13회 기출문제)

가. 성숙은 유전인자가 지니고 있는 정보에 따른 변화를 의미한다.
나. 성장은 신체 크기의 증대, 근력증가, 인지의 확장 등과 같은 양적 확대를 의미한다.
다. 성숙은 경험이나 훈련과 관계없이 체계적으로 일어난다.
라. 성장은 일정한 시기가 지나면 정지된다.

① 가, 나, 다 ② 가, 다 ③ 나, 라
④ 라 ⑤ 가, 나, 다, 라

04. 인간발달의 관점에 관한 설명으로 옳지 않은 것은?(제10회 기출문제)

① 개인의 유전형질도 인간발달에 영향을 미친다.
② 인간발달은 퇴행적 변화보다는 상승적 변화를 의미한다.
③ '환경 속의 인간'은 인간발달 이해를 위한 기본 관점이다.
④ 인간발달은 인간의 내적 변화뿐만 아니라 외적 변화도 포함된다.
⑤ 생물학적 · 심리적 · 사회적 체계를 포괄적으로 고려해야 한다.

05. 다음의 설명으로 옳은 것을 모두 고른 것은?(제10회 기출문제)

> 가. 성장은 주로 유전인자가 지니고 있는 정보에 따라 나타나는 변화를 의미한다.
> 나. 학습은 훈련과정을 통하여 행동이 변화하는 과정을 의미한다.
> 다. 성숙은 신체의 크기, 근육의 세기 등의 양적 증가를 의미한다.
> 라. 발달은 유기체가 생활하는 동안의 모든 변화를 의미한다.

① 가, 나, 다　② 가, 다　③ 나, 라
④ 라　⑤ 가, 나, 다, 라

06. 인간발달이론의 유용성에 관한 설명으로 옳지 않은 것은?(제11회 기출문제)

① 개인의 적응과 부적응을 판단하기 위한 기준을 제공한다.
② 발달에 영향을 미치는 사회적 영향력을 평가할 수 있는 준거틀을 제공한다.
③ 개인이 경험하는 사회문화적 요인들을 정형화하여 이해할 수 있는 시각을 제공한다.
④ 클라이언트의 발달과업과 문제를 파악할 수 있는 준거틀을 제공한다.
⑤ 다양한 연령층의 클라이언트를 이해할 수 있는 기반을 제공한다.

정답　1. ④　2. ④　3. ⑤　4. ②　5. ③　6. ③

02
Part

발달이론의 이해

제2장 **영유아기 발달과정과 사회복지실천**

1. 영아기의 개념 및 발달

1) 태내기의 개념 및 발달

(1) 태내기의 개념 및 발달

수정 후부터 약 280일 동안 태아가 어머니의 체내에서 성장하게 되는 시기를 태내기라 하며 이 기간 동안 태아의 여러 신체기관이 형성되고, 기능이 시작된다. 태내발달은 어머니의 체내에서 이루어지지만 다른 어느 시기 못지않게 환경의 영향을 크게 받으며 그 영향은 치명적일 수 있다(송명자, 1999 : 59). 수정에서부터 임신 3개월까지의 임신 1단계는 배아가 빠른 속도로 분화하고 조직이 발달하며 중요한 신체기관과 신경계가 형성되고 심장과 뇌 등 형성된 순환계와 신경계가 기능을 시작하게 된다(송명자, 1999 : 59). 임신 2단계인 임신 4개월 말경이면 모체는 태동을 느끼며, 5개월에는 빨기, 삼키기, 딸꾹질 등의 반응이 나타난다. 또한 손톱과 발톱이 생기며, 부드러운 솜털이 나기 시작한다. 6개월에는 눈의 기능이 발달하여 깜빡일 수 있게 된다. 임신 7개월부터 출산까지의 임신 3단계에서 임신 30주가 지나면 신경계의 조절능력이 생기고 생존이 가능해진다. 임신 9개월 말경에는 태반이 퇴화하기 시작하므로, 어머니의 항체가 태아의 혈액에 유입되어 출생 후 몇 개월 동안 태아는 질병에 대한 저항력을 갖게 된다.

(2) 태내발달에 영향을 미치는 요인

❶ 유전적 요인

유전적 요인으로 인한 태아기의 발달장애의 종류는 다음과 같다.

① **클라인펠터 증후군**(Klinefelter syndrome)

남성으로서 X염색체를 더 많이 가지고 있는 것으로 XY 대신에 XXY형을 이룬다. 이러한 남성들은 정소의 발달이 불완전하여 생식이 불가능하며, 가슴이 크고 키가 크며, 약 25% 정도가 지적장애를 가지고 있다.

② **터너 증후군**(Turner syndrome)

여성으로서 X염색체 하나가 없는 것으로 XX 대신에 XO형을 이룬다. 이러한 여성들은 생식기관이 발달하지 않아 2차 성징이 나타나지 않고 생식능력이 없으며, 키가 작고 지적장애를 가지고 있다.

③ **다운 증후군**(Down syndrome)

보통 23번 염색체가 하나 더 있어서 발생되며 염색체의 수가 47개이다. 신체적 특징으로는 둥근 얼굴, 평평한 두개골, 작은 머리, 눈 아래쪽의 피부주름, 납작한 코, 내민 혀, 짧은 손발, 운동신경의 지체 등이 나타나며 지적장애를 가지고 있고 질병에 대한 저항력이 약하다. 신생아 700명 중 1명 정도의 빈도로 발생하며, 나이가 많은 부모에게서 태어나는 아이에게 많이 나타난다.

④ **혈우병**(hemophilia)

혈우병이란 혈액이 혈관 밖으로 나와 일정 기간이 경과하여도 응고되지 않고 계속 출혈하는 증상으로서 여성은 혈우병의 유전인자를 가지고 있지만 발병하지 않고 남성에만 발병하며, X염색체의 열성 유전자에 기인한다.

❷ 산모의 영양상태 및 질병

수정에서 출산 시까지 태아는 성장에 필요한 모든 영양분을 모체가 섭취하는 영양에 의존하므로 모의 영양상태는 태아의 발달에 결정적인 영향을 미치는 태내 환경이 된다. 모체의 영양이 부족하면 유산과 사산의 가능성이 높고, 발육이 늦으며 신체적으로 기형이 될 확률이 크다. 특히 임신 초기 영양의 결핍은 뇌와 신경계의 발달에 지장을 초래한다. 모체의 질병은 태반을 통해 태아에게 전이되거나 출생 시 태아에게 감염되며 특히 풍진은 태아에게 지적장애, 시각장애, 청각장애 등을 유발할 수 있는 두려운 질병이다.

❸ 산모의 정서상태

임신 중 모의 심한 공포, 불안 등 강한 정서적 결함은 아드레날린을 분비하게 하고 이것이 모의 혈액을 통해 태반으로 들어가게 된다. 또한 심한 정서적 충격은 일시적으로 태반에 혈액공급을 차단시켜 태아에게 산소결핍을 유발하게 된다. 이러한 상태가 반복되면 태아의 신체발육에 지장을 줄 수 있으며, 출생 후에 잘 울고, 잘 놀라는 등 정서적인 불안정을 보일 수 있다.

❹ 산모의 약물중독문제

오랫동안 어머니에게 안전한 약물은 태아에게도 안전한 것으로 생각되어 왔다. 그러나 어머니에게 안전한 약물도 태반을 통해 태아에게 전달되는 경우 치명적인 영향을 미칠 수 있으며, 특히 임신 초기에는 더욱 심각하다. 약물복용은 흡연이나 음주 등과 복합적으로 이루어지며, 태아에게 인지, 운동, 언어, 사회성, 정서 발달의 여러 영역에 걸쳐 심각한 결함을 초래할 수 있다.

❺ 태내환경과 아버지의 영향

지금까지의 태내환경에 대한 관심은 여성의 음주, 흡연, 스트레스 등과 관련된 요인들에 초점이 맞추어져 왔다. 그러나 최근에 와서 남성도 태내환경에 많은 영향을 미칠 수 있다는 것이 밝혀졌다(정옥분, 2004 : 200). 흡연 남성의 정자는 비흡연 남성의 정자에 비해 기형이 더 많이 나타나고 흡연 남성의 자녀는 비흡연 남성의 자녀에 비해 뇌수종, 안면마비, 뇌암, 임파종, 백혈병에 걸릴 확률이 20% 이상 높다.

2) 영아기의 개념 및 발달

(1) 신생아의 개념 및 발달

출생 후 첫 한 달 동안의 아기를 신생아라고 부른다. 신생아기는 비록 짧은 기간이지만 태내환경과는 상이한 새로운 환경에 적응해야 한다는 점에서 중요한 의미를 지닌다.

① 신체적 발달

신생아의 체중은 출생 시 2.6~4.1kg 정도이면 정상범주에 속하며, 첫돌 무렵에는 출생 시 체중의 약 3배 정도로 증가하게 된다. 신생아는 출생 직후 외부자극에 분명하게 반응하기보다는 주로 반사반응을 한다. 신생아는 외부의 자극에 대해 여러 가지 반사행동을 보이는데, 반사행동에는 생존반사와 원시반사의 두 가지 종류가 있다.

〈표 2-1〉 신생아의 반사운동

반사운동 유형		반사운동의 내용
생존반사	눈 깜빡거리기 반사 (eye-blank reflex)	신생아의 눈에 빛을 비추거나 물체가 신생아를 향해 이동해 오면 신생아는 눈을 깜빡거린다.
	빨기 반사 (sucking reflex)	신생아는 구강자극에 민감하여 입에 닿는 것은 무엇이든지 빨려고 한다.
	삼키기 반사 (swallowing reflex)	입속에 음식물이 들어오면 신생아는 그것을 삼킨다.
	근원 반사 (rooting reflex)	신생아는 입 주위에 자극을 주면 그 자극을 향해 고개를 돌리고 입을 벌려 그것을 빨려고 한다.

반사운동 유형		반사운동의 내용
원시반사	모로 반사 (Moro reflex)	갑자기 큰 소리를 내거나 신생아를 안고 있다가 갑자기 내려놓으면 팔이 활 모양으로 휘거나, 무엇인가를 껴안으려는 듯 몸쪽으로 팔과 다리를 움츠리는 행동을 한다.
	바빈스키 반사 (Babinski reflex)	신생아의 발바닥을 발꿈치에서 발가락 쪽으로 간질이면 엄지발가락을 구부리는 반면 다른 네 발가락은 부채처럼 쫙 펴는 반응을 보인다.
	파악 반사 (grasping reflex)	신생아의 손바닥에 어떤 물체를 쥐어주면 그것을 빼내기 힘들 정도로 꼭 쥐는 반응을 보인다.

② 감각발달

신생아는 출생 직후부터 감각적 탐색을 통하여 주변 환경과 접촉하는데, 이러한 감각적 경험을 통해 사물을 판단하고 적응해 가기 시작한다. 영아의 시각은 비교적 덜 발달된 상태에서 태어나지만 15일이 지나면 색채 식별이 가능해지며 생후 1~2개월이 되면 대상의 거리에 따라 초점을 맞출 수 있다.

신생아의 청각은 출생 후 4주 정도가 되면 어머니의 음성을 식별할 수 있으며, 4~5개월이 되면 소리가 나는 방향을 식별할 수 있다. 영아의 촉각은 출생 전부터 발달되어 있는 것으로 알려져 있으며, 피부접촉을 통한 자극은 정상적인 발달에 있어 필수적인 요소이다. 신생아는 생후 2주일이 지나면 맛의 차이에 대한 식별반응을 나타내는데, 단맛을 선호하며 쓰거나 신 것은 뱉고 얼굴을 찡그린다. 후각의 발달은 출생 직후에는 완전하지 못하지만 어머니의 젖 냄새를 맡을 수 있으며 자극적인 냄새로 코를 자극시키면 반응을 보인다.

(2) 영아기의 개념 및 발달

영아기는 2개월부터 만 2세까지의 시기로, 인간발달의 여러 영역에서 급속한 성장이 이루어지는 시기이다. 신체능력, 언어발달이 활발하게 이루어지며 성격발달의 기초가 되는 정서발달이 이루어져 성인에게서 볼 수 있는 대부분의 정서가 나타나게 된다. 또한 이후의 사회성 발달에 중요한 영향을 미치는 애착관계를 형성하는 것이 필요하며, 인지발달을 촉진시키기 위해 여러 감각기관들의 자극이 필요한 시기이다.

1 신체적 발달

영아기의 신체적 발달은 매우 빠른 속도로 이루어지므로 이 시기를 제1성장급등기라고도 한다. 건강한 영아의 경우 신장은 첫 1년 동안 1.5배, 체중은 3배 정도 증가한다. 생후 6개월까지는 신장과 체중이 사회계층과 무관하게 모두 동일한 비율로 성장하지만 6개월 이후부터는 중산층의 아동이 영양이나 건강에 대한 높은 관심으로 인해 더욱 빨리 성장하는 경향이 있다. 신체의 발달은 두미(頭尾)발달의 원칙, 근원(近遠)발달의 원칙에 따라 이루어진다.

영아기의 운동발달은 신체성장, 뼈와 근육의 성장, 신경계의 성숙의 결과로 획득되며, 운동기능은 특정 운동에 사용되는 근육의 부위와 신체 부위에 따라 대근육운동과 소근육운동으로 나누어진다. 영아의 대근육운동 기능은 엎드린 상태에서 머리 들어올리기(2개월), 구르기(3개월), 혼자서 앉기(6개월), 붙잡고 서기(7개월), 붙잡고 걷기(9개월), 혼자서 서기(11개월), 혼자서 걷기(12개월), 달리기 및 혼자 계단 오르내리기(24개월)의 순으로 발달한다. 소근육운동 기능은 6개월이 되어야 매달려 있는 물체를 팔을 뻗어 잡을 수 있으며(Bower, 1979), 실이나 동전 같은 작은 물체를 집기 위해 처음에 영아는 손 전체, 특히 손바닥을 사용하다가 10개월이 지나면서 엄지와 집게를 사용해서 작은 물건을 집을 수 있게 된다(Von Hofsten, 1983).

2 심리적 발달

① 감각 및 지각 발달

주위 환경으로부터 주어지는 여러 가지 자극을 오감을 통해 받아들이는 것을 감각이라고 하며 출생 이후 주위 환경으로부터의 적절한 자극이 감각기능의 발달에 필수적이다. 시각은 영아의 감각능력 중 가장 늦게 성숙하며 첫돌 무렵에야

시력이 1.0에 가까워져 정상시력을 갖게 된다(권중돈 · 김동배, 2005 : 98). 영아의 청각능력은 출생 후 곧 성인 수준에 도달하는 것으로 알려져 있다. 2개월경에는 서로 다른 목소리에 다르게 반응하고 4~6개월이 되면 소리가 나는 방향을 정확하게 알아볼 수 있다(정옥분, 2005 : 262). 또한 촉각은 영아가 성인과 갖는 관계에서 매우 중요한 역할을 하게 되는데, 생후 6개월이 지나면 영아는 촉각을 사용해서 주위 물체를 탐색하게 된다. 따라서 촉각은 영아가 환경에 대한 지식을 습득하는 주요한 수단이 된다.

② **인지발달**

영아에 있어 지적발달의 기본적 기제는 감각운동과정을 의미하는데, 인간의 지적 능력이란 개인이 주어진 환경에 효과적으로 적응하는 능력을 의미하며 환경과의 적극적인 상호작용을 통해 인지구조를 재구성하게 된다. 영아기의 인지발달은 감각기관과 운동기능을 통해 이루어지는데 피아제와 인헬더(Piaget & Inhelder, 1971)는 영아기의 인지발달 단계를 감각운동기라 칭하고 다음과 같은 6단계로 구분한다.

㉮ 반사기능 단계는 출생 후 1개월의 시기이며, 환경자극에 대한 자동적인 반응으로 반사기능을 반복적으로 연습하는 단계이다.

㉯ 일차 순환반응기는 1~4개월의 시기로, 최초의 습관이 형성되는 시기이며, 대상의 특성을 발견하고 대상의 요구에 따라 반응을 수정할 수 있게 된다. 즉, 물체의 모양과 크기에 따라 잡고 빠는 방식이 다양화된다.

㉰ 이차 순환반응기는 4~8개월의 시기로 최초로 환경 내에 있는 사물이나 사태에 관심을 가지게 된다. 자신의 행동에 의해 어떤 결과를 볼 수 있다는 인과성을 가지게 되며 의도적으로 행동을 수행하는 것이 가능해진다.

㉱ 이차 도식협응기는 8~12개월의 시기로 자신이 원하는 목표를 지각하고 다음에 그것을 어떻게 성취할지를 찾는 명백히 의도적인 행동을 보이게 된다. 예를 들어, 장난감과 자신 사이에 베개가 있다면 장난감을 가지기 위해 베

개를 치우는 행동을 하게 된다.

㈒ 삼차 순환반응기는 12~18개월의 시기로 수단과 결과 간의 관계를 탐색하게 되는데, 사물을 탐색하고 속성을 파악하여 새로운 도식을 형성하게 된다. 즉, 친숙한 행동으로 목표에 도달할 수 없을 경우 전략을 수정하여 사용하게 되는데, 이 시기에는 새로운 수단을 실험하게 된다. 사물을 숨기는 과정을 보게 된다면 그 사물을 찾아낼 수 있다.

㈓ 통찰기(내적 표상 단계)는 18~24개월까지이며 눈앞에 없는 사물이나 사태를 내재적으로 표상하는 심상을 형성하게 된다. 아동이 목격한 상태를 일정 시간이 지난 후 자발적으로 재현하는 지연모방이 가능해지며, 이 시기에는 사물을 숨기는 과정을 보지 않아도 사물을 찾을 수 있게 된다.

③ 언어 및 정서 발달

정서란 외적 유발인자와 개인의 사고, 감정 및 감정변화 사이의 관계를 나타내는 용어로서 자극에 직면하여 발생하는 생리적 변화(혈압, 맥박수, 호흡의 변화)나 눈에 보이는 행동(미소나 찡그림) 등의 반응을 의미하며, 기쁨, 슬픔, 공포 등이 그 예이다. 기쁨은 미소나 웃음 등으로 표현되며, 건강한 영아일수록 기쁨의 표현이 명확하고 빈번하게 나타난다. 분노의 표현은 자신이 원하는 바를 쉽게 만족시키는 방법이 되기도 하므로 가장 보편적으로 나타나는 정서이다. 출생 초기 영아는 배고픔이나 고통 등의 자극으로 인한 불쾌한 경험을 울음으로 표현하게 되며, 이후에는 자신의 욕구 좌절 때문에 분노가 일어난다. 공포는 신체적·심리적 위험에 대한 반응으로 나타나며, 불안의 정서는 공포반응과 밀접한 관련이 있다. 영아기의 불안은 애착행동이나 낯가림과 관련이 있는데, 어머니와의 분리가 주된 원인이다.

영아기의 언어발달은 인지발달 및 사회성 발달과 밀접한 관련성을 지니고 있다. 이 시기의 언어사용은 영아의 상징적 사고의 범위를 확대시키므로 특히 중요하다. 언어발달의 첫 단계는 울음으로 나타나며 울음은 아기가 자신의 욕구를 표현할 수 있는 유일한 의사소통 수단이다. 4~5개월경에 나타나는 옹알이는 언어와 유사한 최초의 말소리이다. 생후 1년경이 되면 영아는 분명하게 이해할 수 있는 단어를 사용할 수 있으며, 24개월경의 영아는 문장을 만들기 위해 두 개 이상의 단어를 연결시킬 수 있다.

③ 사회적 발달

영아기의 사회성 발달에는 많은 요인들이 복합적으로 작용한다. 영아가 사회적 존재로 성장・발달해 나가기 위해서는 반드시 어떤 집단이나 사회 속에서 다른 사람과 효율적인 인간관계를 맺을 수 있는 능력이 있어야 한다. 이러한 영아의 사회성 발달에 영향을 미치는 중요한 요인인 애착관계 형성, 낯선 사람에 대한 불안과 분리불안 및 대상영속성 개념의 확립에 대해 살펴보고자 한다.

① 애착관계 형성

애착(attachment)이란 영아와 보호자 사이에 형성되는 친밀한 정서적 유대감을 의미한다. 유아는 아버지와는 주로 신체적 접촉놀이를 통해, 어머니와는 지속적인 상호작용을 통해 애착관계를 형성한다. 애착은 종족을 보존하기 위해 주위 환경에 적응하는 데 필요한 요소로서, 애정이나 사랑과 같은 긍정적 정서의 의미를 지닌다. 영아기에 형성된 애착은 이후 인지, 정서, 사회성 발달에 중요한 영향을 미치게 된다(Thompson, 1998). 영아들은 생후 6~8개월이 되면서 애착관계를 형성하게 되고, 애착의 정도는 12개월 전후에 절정에 달했다가 18개월이 되면서 다른 사람에게 확대되기도 한다. 이러한 애착은 부모가 영아에게 필요한 자극을 주고, 영아가 울거나 신호를 보낼 때 신속하게 반응함으로써 길러진다. 영아기의 신체 접촉은 애착관계를 형성하는 데 중요한 요인이 된다.

② 낯가림과 분리불안

영아가 특정 인물과 애착을 형성했다는 증거로 나타나는 현상이 낯가림과 분리불안이다. 영아가 특정 인물과 애착을 형성하게 되면, 낯선 사람이 다가오거나 부모가 낯선 사람에게 자신을 맡기면 큰 소리로 우는데, 이런 반응을 낯가림이라고 한다. 낯가림은 낯선 사람 그 자체에 대한 반응이 아니고, 영아가 익숙한 얼굴과 낯선 얼굴의 불일치에 대해 보이는 반응이다. 분리불안은 영아가 부모나 애착을 느끼는 대상과 분리될 때 느끼는 불안을 의미한다. 분리불안은 돌 전후에 나타나기 시작해서 20~24개월경에 없어진다. 분리불안은 낯가림과 함께 부모에 대한 애착 정도의 중요한 지표가 된다. 안정애착을 형성한 영아는 어머니를 탐색을 위한 기지로 삼아 주변 환경에 대한 탐색을 하게 된다.

③ 대상영속성 개념의 습득

대상영속성 개념은 24개월경 습득되는데, 이는 대상이 눈앞에 보이지 않아도 그 대상이 존재한다는 사실을 인식할 수 있는 능력이다. 이를 획득함으로써 영아는 눈앞에 자신이 볼 수 있는 것에만 전적으로 의존하던 것에서 벗어나며, 대상의 영상을 마음속에 저장하고 간직할 수 있는 능력이 이 시기 이후에 오는 여러 가지 복잡한 표현적 사고 발달의 첫 번째 단계이다.

2. 유아기의 개념 및 발달

1) 유아기의 개념

일반적으로 만 3세부터 초등학교 입학 이전인 만 6세까지의 시기를 유아기라고 한다. 유아기는 속도는 완만하지만 꾸준한 신체적 성장이 이루어지며, 신체가 전체적으로 균형을 잡아가면서 운동기술이 발달하여 독립된 개체로 활동하게 되며, 대소변 가리기 훈련이 가능해진다. 인지기능이 향상되고 운동능력의 발달에 의해 활동량이 증가하며, 주변 환경에 대한 탐색이 보다 활발하게 이루어지고, 놀이활동과 상상력이 풍부해지는 시기이다. 또한 언어발달로 다른 사람들과의 의사소통이 보다 왕성해지고, 자기주장적인 경향이 강하게 나타나는 시기이다.

2) 유아기의 발달

(1) 신체적 발달

① 신체적 성장

유아기에는 신체의 크기나 모습에서의 현저한 변화가 나타나게 되는데 신체에서 머리가 차지하는 비율이 적어짐으로써 성인의 모습과 비슷해지고, 턱이 커지고 목이 길어지며, 몸통과 팔다리도 길어지고 복부 근육이 발달하여 몸이 날씬해진다(이근홍, 2007 : 59-60). 유아기의 정상적인 성장・발달을 위해서는 균형 잡힌 영양섭취, 규칙적인 생활습관 및 사고와 질병으로부터의 보호가 필요하다.

② 운동기능의 발달

유아기는 근육의 발달과 신경계통의 점차적인 성숙으로 운동기술이 보다 발전하여 운동능력이 정교화된다. 일반적으로 유아기에는 전신운동에 바탕을 둔 보행의 발달과 달리기, 뛰기, 계단 오르기, 세발자전거 타기 등의 전신운동이 발달하고 손가락 끝의 세부적・기교적 운동이 발달한다.

유아기에는 생활에 필요한 기술을 혼자서 할 수 있게 된다. 3세에는 숟가락을 사용할 수 있고 4~5세경에는 혼자서 옷을 입고 벗으며 단추를 채우거나 벗길 수 있다. 대소변의 통제는 신경과 근육의 성숙과 관련되어 있으며, 대소변과 관계있는 괄약근의 성숙이 전제조건이다. 3세가 되면 괄약근이 발달되어 대소변 가리기 훈련을 시키는 것이 적당하며, 부모의 훈련태도에 따라 개인차가 존재하기 때문에 엄하고 억압적인 것보다는 칭찬하고 격려하는 것이 바람직하다.

(2) 심리적 발달

유아기는 피아제의 인지발달의 네 단계 중 두 번째 단계에 해당한다. 이 단계는 논리적인 조작이 불가능하기 때문에 전조작기라고 하는데, 전조작기의 사고는 경직되어 있고 한 번에 한 가지 측면에만 관심이 제한되며, 사물을 외관만으로 판단한다. 피아제는 전조작기를 다시 2개의 단계로 나누는데, 만 2~4세까지를 전개념적 사고기(preconceptual period), 4~7세까지를 직관적 사고기(intuitive period)라고 부른다. 이러한 전개념적 사고의 특징은 상징적 사고, 자기중심적 사고, 물활론적 사고, 전환적 추론을 하는 것 등이며, 직관적 사고기의 인지적 특징은 보존개념, 유목화, 서열화 개념의 획득이다.

전조작기의 가장 중요한 인지적 성취는 상징적 사고의 출현이라고 할 것이다. 유아의 사고가 자신의 행동이나 감각에만 의존하지 않게 됨으로써 정신적 표상, 지연모방, 상징놀이 등이 가능해진다. 상징의 사용은 문제해결의 속도를 증가시키고 시행착오를 감소시킨다. 유아는 우주의 모든 현상을 자기중심적으로 생각하는데, 자기중심적 사고는 다른 사람의 관점을 고려하지 못하는 데서 기인한다. 물활론적 사고는 생명이 없는 대상에게 생명과 감정을 부여하는 것인데, 4~5세가 되면 감소하기 시작한다. 유아기에는 전개념적 사고의 한계 때문에 전환적 추론(transductive reasoning)을 하게 된다. 전환적 추론의 특징은 한 특정 사건으로부터 시작하여 전혀 관련 없는 다른 특정 사건을 연관지어 생각하는 사고형태이다. 어떤 두 가지 현상이 시간적으로 근접해서 발생하면 두 현상 간에 아무런 상관관계가 없는데도 유아는 인과관계가 있는 것으로 생각한다.

직관적 사고란 어떤 사물을 볼 때 그 사물의 두드러진 속성을 바탕으로 사고하는 것으로, 직관에 의해 사물을 파악하는 것을 의미한다. 보존개념(conservation), 유목포함(class inclusion), 서열화(seriation) 등이 직관적 사고의 특성이다.

(3) 언어 및 정서 발달

① 언어발달

유아기 사고의 특성은 상징을 사용할 수 있는 능력이며, 가장 중요한 상징적 표현의 수단은 언어이다. 유아가 말을 하기 시작하면, 이에 따라 사회적 상호작용도 보다 활발해지면서 언어발달이 가속화된다. 말을 배우는 속도는 유아마다 다른데 이 시기에 유아가 이해하는 어휘가 얼마나 많은가 하는 것은 유아와 함께하는 사람들이 유아로 하여금 말의 의미를 배우도록 얼마나 주의 깊게 도와주느냐에 달려있다.

유아의 언어발달은 개인차가 있으며, 이것은 지적·사회적·정서적·성격적 발달에 영향을 미치게 된다. 유아의 언어발달에 영향을 미치는 주요한 요인으로는 다른 사람과의 상호작용, 사회계층, 성별 등이 있다. 유아는 다른 사람과의 언어적 상호작용의 기회가 많을수록 언어의 발달이 촉진되는데, 특히 어머니와의 상호작용은 유아의 초기 언어발달에 크게 영향을 미치게 된다. 또한 유아의 언어발달은 부모의 사회계층에 따라 달라질 수 있는데, 부모의 사회계층이 낮은 유아가 부모의 사회계층이 높은 유아에 비해 언어발달의 수준이 낮은 경향이 있다. 이는 유아와 부모 간의 상호작용의 양과 깊은 관련성이 있는 것으로 보인다.

② **정서발달**

유아기의 정서는 영아기와 별 차이가 없으나 이러한 정서를 유발하는 요인이나 표현방법에서는 차이를 보이게 된다. 이 시기의 유아는 사회적으로 중요한 정서상태, 즉 공포와 분노, 호기심, 질투, 애정 등의 정서를 표현하게 된다. 그러므로 어떻게 하면 이러한 정서를 사회적으로 용납되는 방법으로 표현하게 할 것인가 하는 것이 중요하다. 유아는 수많은 것에 공포를 느끼게 되는데, 주로 어둠이나 큰 소리, 새로운 상황에 대해 공포를 보이게 된다. 또한 유아기에는 상상력이 발달하여 자신이 직접 경험하지 않은 사건에 대해서도 공포감을 보이게 된다. 유아가 하고자 하는 일을 못하게 하거나, 어떤 일을 강요하거나, 부모가 관심을 가져주지 않는 것 등이 분노를 유발하는 요인이 된다. 호기심은 특히 유아기에 강하게 나타나는데 주위 인물이나 사물에 대한 호기심이 가장 왕성하게 나타나며 "왜"라는 질문을 끊임없이 하는 시기이다.

5~6세경의 유아는 사랑, 분노, 공포, 좌절감 등의 여러 가지 감정을 다루고 적절한 방식으로 표현하며, 충동이나 사회적 요구 간에 균형을 유지할 수 있는

방법을 배우게 된다. 이 시기의 유아는 모든 현상에 대해 호기심을 많이 느끼게 되는데, 이러한 호기심을 강력하게 제지하면 죄책감이 형성된다(권중돈 · 김동배, 2005 : 119).

(4) 사회적 발달

유아는 영아기에 비해 대인관계의 폭이 넓어지고 다양해지는 시기이다. 유아기에는 활동반경이 넓어짐에 따라 인간 상호관계에 따른 정서적 긴장이 심하게 나타나며, 언어능력의 발달로 인해 자신의 주장을 관철시키기 위해 언어적 표현을 많이 하게 된다. 또한 이 시기는 부모나 또래들과 갈등을 초래하는 경우가 많아지므로 유아의 행동에 제한을 가하면서 사회적 기준을 가르치기 위한 훈육을 시작해야 한다.

① 놀이

유아는 부모로부터 분리되어 또래와의 상호작용에 적극적으로 참여하려 하며, 3~4세경이 되면 성인과의 접촉보다는 또래와의 접촉이 더 많아진다. 유아기 아동의 놀이는 유아의 사회성 발달에 중요한 역할을 하는데, 놀이를 통해 유아는 사회적 관계를 형성하고 사회적 기술과 역할을 습득하게 된다. 유아는 자신의 생각과 감정을 쉽게 언어화할 수 없으므로 언어보다는 놀이에 의해 이를 더 적절하게 표현할 수 있으며, 놀이를 통해 새로운 지식을 쉽게 획득한다. 그 외에도 놀이는 또래와의 관계를 확장시키고 신체발달을 돕는 다양한 기능을 가지고 있다(정옥분, 2005 : 401).

유아는 놀이를 통해서 운동기술을 숙달시키고, 성취감을 키우며, 사회적 관계를 알게 되고, 타인의 역할을 수용하게 되며, 현실에서 경험한 좌절을 해소할 수 있다. 따라서 유아는 놀이를 통해서 실제 상황에서 겪는 어려움을 극복하는 연습을 하고, 곤란을 스스로 극복하고자 노력하며, 이러한 과정을 통해서 내적인 힘을 키운다고 할 수 있다.

② **자율성의 발달**

2~3세가 되면 유아는 대소변 의사를 정확히 표현할 수 있게 되므로, 대소변 훈련이 가능해지는 시기이다. 일반적으로 남아보다 여아가 대소변을 더 빨리 가리게 되지만 정확한 시기는 유아의 성숙도와 부모의 태도 등에 따라 많은 개인차가 있다. 대소변 훈련에 임하는 부모의 자세나 양육태도가 유아의 성격발달에 영향을 미치게 되며, 이러한 대소변 훈련과 유아기의 자율성은 밀접한 관련을 갖게 된다. 유아는 자신의 몸을 자유로이 통제할 수 있어서 자신의 일을 스스로 잘할 수 있다는 생각을 하게 되면, 이러한 생각에서 자율성을 획득한다. 그러나 운동발달이 미숙하거나 대소변 통제가 제대로 되지 않아 실수를 하여 주위 사람, 특히 부모로부터 꾸중을 듣거나 비난을 받게 되어 수치심과 의심이 생기면 자율성 발달에 장애를 받게 된다.

③ **도덕성의 발달**

유아기에는 기초적인 수준이지만 무엇이 도덕적인지에 대한 개념을 가지고 있다. 프로이트(Freud)에 의하면 이것은 초기적 형태의 양심(conscience), 혹은 초자아라고 할 수 있다. 이 시기에는 부모나 주위 사람들에 대한 동일시 과정을 통해서 그들이 가지고 있는 가치, 태도 그리고 선악의 행동기준을 받아들이게 된다. 유아는 어떤 상황에서 자기의 행동을 이 기준에 적용해 보았을 때, 일치하지 않으면 죄책감(guilty feeling)과 불안(anxiety)을 동시에 느끼게 된다. 이처럼 유아는 부모에 대한 동일시를 통해서 부모의 가치와 태도를 내면화하게 된다. 이것은 부모를 통해서 그가 속한 사회나 문화집단의 규칙과 기준을 학습하는 사회화 과정의 일부라고 할 수 있다. 이러한 양심은 나이가 들면서 점차 보다 포괄적이고 이상적인 형태로서 양심과 이념으로까지 발전한다(최옥채 외, 2011 : 206-207).

④ **성역할의 발달**

유아는 4~5세가 되면 남녀 간 신체 차이를 알게 되며, 자신의 성에 적합한 행동과 사회적 관계에 관심을 갖게 된다. 자신이 소속된 문화권 내에서 특정 성에 적절하다고 인정되는 행동, 태도, 가치 등을 획득해 가는 과정을 통해 성역할이 발달하게 된다(강인숙 외, 2007 : 90).

아동이 자신에게 기대되는 성역할을 이해하기 위해서는 먼저 자신의 성에 대한 정확한 이해가 있어야 하며, 성 정체성 · 성 안정성 · 성 항상성의 획득은 성역할 이해의 기초가 된다(송명자, 1996 : 303). 성 정체성(gender identity)은 3세경의 유아가 최초로 자신을 남자 또는 여자로 범주화하는 능력이다. 성 안정성(gender stability)은 4~5세경에 형성되는 것으로 남아는 자라서 남자 어른이 되고 여아는 자라서 여자 어른이 된다는 사실을 받아들이는 것이다. 성 항상성(gender consistency)은 사람의 행동이나 겉모습이 달라지더라도 성은 변하지 않는다는 사실을 인식하게 되는 것으로 5~7세경에 획득된다.

3. 영유아기와 사회복지실천

1) 영아기와 사회복지실천

영아기의 발달에 있어 사회복지실천에서 관심을 기울여야 할 부분으로는 선천성 질병과 장애, 운동발달지체, 감각과 지각 발달, 부적절한 애착관계 등이 있다.

우선 영아가 유전적 요인 또는 출산 과정상의 문제로 인하여 신체 내부기관의 결함, 선천적 질병 및 장애를 가지고 있는 경우에는 생존에 필요한 여러 가지 기능을 수행하는 데 어려움을 겪을 수 있으며 부모와의 상호작용 및 사회적 상호작용에도 많은 제한을 가지고 살아가게 된다(김동배 · 권중돈, 2005). 따라서 국가적 차원에서 이러한 선천성 질병이나 장애를 가지고 있는 영아들이 조기치료 및 재활훈련을 받을 수 있는 기회 및 환경을 제공해 주어야 한다. 또한 사회복지사들은 이러한 영아들이 조기치료 및 재활훈련의 기회를 제공받을 수 있도록 지원함과 동시에 장애영아를 둔 부모와 가족에 대한 지지적 서비스를 제공하여 가족기능 강화에도 관심을 기울여야 할 것이다.

두 번째, 운동지체의 문제는 영아가 머리 들기, 앉기, 서기, 걷기 등에서 발달지체를 겪는 경우 외부세계에 대한 호기심과 자발적 탐색이 이루어지지 못하게 되므로 인지·정서 발달 영역에도 어려움을 겪게 된다. 이 경우에는 양육자인 부모와의 상담을 통해 영아의 운동발달 상태를 평가하고 필요시에는 의학적인 진료를 받을 수 있도록 의뢰할 수 있어야 한다.

세 번째, 감각과 지각 발달의 문제는 영아는 감각을 통하여 양육자와 접촉하고 애착관계를 형성해 나가기 때문에 감각 및 지각의 장애는 신체발달뿐 아니라 심리사회적 발달에도 부정적 영향을 미치게 된다. 따라서 사회복지사는 영아가 감각 및 지각 발달 정도에 대한 정확한 의료적 진단과 치료를 받을 수 있도록 의료기관에 의뢰할 수 있어야 하며, 부모를 위한 정서적 지원도 제공해야 한다.

마지막으로 양육자인 부모, 특히 주된 양육자인 어머니와의 부적절한 애착관계를 들 수 있다. 어머니가 우울증으로 인해 영아와의 신체적 접촉이나 애착관계 형성을 거부하는 경우나 맞벌이나 한부모 가정 등에서 영아와 부모의 접촉시간이 매우 짧거나 영아의 주 양육자가 자주 교체되는 경우 등에 이러한 문제가 발생할 수 있다. 따라서 사회복지사는 어머니의 우울증에 대한 가족의 관심과 지원을 끌어내어 상담과 심리치료를 받을 수 있도록 하고 맞벌이 부부를 대상으로는 짧은 시간 동안 영아와 효과적인 애착관계를 형성할 수 있는 양육기술에 대한 교육이나 정보제공을 위한 프로그램을 실시해야 할 것이다.

2) 유아기와 사회복지실천

유아기의 발달에 있어 사회복지실천에서 관심을 기울여야 할 영역으로는 영양결핍과 질병, 주의력결핍 및 과잉행동장애, 자폐증·눌어증·야뇨증, 아동학대 문제 등이 있다.

우선 유아기에 영양 불균형 상태에 이르거나 질병에 걸리게 되면 신체적 성장이 지연되고 운동능력이 뒤떨어지게 됨으로써 또래와의 사회적 상호작용에서 고립될 가능성이 높아진다. 따라서 사회복지사는 유아를 양육하는 부모나 보육시설 종사자들을 대상으로 유아들에게 적절한 영양급식 프로그램과 관련된 교육을 실시하며, 국가적 차원에서는 정기적으로 유아의 건강진단을 실시하여 유아가 건강한 발달을 통해 신체·심리·사회적으로도 적절한 성장을 할 수 있도록 지원해야 할 것이다.

두 번째, 주의력결핍 및 과잉행동장애(ADHD)와 공격성이다. 최근 주의력결핍 및 과잉행동장애아의 출현율이 매우 높아지고 있으며, 이들에 대한 조기치료가 이루어지지 않을 경우 초등학교에서의 적응문제 및 성인이 되었을 경우 더욱 심각한 문제를 유발시킬 수 있으므로 유아기에 적절한 개입이 이루어져야 할 것이다. 따라서 사회복지사는 주의력결핍 및 과잉행동장애에 대한 정확한 진단을 통해 치료를 받을 수 있도록 함과 동시에 이러한 유아가 초등학교에 입학하기 이전에 과잉활동을 억제하고 주의집중 시간을 늘려나가며 공격성을 줄여나갈 수 있도록 지원해야 할 것이다. 또한 부모를 대상으로 이러한 유아의 특성에 대한 교육을 실시하여 부모가 자녀를 정확하게 이해하고 양육할 수 있도록 지원해야 할 것이다.

세 번째, 자폐증(autism)·눌어증(stammering)·야뇨증(enuresis nocturna) 등의 문제이다. 이러한 심리적 장애를 예방하기 위해서는 양육자를 대상으로 하여 유아와 애정 어린 신체적 접촉을 유지하고 외부환경에 대한 유아의 자발적 탐색을 격려함과 동시에 언어발달을 촉진시킬 수 있는 자극적 환경을 제공해야 할 것이다(김동배·권중돈, 2005). 또한 어린 동생의 출생으로 인한 유아의 심리적 상태를 잘 이해하여 동생에 대한 지나친 보호를 삼가는 등의 양육태도를 가지는 것이 필요하다.

네 번째, 아동학대의 문제이다. 아동학대는 아동에게 가해지는 신체적·정서적·성적으로 가혹한 행위를 의미하며, 방임은 부모가 아동에게 필요한 적절한 신체적 보호나 정서적 지지를 제공하지 않고 방치하는 것을 말한다. 유아를 학대하는 부모는 대부분 어릴 때부터 아이의 버릇을 가르친다든지, 말을 잘 듣지 않기 때문에 훈육한다든지 등의 이유로 유아를 신체적·정서적으로 학대한다. 또한 유아기에 필요한 영양이나 교육, 그리고 의료적 처치를 소홀히 하거나 방치하기도 한다(이근홍, 2007). 이러한 유아학대를 예방하기 위해서는 사회적인 차원에서의 신고의무제를 비롯한 아동학대에 대한 인식을 제고하고 잘못된 양육 및 훈육 방법을 바로잡을 수 있는 사회교육의 기회를 제공해야 할 것이다. 또한 학대부모에게는 학대에 대한 책임 인정과 함께 부모교육을 의무화하고 피해를 당한 유아의 경우에는 필요시 적절한 격리와 보호, 의료적 치료뿐 아니라 정서적 안정을 위한 상담과 치료를 제공해야 한다.

요약

- 영아기의 개념 : 인간발달의 여러 영역에서 급속한 성장이 이루어지는 시기로 성격발달의 기초가 되는 정서발달이 이루어지고 인지발달을 촉진시키기 위한 다양한 자극이 필요한 시기(~만 2세)
- 영아기의 발달 : 신체적 발달이 빠르게 이루어지며, 감각운동을 통해 인지발달
- 애착 형성 : 영아와 보호자 사이에 형성되는 친밀한 정서적 유대감을 의미함. 이후 사회성 발달에 중요한 영향을 미침
- 유아기의 개념 : 인지기능이 향상되고 운동능력이 발달하며 언어발달로 다른 사람과의 의사소통이 보다 왕성해지고 자기주장적인 경향이 나타나는 시기이다(3~6세)
- 유아기의 발달 : 전조작기이며 상징적 사고 출현. 대인관계의 폭이 다양해짐. 사회적 기준을 가르치기 위한 훈육 필요함. 성역할 획득
- 자율성 및 도덕성 : 대소변 훈련을 통해 자율성을 획득하고 발달. 부모에 대한 동일시 과정을 통해 도덕성 발달. 초기적 형태의 양심 형성

기출문제

01. 태내기의 유전적 요인에 의한 발달장애의 설명으로 옳지 않은 것은?(제14회 기출문제)

① 혈우병은 X염색체의 열성 유전자에 기인한다.
② 터너 증후군은 X염색체를 하나만 가진 여성에게 나타난다.
③ 클라인펠터 증후군은 X염색체를 더 많이 가진 남성에게 나타난다.
④ 다운증후군은 23번 염색체가 하나 더 있어서 염색체 수가 47개이다.
⑤ 페닐케톤뇨증은 아미노산을 분해시키는 효소가 결핍된 열성유전자에 기인한다.

02. 영아기(0~2세)의 발달 특성으로 옳은 것을 모두 고른 것은?(제14회 기출문제)

> 가. 애착관계 및 대상영속성이 확립된다.
> 나. 모로반사, 바빈스키반사 등의 반사행동이 나타난다.
> 다. 피아제의 감각운동단계로서 목적지향적 행동을 한다.
> 라. 서열화 및 분류화를 획득한다.

① 가, 나, 다　　② 가, 다　　③ 나, 라
④ 라　　⑤ 가, 나, 다, 라

03. 영아기(0~2세)의 발달에 관한 설명으로 옳지 않은 것은?(제13회 기출문제)

① 애착관계를 형성한다.
② 성 정체성을 확립한다.
③ 울음, 옹알이 등의 언어적 표현을 한다.
④ 모로 반사, 바빈스키 반사 등의 반사행동이 나타난다.
⑤ 기쁨, 분노, 슬픔 등의 기초적인 정서를 느낄 수 있다.

04. 유아기(3~6세)의 발달에 관한 설명으로 옳지 않은 것은?(제10회 기출문제)

① 정서의 분화가 두드러지게 나타난다.
② 영아기(0~2세)에 비해 성장속도가 완만해진다.
③ 주로 감각운동을 통하여 지능발달을 도모한다.
④ 사회성을 발달시키는 데 놀이가 중요한 역할을 한다.
⑤ 사고발달에 있어 직관적 사고, 물활론 등의 특징이 나타난다.

05. 유아기(3~6세)에 관한 설명으로 옳지 않은 것은?(제11회 기출문제)

① 콜버그의 후인습적 도덕발달 단계에 해당하며 타인과 좋은 관계를 맺는 데 치중하는 시기이다.
② 프로이트의 남근기에 해당하며 이성부모에게 관심을 갖는 시기이다.
③ 피아제의 전조작기에 해당하며 상징적 사고가 활발한 시기이다.
④ 에릭슨의 주도성 대 죄의식 단계에 해당하며 책임의식이 고취되는 시기이다.
⑤ 융의 아동기에 해당하며 자아가 형성되는 시기이다.

정 답 1. ② 2. ① 3. ② 4. ③ 5. ①

제3장 아동기 발달과정과 사회복지실천

1. 아동기의 개념 및 발달

1) 아동기의 개념

아동기는 만 7세에서 만 12세까지로 초등학교에 다니는 시기를 말한다. 생활의 중심이 가정에서 학교로 옮겨감에 따라, 이 시기의 발달에서는 학교생활이 중요한 역할을 하게 된다. 학교생활을 통해 아동은 많은 사회적 관계를 형성하게 되며, 다양한 학습과 활동을 통해 기본적인 자조기술을 습득하게 된다. 이 시기에는 또래집단과의 관계가 중요해지며 적절한 성역할을 습득하게 되고 자아개념, 근면성 등이 발달하는 시기이다.

2) 신체적 발달

신체적 성장과 발달은 비교적 완만한 편이지만 꾸준히 성장은 계속된다. 유아기에 비해 운동기능도 더욱 강화되고 정교하게 발달한다. 아동기에는 거의 모든 운동기능을 수행할 수 있게 되는데, 이러한 운동기술의 습득으로 아동은 큰 기쁨과 성취감을 맛보게 된다.

(1) 신체적 성장

아동기에는 신장과 체중이 점차적으로 증가한다. 어깨가 넓어지고, 팔다리가 길고 가늘어지면서 유아기보다 신체가 더 가늘어진 모습이 된다. 아동기의 신체적 성장은 비교적 완만하게 이루어지지만 아동기 말에는 청소년기의 성장급등 현상으로 인해 신장이 급격히 증가한다. 아동기 초기에는 남아가 여아보다 신체적 성숙이 더 빠르지만 10～12세경에는 여아의 신체적 성숙이 남아에 비하여 더 우세해진다. 이는 신체적 급성장을 가져오는 사춘기가 남아보다 여아에게서 2～3년 정도 일찍 시작되기 때문이다. 체중의 증가도 비슷한 양상을 보이는데, 신장과 마찬가지로 체중도 10～12세경에는 여아가 남아보다 더 많이 나간다. 아동기 체중의 증가는 지방보다 근육에 집중되며, 남아가 여아보다 근육세포가 많기 때문에 아동기 말부터 청년기에는 남자가 힘이 더 강해진다. 근육이 증가하고 다리가 길어지면서 몸이 유아기보다 훨씬 더 가늘어진 모습이 된다.

아동기에는 신체의 다른 부분이 빨리 성장하기 때문에 신체의 비율이 변하는데, 팔다리의 성장이 몸통의 성장보다 빨라서 아동기의 전형적인 신체 특징인 팔다리가 가늘고 긴 모습을 보이게 된다. 또한 얼굴의 아랫부분(턱)이 더 빨리 성장하고 볼의 살이 빠지면서 얼굴이 길어지게 된다.

(2) 운동기능의 발달

아동기에는 기존의 운동능력이 더 빠르고 정교하게 발달하며, 운동기능이 계속해서 발달하므로 달리기, 줄넘기, 자전거 타기, 등산, 수영 등 거의 모든 운동기능을 수행할 수 있게 된다. 유아기에 비해 아동기의 운동기능은 훨씬 정교하고 유연해지며 근육의 협응능력이 보다 발달하게 된다. 아동기의 소근육운동 발달은 보다 정교해지는데, 아동의 쓰기와 그리기는 보다 통제적이며 정확해진다. 전반적으로 여아가 소근육 발달에 있어서 남아를 앞지르고 남아는 힘이 필요한 대근육 운동에서 여아를 앞선다(최미현 외, 2000 : 61-62).

아동은 다양한 운동을 통하여 신체적 균형을 시험해 보기도 하고 신체 각 부분의 조정과 통합을 추구하며 신체적 유연성을 기른다. 이러한 운동활동은 운동기술의 향상 외에도 우정의 형성, 규칙의 준수, 협동심 등 사회적 관계에 필요한 기술을 학습할 수 있게 해준다. 아동기의 운동기능 발달은 신체적 발달뿐만 아니라 심리적 발달에도 영향을 미친다. 아동기에는 자신의 운동능력을 다른 아동의 운동능력과 비교하여 평가하기 때문에 아동의 자아개념 형성에도 영향을 미치게 되며 운동을 잘하는 아동이 긍정적인 자아개념을 형성할 가능성이 높다.

이처럼 아동기의 운동발달은 신체적 발달과 성격 및 사회성 발달과도 밀접한 관련이 있으므로 운동기술을 향상시킬 수 있는 환경을 조성해 주고, 또래에 비해 운동능력이 뒤처지는 아동에 대한 관심과 개입이 필요하다.

3) 심리적 발달

(1) 인지발달

아동기는 유아기에 비해 인지능력에서 상당한 발전을 보이는데 좀 더 세련된 방법으로 상징을 사용하고, 논리적으로 생각할 수 있으며, 사물의 한 측면에만 집착하지 않고 여러 측면을 고려하여 결론을 이끌어 낼 수 있다(정옥분, 2005 : 473). 아동기에는 직관적 사고에서 논리적 사고로, 중심화 현상에서 탈중심화로, 비가역적 사고에서 가역적 사고로 변하게 된다. 아동기는 피아제의 인지발달의 네 단계 중 세 번째 단계에 해당된다. 이 단계에서는 아동의 사고가 자신이 직접 경험한 구체적인 세계에 한정되기 때문에 구체적 조작기라고 부르며, 보존기술, 분류기술, 조합기술 등의 개념적 기술들이 점차적으로 발달한다.

구체적 조작기의 아동은 문제해결과정에서 직관보다는 조작이나 규칙을 적용하기 시작하는데, 보존개념은 물체의 외형상 변화에도 불구하고 이를 빼거나 더하지 않으면 그 물체의 특정한 양은 그대로 보존된다는 것을 판단할 수 있는 능력이다. 이러한 보존개념의 획득을 위해서는 가역성(reversibility), 보상성(compensation),

동일성(identity)의 개념을 획득해야 한다. 가역성이란 어떠한 상태 변화가 그 변화의 과정을 역으로 밟아가면 다시 원상으로 복귀될 수 있다는 것이며, 보상성이란 높이의 감소가 폭이라는 차원으로 보상된다는 것이고, 동일성은 어떤 방법으로든 더하거나 빼지 않았으므로 양은 동일하다는 것이다.

분류기술은 대상이 공통적으로 지니고 있는 차원에 따라서 물체를 분류하고 통합하는 능력과 위계적 방식으로 하위집단으로 나열하여 하나의 새로운 집단으로 분류할 수 있는 능력을 의미한다. 다시 말해 아동기에는 사물이 위계적 관계를 맺고 있으므로 조화를 이룬다는 사실을 인식하고 사물들 사이에 어떤 관계규칙이 있음을 인식함으로써 사물의 분류가 가능해진다. 조합기술은 수를 조작하는 능력으로서 일정한 수의 사물이 있으면 그것을 펼치든 모으든 또는 형태를 바꾸든 수는 같다는 것을 이해할 수 있는 능력을 의미한다.

(2) 언어 및 정서 발달

❶ 언어발달

유아기에 많은 언어능력을 획득하였지만 언어적 유능성을 판가름하는 중요한 발달은 보통 아동기에 이루어진다(Shaffer, 1999). 아동기에는 보다 많은 단어를 학습하게 되고 길이가 길고 문법적으로 복잡한 문장을 이해하고 사용할 수 있게 되며, 읽기와 쓰기 능력이 빠르게 발달한다는 점에서 이 시기의 언어발달의 특징을 찾을 수 있다.

아동기에는 아동의 어휘능력이 급속히 발달하여 초등학교를 졸업할 때에는 약 40,000단어 정도를 습득하게 되며, 유아기에 비해 단어를 더 정확하게 사용하게 되고 단어가 갖는 여러 가지 의미를 이해할 수 있게 된다. 또한 유아기에 보이던 문장의 오류를 수정하게 되고, 문법적으로 보다 복잡하고 긴 구문을 사용하게 된다.

의사소통기술 역시 아동기에 크게 발달하게 되며, 읽기와 쓰기 능력 역시 발달하게 된다. 3~5세 유아들은 구두메시지에서 의미가 모호한 부분을 잘 인식하지 못하지만 아동기에는 상대방이나 자신의 메시지가 분명하지 않을 때 어느 부분이 모호한지를 인식하고, 그 부분을 분명하게 만드는 참조적 의사소통기술을 발달시키게 된다(정옥분, 2005 : 502-503). 이는 자기중심성이 완화되고 역할수용기술을 획득하며 청자에 맞도록 말을 조절하여야 한다는 사회언어학적 이해능력이 발달하기 때문이라 할 수 있다. 즉, 아동의 연령이 높아짐에 따라 사회화된 언어가 증가하게 된다(오선영, 2001).

2 정서발달

아동기는 비교적 정서적으로 안정된 시기로서 정서적 혼란이나 흥분은 비교적 적은 편이다. 아동기에는 정서적 통제와 분화된 정서표현이 가능해진다. 또한 정서를 단순하게 표출하면 친구들과의 관계에서 어려움을 겪게 될 것을 예상하고 감정을 억제하고 통제하는 세련된 감정표현을 하기도 한다(임은희, 2005 : 211).

사회적 행동과 밀접한 관련성을 지니고 있는 정서 중에서 먼저 공포감에 대해 살펴보면 상상적이고 가상적인 것, 비현실적이고 초자연적인 것에 대한 공포가 많아진다. 이러한 공포감과 직접적으로 연관된 정서가 바로 불안정서인데, 불안은 미래의 위험을 예상할 때 생기는 약한 공포반응이다. 이러한 불안반응은 아동의 상상력 발달과 관련되어 있는데, 이 시기에는 주로 부모와 선생님의 기대를 충족시키지 못할 때 따르는 질책이나 벌, 성적 하락이나 운동능력 미발달에 대한 친구들의 조롱 등에 대한 불안이 특히 많다. 특히 가정생활과 학교생활 사이에 조화가 이루어지지 못할 경우에 불안정서가 강해져 공포증이라는 정서장애로 나타나게 된다. 이러한 아동기의 정서장애 중에서 대표적인 것이 등교거부증(school refusal) 또는 학교공포증(school phobia)이다(권중돈 · 김동배, 2005 : 134).

아동기에 공포나 불안보다 더 자주 나타나는 정서가 바로 분노이다. 사회적 관계가 넓어지면서 욕구 좌절이나 행동에 방해를 받고 놀림을 당하거나 꾸중을 듣는 경우가 많아지며 다른 아동과 비교 · 무시당하는 경험을 많이 하게 됨으로써 분노의 감정이 빈번하게 발생한다. 그러나 분노의 감정 발생빈도는 높아지지만 스스로 분노감정을 잘 통제하고 보다 간접적인 방식으로 분노를 표현할 수 있게 된다.

4) 사회적 발달

(1) 학교의 영향

학교는 아동의 사회적 발달에도 많은 영향을 미치는데 특히 저학년일수록 교사의 영향을 많이 받으며, 고학년이 될수록 친구의 영향을 많이 받는다. 이 시기에는 급우와의 관계를 통해 자아중심적 관점이 감소되고 협동, 경쟁, 협상의 원리를 체득하게 되며 사회적 규칙이나 압력에 반응하는 방법을 학습하게 된다. 교사의 태도 못지않게 아동이 교사의 태도를 어떻게 받아들이는가 또한 매우 중요한데, 교사의 행동을 긍정적으로 지각하는 아동일수록 긍정적 자아개념을 형성하는 경향이 강한 것으로 나타났다(권중돈 · 김동배, 2005 : 137).

교사는 아동의 행동을 바르게 형성하고 발달시키기 위하여 칭찬, 지도, 특권, 처벌과 같은 강화를 사용하며, 아동의 사회성 발달을 돕기 위해 환경을 조성하고 교육과정 운영 시에도 사회성 발달을 고무할 수 있는 방안을 통합적으로 고려하여야 한다. 아동이 교과학습을 통해 적절한 성취감이나 만족감을 경험하고 친구들과 좋은 관계를 유지해 나가며, 교사로부터 적절한 관심과 인정을 받게 되면 학교생활에 잘 적응하고, 학교에 대해 긍정적인 태도를 갖게 된다. 그러나 교과학습이나 친구를 사귀기가 힘들고 교사로부터 부당한 처우를 받게 되는 경우 학교생활에 적응하기 어렵고 학교에 대해서도 부정적인 태도를 가질 수 있다.

또한 학교에서 이루어지는 여러 가지 경험을 통해서 아동은 자신의 능력에 대한 자아개념을 획득하고 자신에 대한 평가내용에 따라 긍정적 혹은 부정적인 성격을 형성하게 된다.

(2) 또래집단의 영향

이 시기의 아동은 가족보다 친구의 영향을 더 많이 받게 되는데, 부모의 강력한 영향력에서 벗어나 친구, 또래 그리고 선생님과의 접촉에 신경을 쓰게 되고 그들과의 관계에 더 민감해진다. 따라서 이 시기를 도당기(gang age)라고도 한다. 또래집단은 대개 동성집단으로 연령층과 취미가 같고 지능이 비슷하다. 이 시기는 종종 집단의 일부가 됨으로써 타인을 모방하는데, 이때는 유행, 우상(가수, 영화배우 등)과 수집활동이 공통적 관심거리이다(이종복 · 전남련, 2007 : 97).

7~8세경에는 주로 동성친구들과 어울리면서 이성친구에게는 배타적이며, 9세경이 되면 아동은 집단을 형성하여 함께 놀기를 좋아하는데, 이러한 집단을 짝패(clique), 도당(gang)이라고 한다. 이처럼 짝패 집단을 형성함으로써 아동은 자기표현의 기회를 갖게 되고, 상호의존적인 감정을 공유함으로써 우정을 발달시키게 되며, 자아중심성을 극복하고 협력관계를 형성할 수 있게 된다.

아동기에는 또래집단에 동조하지 못하는 것에 두려움을 느끼고 또래의 압력에 쉽게 동조하는 경향이 있다. 아동이 자신을 인식하는 데 또래는 자신을 비춰주는 거울의 역할을 하기 때문에 그들의 의견이나 반응에 매우 민감해진다. 친구를 선택하는 경향은 학년에 따라 다른데, 저학년의 경우에는 집이 가깝고, 가족끼리 교류가 있는 친구를 선택하는 경향이 있으나 고학년으로 올라갈수록 성격적 특성에 따라 선택하게 된다. 아동은 연령이 증가함에 따라 점점 주변 세계의 지식을 넓히고 또래를 중요하게 생각하기 시작하며 또래와 관계를 맺고 의사소통하려고 노력한다. 이 시기에는 또래집단에 수용된다는 것이 아동의 자아발달에 매우 중요한 역할을 한다.

(3) 단체놀이

아동기에는 단체놀이(team play)를 선호하는데, 이러한 단체놀이를 통하여 개인의 목표가 단체의 목표에 종속된다는 것을 인식하게 된다. 아동은 단체놀이를 통하여 노동 배분의 개념을 학습하게 되며, 상대방을 존중하고, 규칙을 지키며, 예절을 배울 수 있고 이를 통해 사회성을 발달시킬 수 있다.

즉, 단체놀이에서 아동은 각자에게 부여된 지위와 역할을 충실히 수행하여야만 놀이의 승리를 보장받을 수 있음을 알게 되고, 이러한 과정에서 자신이 더 잘할 수 있는 역할이 있는 반면, 다른 아동이 더 잘할 수 있는 역할도 있음을 알게 된다. 또한 단체놀이를 통하여 경쟁의 본질과 승리의 중요성을 학습하게 되는데, 아동기의 단체놀이에서 패배하는 데 결정적인 기여를 한 아동은 다른 아동들로부터 비웃음거리가 되는 경우가 많은 것이 그 예이다. 아동은 이와 같은 단체놀이의 실패에 뒤따르는 사회적 비난을 피하기 위해 더욱 노력하고, 서로 협력하는 유용한 경험을 하게 된다(권중돈 · 김동배, 2006 : 102).

(4) 대중매체

아동기의 사회성 발달에 큰 영향을 미치는 것이 TV, 컴퓨터 등과 같은 대중매체이다. 이러한 매체들을 교육적으로 잘 활용하면 아동의 학습 및 인지기능의 향상에 도움이 될 수 있으나, 그렇지 못할 경우에는 여러 가지 부정적인 문제가 발생하게 된다. TV는 아동에게 학습자료를 제공해 주고, 친사회적 행동을 증가시켜 주기도 하지만 폭력적인 장면에 노출됨으로써 공격성을 증가시키고 바람직한 가치 형성을 방해할 수도 있으며, 또한 성에 대한 고정관념을 형성하게도 한다.

컴퓨터는 아동의 학업성취와 학습흥미를 높이는 효과적인 기제이며, 인지능력을 향상시키고 많은 양의 정보를 쉽게 얻고 활용할 수 있다는 장점이 있다. 또한 또래 사이의 상호작용을 촉진하는 매개물로 작용하기도 한다. 그러나 아동이 컴퓨터와 지나치게 많은 시간을 보내게 되면 사회적 관계의 발달을 저해할 수 있으며, 학업성취에 나쁜 영향을 미치고, 공격성을 높일 수 있다. 또한 최근에는 각 가정에 보급되어 있는 개인용 컴퓨터와 게임방 등에서 보호자의 지도 · 감독 없이 아동이 무방비로 폭력적이고 선정적인 내용에 노출되어 있는 경우가 많아 이에 대한 적절한 대책이 마련되어야 할 것이다.

2. 아동기와 자아개념

1) 자아개념

아동기에는 어떤 행동을 하기 전에 상황을 평가하고 그 결과를 예상하는데, 아동기에 자신의 행동평가에 가장 큰 영향을 미치는 변인이 바로 자아개념(self-concept)이다. 자아개념은 개인이 자신의 것으로 동일시하는 개인적 특성에 대한 지각이나 느낌으로서 성장기 동안의 경험을 통해 형성되어 간다. 자아개념은 나는 누구이며, 무엇인가를 깨닫는 것을 의미하며, 이러한 자아개념은 자신이 독특하고 타인과 구별되는 분리된 실체라고 인식하는 데에서 발달하기 시작한다. 자아개념은 자신에 대한 타인들의 태도를 파악하고 다양한 활동이나 상황에 대한 타인들의 태도를 이해하는 과정, 이와 같은 두 가지 사고에 입각해서 자신의 행동을 수정하고 조절해 나가는 과정을 통해 자아개념을 획득하게 된다(김영호 외, 2005).

이전단계에서 형성된 자율성과 자아존중감(self-esteem)을 기초로 하여 자아개념이 형성된다. 자아존중감은 자기 자신에 대해 가지고 있는 개인적 가치감이나 긍정적 평가로서 자아개념을 구성하는 하위요인이다(김태련 · 장휘숙, 1994). 이러한 자아존중감은 자기 스스로 무엇인가를 할 수 있다는 자율성과 성취감에 의하여 형성된다. 유아기 자아존중감의 발달 역시 부모의 양육태도에 주로 영향을 받기 때문에 부모는 유아 스스로 무엇인가를 할 수 있는 기회를 적절히 허용하여 그 결과와 상관없이 격려와 칭찬을 해줄 필요가 있다. 아동이 어떤 일을 수행했을 때 부모와 교사 및 친구들에게서 칭찬, 수용, 격려를 받게 되면 높은 수준의 자아존중감이 형성될 수 있다.

자신에 대한 평가는 두 가지 필수적인 요소에 입각하여 이루어진다(Newman & Newman, 1987 : 257-258). 첫째, 자신에게 주어진 기대와 자기가 실제로 성취한 것의 비교이다. 둘째, 타인들로부터 인정, 사랑, 지지의 표시이다. 즉, 자기가 성공적이라고 느끼거나 자신이 사랑받고 있고 가치 있는 존재라고 느낄 때 자부심을 갖게 된다. 반면에 자기의 성취가 수준에 미치지 못한다고 느끼는 것, 무시당한다는 느낌이나 거부받는다고 느끼는 것은 자신을 가치 없다고 생각하도록 만든다. 따라서 아동의 긍정적 자아개념 형성을 위해서는 자신의 능력에 맞는 과업을 제시받고 수행해 나가는 과정에서 성취감을 느낄 수 있도록 지원하고 이러한 성취에 대해 인정하고 지지해 주는 것이 필요하다.

2) 아동기 자아개념

자아개념은 자신의 특성에 대해 가지고 있는 체제화된 내적·개인적 생각으로 자신의 신체적·정서적 특성, 능력, 태도, 흥미, 가치관 등을 포함하고 있다. 아동기의 자아개념에서 아동기 초기에는 아동 자신의 신체적 특성, 소유물, 활동, 능력과 관련시켜 자신을 규정하지만 아동기 후기에는 심리적 특성이나 다른 사람과의 관계 등을 중심으로 자신을 묘사하게 된다(Montenmayor & Erisen, 1977). 즉, 연령이 증가할수록 자기이해가 증가하고 더욱 다양해지게 된다.

특히 아동기에는 학교에 다니기 시작하면서 인간관계가 확대되어 부모에 대한 의존성이 줄어들게 되고 개인적으로 자립하며 자기를 주장하게 된다. 그와 더불어 자기의 존재를 자각하고 독자성을 가지게 되면서 자아개념, 자존심, 근면성, 도덕성 등이 더욱 발달하게 된다. 아동기의 자존심은 학구적, 신체적, 사회적 자존심으로 구성되며 학구적 자존심은 여러 과목의 학업수행과 관련되어 있으며, 신체적 자존심은 신체적 능력 및 외모와 관련되어 있고, 사회적 자존심은 또래 및 부모와의 관계와 관련되어 있다(이근홍, 2006). 학교에서의 성공이나 실패 경험이 자아개념 형성에 중요한 영향을 미친다. 학교에서의 성공과 그에 따른 긍정적 평가는 긍정적 자아상과 연결되지만 학교에서의 실패와 그에 따른 교사, 부모 그리고 친구의 부정적 평가는 부정적 자아개념을 형성하는 데 결정적인 역할을 한다. 이처럼 아동의 자아개념은 아동의 능력과 관련되어 있으며, 성공적인 과제수행은 아동의 자아개념을 상승시키고 새로운 과제에 도전할 가능성을 증가시킨다.

이처럼 아동기의 자아개념과 자아존중감의 발달에는 부모와 교사 및 친구에 의한 평가가 매우 중요한 역할을 한다. 따라서 개별 아동에 맞는 현실적 학습목표를 설정하고 아동의 현재 능력수준보다 약간 높은 수준의 과제를 부과하며, 아동이 과제수행을 통해 성공감을 경험할 수 있도록 지원해야 할 것이다. 또한 부모는 아동에 대한 세심한 주의와 관심을 가지고 사회적 기준을 제시하며, 분명한 행동의 한계를 설정하고 지나친 처벌을 삼가며, 학교에서의 성공을 부당하게 요구하지 않고 아동의 의견을 존중하며 조화로운 부부관계를 유지하여야 한다(권중돈 · 김동배, 2006 : 99).

3. 아동기와 사회복지실천

사회복지실천에서 관심을 가져야 할 아동기의 문제는 아동학대, 학습장애, 행동장애, 장애아동의 통합교육 문제 등이다.

우선 아동학대는 부모를 포함한 양육자가 아동에게 신체적 · 정서적 · 성적 학대를 가하거나 유기 또는 방임을 하는 것을 말한다. 학대를 받는 아동은 대부분 신체적으로 발육이 저하되고 영양상태가 나쁘며, 행동적으로는 공격적 행동, 과잉행동, 자해행동, 주의력결핍, 우울증 등의 행동을 보이며, 정서적으로는 대인관계의 어려움, 낮은 자존심, 낮은 성취동기, 인지적 미성숙 등의 특성을 보인다. 이로 인해 학교생활이나 사회적 관계에 있어 어려움을 겪게 되며, 성인으로 성장한 후에도 더욱 복합적인 문제에 놓이게 될 가능성이 높다. 최근 아동학대조사 및 피해아동보호조치를 전담할 아동학대전담공무원을 채용하고 「아동학대범죄의 처벌 등에 관한 특례법」 등의 제정을 통하여 아동학대 예방 · 피학대 아동 일시보호 및 아동학대 가해자에 대한 처벌 및 신고의무자의 신고의무에 관한 규정

등을 강화하고 있다. 이와 더불어 학대피해자 및 가해자에 대한 심리상담과 치료 프로그램을 병행·실시하고 교사들을 대상으로 아동학대에 관한 교육을 실시하여 신고의무자로서의 역할을 성실히 해낼 수 있도록 지원해야 할 것이다.

두 번째, 학습장애는 지적 능력의 제한, 심리적 갈등, 불안감 등으로 지적 호기심이 억압되거나 학습동기가 결여되어 학업수행에 지장을 초래하는 것으로 학습장애는 대개 아동이 정상적인 수준의 지능을 가지고 있음에도 불구하고 학업성취도가 낮은 경우를 의미한다. 학습장애는 아동에게 실패반응에 대한 두려움, 철회반응, 무기력 반응, 낮은 자존심 등을 갖게 할 수 있다. 학습장애를 가진 아동이 성공적으로 생활을 전환하기 위해서는 집요함과 추진력, 좌절에도 포기하지 않는 개인적 성품, 목표설정과 성취노력을 가져야 한다(이근홍, 2007). 학습장애를 치료하기 위해서는 아동의 교육환경과 교육계획에 관심을 가지고 아동이 가정이나 다른 장소에서 부모나 다른 사람에 의해 개별화된 특수교육을 받을 수 있도록 지원해야 할 것이다.

세 번째, 행동장애의 문제이다. 행동장애는 억압된 감정을 무의식적으로 행동화하는 것으로 거짓말, 도벽, 가출, 방화, 파괴행위, 무단결석 등의 다양한 문제를 일으키는 것이다. 행동장애의 원인은 대개 부모를 괴롭힘으로써 부모에 대해 보복을 하거나 그들이 부족하다고 생각되는 주변의 중요한 인물로부터의 관심이나 사랑을 획득하려는 데 있다. 이러한 행동장애는 가족, 교사 및 또래의 협조를 바탕으로 단순한 훈련이나 심리치료를 통해 치료할 수 있으므로 이러한 행동장애가 반사회적 행동으로 발전하지 않도록 사회복지사는 각별한 관심을 기울여야 할 것이다.

마지막으로 장애아동의 통합교육의 문제이다. 장애아동의 조기치료와 재활을 위해서는 장애아의 조기치료 및 조기교육기관과 특수교육기관들이 증설되고 장애인복지에 대한 전문훈련을 받은 사회복지사와 기타 전문가들이 배치되어 전문 서비스를 제공해야 할 것이다. 또한 일반학교에 다니고 있는 장애아동에 대한 교사와 친구들의 편견을 제거하여 장애아의 통합교육을 지원하기 위한 학교사회복지 프로그램 등도 개발하여 실시해야 할 것이다.

요약

- 아동기의 개념 : 이 시기는 학교생활이 중요한 역할을 하며, 많은 사회적 관계를 형성하고, 또래집단과의 관계가 중요하며 자아개념, 근면성 등이 발날(7~12세)
- 신체적 발달 : 정교한 운동기능 발달
- 심리적 발달 : 논리적 사고 가능. 정서적 통제와 분화된 정서표현 가능
- 사회적 발달 : 학교 및 또래집단의 영향. 단체놀이의 중요성
- 자아개념 : 이전 단계에서 형성된 자율성과 자아존중감을 기초로 형성. 학교에서의 성공・실패가 자아개념 형성에 영향

기출문제

01. 아동기(7~12세)의 설명으로 옳은 것은?(제10회 기출문제)

① 프로이트의 남근기에 해당된다.
② 단체놀이를 통하여 노동배분의 개념을 익힌다.
③ 제1성장급등기에 해당한다.
④ 주요 과업은 대상영속성 개념의 획득이다.
⑤ 신체적 성숙이 거의 완성되며 성역할에 대한 정체성이 확고해진다.

02. 아동기의 발달 특성으로 옳은 것을 모두 고른 것은?(제14회 기출문제)

가. 자아정체감이 형성되는 결정적인 시기이다.
나. 유치가 영구치로 바뀌고 보존 개념을 획득할 수 있다.
다. 가설연역적 추리 및 조합적 사고를 할 수 있다.
라. 한 가지 속성에 따라 대상을 배열하는 서열화가 가능하다.

① 가, 나, 다 ② 가, 다 ③ 나, 라
④ 라 ⑤ 가, 나, 다, 라

03. 아동기(7~12세)의 특징으로 옳지 않은 것은?(제9회 기출문제)

① 지적 기능이 분화되어 객관적 지각이 가능해진다.
② 자기중심성이 완화되고 역할수용이 가능한 시기이다.
③ 정서적 통제와 분화된 정서표현이 가능해진다.
④ 사회적 관계의 장이 확대되는 시기이다.
⑤ 제1성장급등기에 해당하는 시기이다.

04. **다음 중 아동기(7~12세)에 관한 설명으로 옳은 것은?**(제5회 기출문제)

① 추상적 사고와 가설 연역적 사고가 가능하다.
② 분류능력이 발달되기 시작한다.
③ 수와 보존개념을 논리적으로 알 수 있다.
④ 대상영속성을 획득한다.
⑤ 자신의 사고는 독특하여 다른 사람이 이해하지 못한다고 생각한다.

05. **아동기(7~12세)의 사회적 발달에 관한 설명으로 옳은 것은?**(제12회 기출문제)

① 자아의식이 발달하여 고독에 빠지기 쉽다.
② 단체놀이를 통하여 협동, 경쟁, 협상하는 능력이 향상된다.
③ 부모의 기대와 문화적 기준에 맞는 성역할 기준을 내면화한다.
④ 사회적 관계가 확대되어 가족으로부터 독립을 준비하고자 한다.
⑤ 학년이 올라갈수록 급우들과의 관계가 약화되며 성인의 승인을 받고 싶어 한다.

정 답　1. ②　2. ③　3. ⑤　4. ③　5. ②

제4장 청소년기 발달과정과 사회복지실천

우리나라에서 18세 미만의 아동·청소년을 위한 아동복지법(1981년 제정)이 제정된 지 40년이 넘는 세월이 흘렀다. 아동복리법(1961년 제정)까지 거슬러 오르면 60년이 넘는 시간이다. 그 후 청소년 기본법(1991년 제정)과 청소년 보호법(1997년 제정), 청소년복지지원법(2003년 제정) 등이 차례로 제정되어 청소년 문제에 대한 체계적인 대응에 많은 발전이 있었던 것은 사실이다.

그러나 아동복지법이 기본적으로 빈곤대책을 벗어나지 못하고 청소년 기본법 등이 청소년의 건전육성이라는 애매모호하고 추상적인 대응을 하는 동안 학교와 사회복지현장에서는 이들 제도 안에서 도저히 해결되지 않는 많은 새롭고 다양한 청소년 문제들에 직면하게 되었다. 이는 사회 변동이 청소년의 생활에 위기적 상황을 만들어 내고 있다는 것과 이러한 현실을 직시하고 새로운 대책이 강구되지 않으면 안 된다는 것을 시사한다. 즉, 고도 경제성장이라는 '번영의 골짜기' 한편에 청소년 문제가 방치되어 있다는 위기의식을 국민 모두가 가져야 한다.

오늘날 청소년 문제에 관한 우려의 소리가 높아지고 있으며 이에 따라 청소년 문제에 관한 연구 및 논의도 활발해지고 있다. 청소년 문제는 밖으로 드러나는 현상만으로 설명이 어렵고 문제를 잉태하고 유발시키는 오늘날의 사회적 성격의 규명을 통해서 그 근본 원인과 특성을 파악할 수 있을 것이다. 특히 급격한 변화 속에서 다양한 사회적 양상과 갈등이 생성되고 그 파급효과는 민감한 감수성을 지닌 청소년 세대에게 가장 크게 나타난다고 볼 수 있다.

역사적으로 청소년이라는 용어가 등장하기 시작한 것은 그리 오래되지 않았다. 농경사회에서는 어른과 아이로 구분했으며, 19세기 이후 산업화로 교육받은 노동력을 필요로 하게 되고 이로 인해 학교교육의 의무화 등이 이루어지면서 청소년이 아동과 성인 사이에 자리 잡게 되었다. 또한 현대의 정보화 인터넷사회에서 또 다른 국면의 청소년기를 인식하게 되었다.

청소년기는 신체적, 인지적, 정서적, 사회적인 면 등에서 급격한 변화를 나타낸다. 청소년을 바르게 지도하고 적절하게 개입하기 위해서는 무엇보다도 청소년에 대한 이해가 선행되어야 한다. 이에 청소년의 일반적 발달 특성과 사회복지와의 실천관계를 알아보고자 한다. 청소년기는 아동기가 끝나는 13세 전후에 시작되며 성인으로서의 역할과 책임을 수행할 수 있는 24세까지로 연령적(생물학적) 구분을 하고 있다. 또한 청소년기는 급격한 사회적 변화와 발달과업의 변화로 인해 정체감과 문화에 많은 혼란을 겪게 되며 이에 대한 사회복지적 개입은 매우 중요하다.

1. 청소년기의 개념 및 특성

1) 청소년기의 개념

(1) 청소년 전기

청소년기는 인간의 발달단계에서 가장 격정적이고 불안정한 시기이며, 동시에 발달의 어느 단계보다 많은 가능성을 가지고 미래를 위해 수많은 결정을 해야 하는 시기이다. 또한 한 인간이 생물학적·심리적·사회적 모든 면을 통합하여 인격의 완성을 꾀하고 사회인으로서의 기능을 갖기 위한 마지막 준비단계라고 할 수 있다.

특히 청소년 전기(13~18세)는 사춘기라고 이르는데, 이는 이 시기에 일어나는 다른 신체 변화뿐만 아니라 개인의 성적인 면까지 포함하는 생리적 변화를 의미하는 개념이다. 이에 대해 청소년기는 인생발달을 뜻하는 일반적인 용어로서 문화적 개념이다. 즉, 행동적 그리고 문화적인 측면에서 성숙하는 시기이다. 따라서 '청소년'이라는 용어는 사춘기의 신체적 성숙뿐만 아니라 심리적·사회적으로 의존에서 벗어나 독립과 책임을 수용하는 것까지 포함된다. 대부분의 청소년 전기는 중·고등학생 시기로 주로 신체적 성숙과 인지적 발달을 경험하게 된다.

(2) 청소년 후기

청소년 후기는 청소년 전기부터 성인기 이전 사이를 의미하는데, 이는 대략 18세에서 23세까지를 말한다. 이 시기의 특징은 부모로부터 심리적으로 독립하기 시작하며 대학에 진학하거나, 군에 입대하거나, 직업을 가진다. 이때는 심리적 독립적으로 일상의 문제를 스스로 처리하고 결정하게 되고, 청소년 전기의 부모와의 갈등은 점차 긍정적으로 회복된다. 설리반(Sullivan)은 부모와 청소년 후기 자녀 사이의 물리적 거리가 멀수록 심리적 거리는 더 가까워지며 자녀 스스로 의사결정을 할 수 있는 기회가 많아지기 때문에 더 유익하다고 하였다. 그러므로 집을 떠나 있는 경험은 자율성 획득 과정에서 중요한 촉매기능을 하기 때문에 후기 청소년들에게는 한번 시도해 볼 만한 가치 있는 경험이다.

2) 청소년기의 특징

청소년기는 아동기에서 성인기로 전환되는 과도기이다. 따라서 청소년기는 생애 발달과정 중 신체적·정신적·지적·사회적으로 가장 다양한 변화가 일어나는 시기이기도 하다. 원래 청소년이라는 말은 라틴어 'adolescere'라는 말에서 온 것으로, 그 의미는 "성숙한 사람으로 성장되어 간다(to grow into maturity)"는 뜻이다. 프로이트(Freud)는 이 시기를 생식기로 분류했으며, 사춘기 이후 전 생애에 걸쳐 계속되는 시기로서 리비도가 다시 성기로 돌아오고 성행위를 통한 성적인 만족을 추구한다고 하였다. 이 시기에 이르면 아동은 이성에 대해 진정한 관심을 가지고 성숙한 사랑을 할 수 있으며, 이 단계에까지 순조롭게 발달한 사람은 이타적이고 원숙한 성격을 지니게 된다.

또한 청소년기는 급격한 신체적 발달과 함께 부모로부터 심리적 이유(psychological weaning)가 이루어지면서 자신의 존재에 대한 새로운 탐색을 시작한다. 에릭슨(Erikson)은 이 시기를 개인의 자아정체감이 해결되어야 하는 중요한 시기로 간주하였다. 정체감이 형성된 개인들은 확신을 가지고 지속적인 발달과업을 이루어 나간다. 그러나 과도기에 처한 청소년은 주변인(marginal man)으로 정신적으로나 신체적으로 불안정과 불균형을 경험하면서 특정한 발달상의 문제를 보이기도 한다.

3) 발달상의 특징

(1) 신체적 발달

청소년기의 신체적 특징은 급속한 성장과 생식능력의 획득이다. 사춘기(puberty)에 이르면 성인으로서의 신체적 특징을 보이기 시작하는데, 대개 10대 초기에 시작되어 14~18세에 완성된다. 성장 호르몬과 성 호르몬의 작용으로 남성, 여성이 지니고 있는 성기관의 발달과 함께 생식능력을 갖게 되며 키가 급격하게 자라고 몸무게도 증가하여 남성은 남성으로서의 골격을 갖게 되고 여성은 여성의 체형을 갖추게 된다.

청년 전기에는 급격한 신체발달이 일어나게 되는데 부분적으로 어른의 수준에 육박한다. 특히 신장과 체중에 있어서는 대개 성인의 90% 수준으로 성장한다. 남자의 경우 정소에서 분비되는 테스토스테론이라는 성 호르몬이 남성의 2차 성징을 발현시키며 생식기능에 직접적인 영향을 미친다. 또 음경이 확대되며 전립선이 발달하고 그 결과 정자를 생산하여 밖으로 내보내게 되어 몽정과 자위행위를 경험하게 된다. 또한 이 시기에는 어깨가 벌어지고 체모가 나면서 근육이 생기며, 후두가 확장되고 성대가 두꺼워짐에 따라 목소리가 낮아지는 변성기가 오며 피지 분비의 증가로 소년에서 성숙한 남성으로 성장해 간다. 여성의 경우는 뇌하

수체 호르몬의 자극 결과 난소에서 에스트로겐이라는 여성호르몬이 분비되어 월경을 하게 되고 여성으로서의 2차 성징이 발현한다. 또 유방과 골반의 발육이 현저해지고 엉덩이에 지방이 축적되어 여성적인 몸매로 성장하며 남성과 마찬가지로 음모가 나고 내외 생식기도 발달하여 커진다.

이러한 신체적 변화와 성장으로 청소년들은 자신을 보다 성인과 가까운 존재로 느끼게 되며 남성다움과 여성다움의 성역할에 민감한 반응을 보이게 된다. 또한 청소년들의 성적 성숙은 청소년들로 하여금 자신의 성숙에 대한 기쁨과 자부심 등 긍정적인 감정과 함께 불쾌감이나 두려움 등 부정적인 감정과 같은 양면적 감정을 경험하게 한다.

청소년 전기는 어느 발달단계보다 신체 이미지가 자아존중감에 중요한 영향을 미치는 시기이다. 청소년기 내내 여성은 남성에 견주어 볼 때 자신의 신체에 대해 비판적이고 불만족스러워하는 경향이 많은데, 특히 체중 면에서 더욱 그러하다. 따라서 섭식장애가 중요한 정신적 문제가 되기도 한다. 섭식장애란 최소한의 정상 체중을 유지하면서 절제된 식사를 하고 식사조절 말고도 스스로 구토를 유발하거나 설사제나 이뇨제를 사용하는 것을 의미한다. 이 밖에도 비만, 신경성, 식욕부진, 폭식증을 포함하는 섭식장애가 있다. 이를 해결하는 효과적인 방법으로는 의사의 감독 아래 이루어지는 운동, 제대로 된 영양분을 섭취하면서 인스턴트 식품의 섭취를 줄이는 것, 그리고 친구들이나 가족의 심리적 위안을 받는 것이 있다. 그러나 비만은 치료보다는 예방이 훨씬 효과적이다.

(2) 심리적 발달

성 호르몬의 생성과 분비가 일어남에 따라 외양이 달라지는 한편 성에 대한 행동양식이나 심리적 · 정신적 반응에도 변화가 일어나기 시작한다. 현저한 신체적 발육으로 인하여 아동도 아니고 성인도 아닌 어느 세계에도 완전히 소속되지 않은 과도기적인 시기에 놓인 청소년 전기에는 감정의 기복이 심하게 나타난다. 자신에 대한 긍정적 · 부정적 감정이 교차하고 아직 자신을 아이로 취급하는 부모나 형제, 그리고 친구들과 공유할 수 없는 감정을 경험함으로써 고립감을 느끼기도 한다. 또한 신체적 변화에 대한 기쁨과 불안, 도취감과 수치심, 이성에 대한 호기심과 수줍음, 분노, 우울 등은 발달상의 문제가 될 수 있다.

청소년 후기에는 자신의 존재와 의미에 대한 본질적인 의문으로 심각한 고민과 갈등을 경험한다. 전술한 대로 에릭슨은 이 시기를 자아정체감(ego identity)을 형성해 나가는 시기라고 설명하고 있다. 자아정체감은 자신의 독특성에 대한 안정된 느낌을 갖는 것으로, 행동이나 사고 혹은 정서의 변화에도 불구하고 변화하지 않는 부분이 무엇이며 자신이 누구인가를 아는 것이다.

자아정체감 형성의 중요성을 강조하는 연구자들은 청소년 후기의 적절한 정체감 형성이 심리적 건강의 초석이며 성인기 이후 건강한 삶의 터전이 된다고 한다. 반면 정체감 혼란은 성인기 발달과제를 성취하는 데 방해가 된다고 주장하고 있다.

(3) 인지발달

청소년기는 신체적인 성숙과 함께 인지적 능력도 확대된다(이인정, 1995). 청소년기의 사고는 점차 성인과 유사해지며 아동기와는 전혀 다른 유형의 사고를 한다. 청소년 자신의 지각과 경험보다는 논리적 원리에 의해 지배를 받기 때문에 보다 추상적인 사고가 가능해지며 경험하지 못한 사건에 대한 가설을 설정하여 미래의 사건을 예측할 수 있다.

피아제(Piaget)는 청소년기의 인지능력 발달을 구체적 조작 사고에서 형식적 조작 사고(formal operational thought)로의 전환이라고 하였다. 형식적 조작 사고는 가설연역적 사고, 명제적 사고, 조합적 사고를 포함하고 있다. 따라서 이 시기의 아동은 언어적이고 가설적인 문제를 다룰 줄 알고, 과학적이고 논리적인 추리능력을 보이며, 구체적인 현상 단계를 넘어 상징적인 사고를 할 수 있는 인지 수준에 이르게 된다. 반면 이들의 논리적 기술은 성인의 능력에 도달할 수 있지만 사물에 대한 종합적 관점이 결여되어 성인만큼 안정되어 있지 않다. 이러한 불안정은 정서적인 면에서 더욱 심하게 나타난다.

(4) 사회적 발달

청년 전기의 청소년들은 가족으로부터 독립을 원하지만 또 다른 한편으로는 어떤 특정 집단에 자신을 귀속시키기를 원한다. 그리고 그 집단에 충성을 약속하며 자신을 집단에 동일화시키는 경향이 강하기 때문에 그들에게 중요하고 바람직한 것은 자신과 관계를 맺고 있는 사람들을 즐겁게 해주는 것이다. 그래서 이 시기의 또래집단은 청소년들의 발달에 결정적인 영향을 준다. 건강한 또래집단과의 친화는 이들을 좋은 방향으로 인도하지만 잘못된 집단과의 무분별한 집단행동은 이들이 감당할 수 없는 결과를 초래하기도 한다.

① 가족관계

부모나 가족으로부터 분리되어 친구나 자기 자신에게 의존하려는 경향이 높아진다. 청소년은 부모의 지지와 승인을 필요로 하나 동시에 신체적 성숙이 이루어짐에 따라 부모의 통제를 받지 않으려 하며 부모에게 반항하게 된다. 또한 친구관계에서 배운 가치관을 가족관계에 적용하려고 한다. 심리적인 이유를 맞이하는 과정에서 발생하는 반항적인 행동 때문에 청소년기를 제2의 반항기라고 부른다.

② 친구관계

우정이 가족 간의 사랑보다 더 중요한 시기이므로 청소년들은 가족과 함께 지내는 시간보다 친구와 보내는 시간이 더 많아진다. 청소년들은 또래 지지집단과 강한 유대관계를 형성하고 집단 내에서 자신의 지위와 역할을 배우며 필요한 사회적 기술을 학습하게 된다. 청소년기에는 호르몬 분비의 변화를 통하여 이성에 대한 관심도 증가하나 실제로는 동성의 친구를 더 많이 사귀는 경향이 있다.

(5) 청소년기의 국가·사회적 중요성

국가 및 사회가 정책적으로 청소년에 대해 관심을 두지 않으면 안 되게 된 것은 다음과 같은 요인들이 크게 작용하였다(한국청소년개발원, 1992).

첫째, 인구학적 측면에서 볼 때, 청소년 인구가 한국 사회 구성원의 1/3을 점하고 있다는 단순분석에 의해서도 청소년 인구가 주요한 사회적 영향세로 부각되는 잠재적 가능성을 고려할 수 있기 때문이다. 둘째, 무엇보다도 인적 자원의 개발을 통해서 국제 경쟁력을 확보해야 할 한국 사회에서는 차세대의 주역이 될 청소년들을 어떻게 육성하느냐가 미래 사회를 대비하는 데 있어 주요 관건이 되기 때문이다. 셋째, 인생주기의 측면에서 볼 때, 현대 사회의 삶의 조건은 과거 그 어느 때보다도 청소년기가 장기화되었기 때문에 청소년 인구의 관심, 이해, 요구가 사회의 모든 부문과 제 측면에 확대 반영되고 있으며, 한국 사회가 안고 있는 문제들이 직·간접적으로 청소년과 결부되고 있는 성향이 점차 두드러지고 있기 때문이다.

특히 2019년 12월 선거연령이 만 18세로 하향되면서 청소년들이 주권을 가진 국민의 한 사람으로서 국가와 사회의 방향과 문제에 참여하는 기본권을 갖게 되었다는 점은 매우 큰 의미를 가진다.

2. 청소년기와 정체감

1) 정체감

자아정체감이라는 용어를 가장 먼저 썼을 뿐 아니라 이론적 발전과 실제 적용에 가장 두드러지게 이바지한 사람은 에릭슨(Erikson)이다. 그에 의하면, 자아정체감은 전 생애에 걸쳐 인간이 획득해야 할 발달과업임과 동시에 청소년기의 중심적인 과업이다.

먼저 자아정체감의 의미를 알아보면, 다음과 같이 설명할 수 있다.

첫째, '~로서의 나' 간의 통합감을 의미한다. 한 개인은 다양한 지위와 역할을 부여받고 있는데, 이러한 다양한 지위에 따른 역할들 사이의 통합감을 의미한다.

다시 말하면 정체감은 다양한 역할에 따른 자아의 진실되고 일관된 모습이라고 할 수 있다.

둘째, 자아정체감은 과거의 나와 현재의 나 그리고 미래의 나 사이의 연속감 또는 일관성을 의미한다. 이것은 자신과 타인에게 믿음을 주고, 정신적 안정감을 주며, 삶의 가치를 명료하게 할 수 있는 요인이라 할 수 있다.

셋째, 자아정체감은 주체적 자아와 객체적 자아 간의 조화감을 뜻한다. 자아는 내가 내 자신을 볼 때의 나(주체적 자아)와 내가 다른 사람의 눈에 비쳐지고 있는 것을 내가 지각할 때의 나(객체적 자아)로 구분된다. 자아정체감은 주체적 자아와 객체적 자아의 완전한 조화로서 자신의 존재감을 인식함과 동시에 타인과의 원만한 관계를 발전시킬 수 있는 상태를 말한다.

넷째, 자아정체감은 '나는 나다'라는 실존의식을 의미한다. '나'라는 존재는 생물학적으로는 부모의 자식이지만, 실존적 의미로는 '누구로부터의 존재가 아닌 오직 나'인 것이다. 다시 말하면 절대적 자유, 자기선택, 자기책임, 참 만남의 관계를 통해 '나는 나다'라는 완전한 실존의식을 갖는 것을 자아정체감이라고 표현할 수 있다.

에릭슨에 의하면 일관성이 있고 동질적인 사회(가족)에서 자란 사람들은 정상적인 정체감, 즉 문화의 기대와 가치에 적합한 정체감을 형성하기 쉽다고 한다. 따라서 안정적이고 일관성 있는 환경이 정체감 형성에 매우 중요한 요소이다.

마르시아(Marcia)는 정체감 위기가 있을 때 사람들이 대응하는 네 가지 방식을 다음과 같이 제시하였다.

(1) 정체감 달성

자기 삶의 주체성과 생활의 안정감, 개인 내적 신념체계에 대한 믿음과 일관성 등을 갖는 것을 말한다. 자아정체감이 성취된 개인은 자신의 성역할에 대한 분명한 인식, 태도와 소속 집단에 대한 내적 일치성(집단 정체감)을 갖는다. 이와 같은 과정을 거쳐서 자아정체감을 확립했을 때 개인에게 나타나는 가장 대표적인 특징은 성실성이다. 자아정체감이 확립된 청소년은 목적의식이 뚜렷하고, 성취 욕구가 뛰어나며, 반(反)권위주의적이고, 보다 현실적이며, 원만한 대인관계를 갖는다.

(2) 정체감 유실

가치와 직업, 개인 이념 등에 관여는 하고 있지만, 위기의식은 없는 상태이다. 이들은 어떤 어려움과 불안 없이 성인기로 들어서고 직업과 가치에 대한 결정을 스스로 하는 대신에 부모가 이미 오래전에 결정해 놓은 상태이다. 이를테면 부모가 살기를 원하는 방식대로 사는 데 대해 갈등을 하지 않는 유형이다. 따라서 외형상으로는 안정된 상태처럼 보이지만, 내적으로는 미성숙 상태에 있다고 할 수 있다. 이들은 자신을 타인과의 관계에 따라서만 정의하고자 하며, 주로 여성들에게 나타나는데, 이는 남녀 간의 문화적 차이에서 비롯된다고 볼 수 있다. 여기서 유실이라는 것은 변화와 성장의 가능성을 차단하였다는 의미이다.

(3) 정체감 혼란

정체감 혼란을 경험하는 사람들은 인생의 방향을 결정하는 데 심각한 어려움을 보이며 이러한 위기를 해결하지 못한 사람들이다. 사춘기의 청소년들은 신체생리적인 변화와 사회적 요구의 변화, 동일시 대상의 변화 등을 겪으면서 소위 '나는 누구인가', '나는 어디서 와서 어디로 가는 존재인가' 등과 같이 자기 존재와 삶에 대해 궁극적인 질문을 던지고 그 해답을 찾기 위해 방황하게 되는데, 이것이 정체감 혼란의 대표적인 특징이다.

(4) 정체감 유예

지불유예 시기로서 관여는 거의 이루어지지 않지만 위기 상황을 경험하고 있는 상태이다. 자기 삶의 주체성과 독립성을 주장하기에는 무언가 불안하고, 또 자신감도 없는 까닭에 아동도 아니고 성인도 아닌 어중간한 청소년으로서의 특권을 계속 유지시켜 나가고자 하는 일종의 정체 시기라고 할 수 있다.

2) 직업 선택

프로이트는 건강한 성인의 척도를 일과 사랑으로 보았다. 이처럼 청소년 후기에 달성해야 할 중대한 과업 가운데 하나가 직업 선택이다. 직업이나 전공을 선택하려면 그에 대한 정보도 중요하지만 무엇보다도 자신에 대한 올바른 이해가 앞서야 한다. 자신의 성격, 적성, 능력에 대한 이해를 바탕으로 직업을 선택해야 하고 이런 이해가 있어야만 그 직업을 얻기 위한 노력을 기울임과 동시에 좀 더 많은 희생과 고통을 감내하게 된다.

그러나 자신에 대한 분명한 이해는 무엇보다 자아정체감이 형성되어야 가능하다. 특히 직업 선택은 개인이 은퇴할 때까지, 그리고 은퇴 후에도 그 개인을 특징짓는 사회적 정체감 혹은 사회적 역할을 대표하므로 인생에서 매우 중요한 과업이라 할 수 있다. 직업 선택은 개인이 자신에 대한 개념을 규정하는 과정이며 직업에 의해 타인이 그 사람을 확인하고 판단하기 때문에 이를 직업-정체성이라고도 한다.

긴즈버그(Ginzberg)는 개인이 직업을 선택하는 세 가지 단계를 환상기, 시험기, 현실기로 제시하였다. 환상기는 개인적 소망을 근거로 직업 선택을 고려하는 시기로, 아동기의 직업관에 해당한다. 시험기는 청소년 초기의 직업 선택으로 자신 스스로 현실적인 문제를 고려하기 시작하며 다양한 직업에 대해 심사숙고하고 직업 선택을 위해 진학문제를 심각하게 고려한다. 현실기는 청소년 후기에 해당되는 시기로, 실제적인 경험이나 교육과 훈련을 통하여 특정한 직업을 선택하는 시기이다.

3) 성역할 정체감

성역할 정체감은 개인 정체감의 한 부분으로서 사회가 그 성에 적절하다고 인정하는 특성이나 태도를 동일시하는 것을 의미한다. 따라서 남성은 그 사회가 여성적 특성이라고 보는 감정표현을 수치스러워하고, 여성에게 성적 매력을 느끼거나 이를 표현하는 데에 거침이 없고 공격적이며, 경쟁적인 작업을 수행하는 것에 익숙하도록 사회화된다. 반대로 여자는 정서적이고 관계 지향적이며 타인에 대한 배려를 우선시하고 일보다 가사에 더 많은 관심을 갖도록 사회화된다. 이처럼 사회적으로 규정하고 있는 성역할을 정형화된 성역할이라 한다.

맥캐몬(McCammon)은 정형화된 성역할은 여성과 남성 모두에게 몇 가지 점에서 불리하다고 하였다. 우선 여성에게 불리한 점은 다음과 같다. ① 전통적인 여성의 역할은 교육체계와 직장에서 남성과 다른 불리한 대우를 받는다. ② 여성에게 전통적인 성역할은 부정적인 자기개념을 갖게 하여 직업에서의 성취를 방해한다. ③ 사회적 계층과는 상관없이 직장을 다니는 여성들은 남성들보다 상대적으로 더 많은 시간과 에너지를 가사와 자녀양육에 보내기 때문에 직장 일에 덜 공헌하고, 결혼만족도도 여성이 더 낮다. ④ 전통적인 성역할은 여성으로 하여금 스스로를 남성들의 관점에서 평가, 즉 외모와 신체에 중점을 두어 자신의 가치를 평가하게 한다.

또한 남성에게도 다음과 같은 점에서 불리하다. ① 일을 통해 정체감을 확립하여야 한다는 사회적 압박은 직업에서의 낮은 위치가 인간으로서의 낮은 위치를 의미한다는 압박으로 이어진다. ② 정형화된 전통적인 남성의 역할은 감정을 표현하지 않는 것을 남성다움으로 보기 때문에 여성에 비해 상대적으로 사람에 대한 친밀감을 갖기 어렵다. ③ 전통적인 남성의 역할이 성취, 경쟁, 감정의 억압을 강조하므로, 이런 스트레스가 신체적 건강을 해칠 뿐만 아니라 흡연이나 음주를 하게 됨으로써 수명이 짧아진다.

무엇보다도 정형화된 성역할은 인간이 근본적으로 양성(兩性)성임을 부정하여 다른 성역할을 통한 창조성과 개성을 방해한다. 따라서 정형화된 성역할보다 자신의 개성과 능력에 가까운 역할을 융통성 있게 사용하여 보다 창조적인 역할을 수행하도록 할 필요가 있다. 청소년들에게도 건전하고 융통성 있는 사회적 성역할의 수용이 청소년 발달에 필수적인 요소이다.

3. 청소년기와 사회복지실천

(1) 신체적 발달의 관심 영역

사회복지사는 청소년들이 부정적인 신체 이미지로 인하여 경험할 수 있는 심리적 문제나 증상을 민감하게 다루어야 한다. 잘못된 미의 기준으로 인하여 청소년들이 유해한 식이요법을 하는 경우가 있으며, 심할 경우 음식섭취를 거부하는 신경성 식욕부진증(anorexia nervosa)으로 생명을 잃는 경우도 생긴다. 따라서 청소년의 건전한 신체발달을 지원할 사회복지 프로그램과 서비스가 요구된다.

또 청소년기에는 성적 성숙과 함께 성에 대한 관심이 높아지기 때문에 청소년복지를 담당하는 사회복지사는 청소년들에게 성에 대한 이해를 돕기 위한 다양한 교육 및 상담 프로그램을 제공하여야 한다. 또한 청소년기의 대표적인 성 문제인 미혼부 · 모 문제와 성폭력 문제를 예방하기 위한 개입도 필요하다.

(2) 심리적 발달의 관심 영역

청소년기의 중요한 발달과업은 자아정체감의 형성이다. 사회복지사는 청소년들의 자아정체감 형성을 지원하기 위한 다양한 프로그램을 개발하고 실천해야 하는 과제를 안고 있다. 또한 청소년의 정신건강과 건전한 심리적 발달을 지원하기 위한 프로그램의 개발과 실천도 긴급히 요구되고 있다.

(3) 사회적 발달의 관심 영역

청소년 비행(juvenile delinquency)은 청소년의 사회적 발달과 관계가 깊다. 청소년 비행은 일탈행동 또는 청소년 범죄와 유사하며 사회 또는 집단에서 규정하는 규범이나 규칙을 위반하는 일체의 행위를 말하나 좁게는 소년법정의 소송 대상이 되는 행위를 의미한다. 대중매체의 선정성, 유흥업소의 증가, 음란통신 등 청소년 유해환경이 갈수록 증가하고 물질 만능주의 사회풍조 속에 청소년들이 비행 행위에 빠질 수 있는 위험은 점점 높아가고 있다. 우리나라의 경우 청소년 비행 문제는 적극적인 예방대책이기보다는 사후대책에 국한된 편이다. 앞으로 청소년 문제를 야기하는 사회구조의 개선을 통한 문제 예방과 사회복귀 차원에서의 개입이 요구된다.

(4) 독립적이고 통합된 인격체로서 청소년

청소년은 성인과 동등한 자주적이고 독립적인 인격체인 동시에 오늘의 사회를 이끌어 가는 중요한 사회구성원이다. 청소년은 성인과 동등한 인간으로서의 권리를 가진 평등한 사회적 존재이며 나름대로의 자의식과 창의성, 개발성, 호기심과 도전의식, 무한한 잠재능력, 순수한 비판의식 등 성인에게는 찾아볼 수 없는 우수한 역량을 가진 개체이다. 따라서 청소년들의 개별적이고 다양한 요구를 인정하여야 하며 성적이나 장애 여부, 빈곤 등과 관계없이 인간의 존엄성이 유지되어야 한다. 또한 청소년을 어떤 단면이나 부분만으로 이해해서는 안 되며 다면적, 전체적인 존재로서 인식해야 할 것이다.

(5) 성장과정 중에 있는 청소년

청소년은 신체적, 인지적, 정서적, 사회적으로 변화하며 성장하는 과정 속에 있다. 성장의 각 측면들이 균형과 조화를 이루어 서로 다른 측면의 성장을 촉진할 수 있도록 통합될 때, 또 청소년을 둘러싼 환경이 청소년의 성장을 촉진하는 방향으로 조성되고 제공될 때 청소년의 성장과 변화는 바른 방향으로 이루어질 것이며 성장이 극대화될 수 있을 것이다. 청소년의 성장을 전체적, 통합적으로 보지 않으면 어느 한 측면의 지나친 강조가 다른 측면의 성장을 저해하거나 환경적 요소들이 성장의 속도를 늦추거나 변화의 방향을 왜곡하는 등 바람직하지 못한 결과를 초래하기 쉽다.

(6) 사회구성원으로서의 청소년의 기본권 및 복지권 인정

청소년기는 단지 과도기로서의 의미만 갖는 것이 아니라 가족으로부터 독립하고 동성과 이성의 친구를 선택하며 진로를 정하는 등의 다양한 발달과업을 수행하는 독특한 발달단계이다. 이러한 발달과업의 성공적인 이행 여부는 청소년을 둘러싼 환경에 의해 크게 좌우되기 때문에 청소년기는 타 세대에 비해 외적 자원이 더 절실하게 필요하다. 청소년은 한 사람의 인간으로서 인권을 가질 뿐 아니라 그 연령 때문에 가정과 사회의 특별한 보호를 필요로 하는 존재이며 우리나라 법에서도 모든 청소년이 청소년복지의 대상임을 분명히 하고 있다. 그러나 지금까지 청소년정책은 청소년을 미성숙한 보호대상으로 규정하여 비행이나 범죄를 예방하는 선도, 보호정책으로 일관하거나 청소년들을 현 사회의 구성원으로서 인정하지 않고 기본적인 인권이나 사회적 권리를 유보한 채 전반적인 청소년의 삶의 질을 향상하는 노력을 소홀히 해왔다. 이는 청소년을 미래의 주역으로만 간주하여 현재의 생활과 활동은 미래를 위해 준비하는 것으로 이해, 유보함으로써 오늘을 살아가는 사회구성원으로서 독립된 인격체임을 간과하게 되었고 이로 인해 청소년을 정책의 대상으로만 간주함으로써 청소년의 자발적인 참여와 스스로의 활동을 제약하는 결과를 낳게 되었다.

특히 아동복지법, 청소년기본법, 청소년복지지원법, 청소년활동진흥법 등 청소년관련법에서 명시된 권리와 활동에 대해 국가와 사회가 적극적인 책임과 역할을 부여해야 한다.

(7) 우리나라 현행 입시제도의 개선과 학교사회복지의 시행

우리나라의 입시제도는 많은 부적응 현상을 낳는 요인이 되고 있다. 이러한 부적응적 행동들은 최근에 인터넷 중독 등 수많은 이차적인 문제를 양산하고 있다. 따라서 이들의 정체성은 왜곡될 가능성이 높다. 또한 주관적으로 또래경험에서 위축되고 소외감을 더 많이 경험하는 것으로 나타났다.

요약

- 청소년기의 개념 : 청소년기는 인간의 발달단계에서 가장 격정적이고 불안정한 시기이며, 동시에 발달의 어느 단계보다 많은 가능성을 가지고 미래를 위해 수많은 결정을 해야 하는 시기(13~24세)
- 신체적 특성 : 2차 성징의 발달과 호르몬의 변화로 인한 기분변화 심함
- 심리적 특성 : 형식적 조작기이며, 도덕과 이상의 발달, 가치관의 발달과 혼란
- 사회적 특성 : 가족과의 독립과 갈등, 이성과 직업에 대한 관심
- 정체감과 진로준비 : 정체감 및 가치관의 달성, 정체감 유예 · 혼란, 진로준비

기출문제

01. 청소년기(13~24세)에 관한 용어로 옳지 않은 것은?(13회 기출문제)

① 질풍노도의 시기　② 심리적 이유기　③ 주변인 시기
④ 제1반항기　⑤ 성장 급등기

02. 청소년기 인지발달의 일반적 특성으로 옳지 않은 것은?(16회 기출문제)

① 자기개념(self-concept)의 발달이 시작되고 자기효능감이 급격히 증가한다.
② 구체적인 사물에 한정되지 않고 추상적 개념을 다룰 수 있다.
③ 가설을 세울 수 있고 인과관계를 추론할 수 있는 연역적 사고가 가능해진다.
④ 피아제(J. Piaget)의 이론에 따르면 형식적 조작기에 속한다.
⑤ 자아중심적 사고로 상상적 청중 현상과 개인적 우화 현상을 보인다.

03. 마르시아(J. Marcia)의 자아정체감 이론에서 다음의 정체감 상태를 설명하는 것으로 옳은 것은?(16회 기출문제)

> 철수는 어려서부터 변호사였던 아버지의 영향을 받아 법조인이 되는 것을 꿈으로 생각하였고, 사회에서도 유망한 직업이라 생각하여 법학과에 진학하였다. 철수는 법학 전공이 자신의 적성과 잘 맞는지 탐색해 보지 못했지만 이미 선택했기에 법조인 외의 직업은 생각해 본 적이 없다.

① 정체감 유실(identity foreclosure)
② 정체감 혼란(identity diffusion)
③ 정체감 성취(identity achievement)
④ 정체감 유예(identity moratorium)
⑤ 정체감 전념(identity commitment)

04. 청소년기(13~19세)에 관한 설명으로 옳지 않은 것은?(18회 기출문제)

① 신체적 성장이 급속히 이루어진다는 점에서 제2의 성장급등기라고 한다.
② 어린이도 성인도 아니라는 점에서 주변인이라고 불린다.
③ 상상적 청중과 개인적 우화는 청소년기에 타인을 배려하는 사고가 반영된 예이다.
④ 피아제(J. Piaget)의 인지발달과정 중 형식적 조작기에 해당된다.
⑤ 정서적 변화가 급격히 일어난다는 점에서 질풍노도의 시기라고 한다.

05. 청소년기(13~19세)의 성적 성숙에 관한 설명으로 옳은 것은?(19회 기출문제)

① 성적 성숙에는 개인차가 있지만 발달의 순서는 일정하다.
② 여성은 난소에서 에스트로겐이 분비되어 초경, 가슴, 발육, 음모, 겨드랑이 체모 등의 순으로 성적 성숙이 진행된다.
③ 남성은 고환에서 분비되는 안드로겐의 영향으로 음모, 고환과 음경 확대, 겨드랑이 체모, 수염 등의 순으로 성적 성숙이 진행된다.
④ 1차 성징은 성적 성숙의 생리적 징후로서 여성의 가슴 발달과 남성의 넓은 어깨를 비롯하여 변성, 근육 발달 등의 변화가 나타나는 것을 말한다.
⑤ 2차 성징은 여성의 난소, 나팔관, 자궁, 질, 남성의 고환, 음경, 음남 등 생식을 위해 필요한 기관의 발달을 말한다.

정답 1. ④ 2. ① 3. ① 4. ③ 5. ①, ⑤

제5장

성인기 발달과정과 사회복지실천

성인기는 대체로 청소년기가 끝나는 20대 중반에서 노년기가 시작되는 만 65세 이전까지이다. 성인기에는 무엇보다 심리적·신체적으로 부모로부터 독립하여 자신의 가정을 이루거나 직업을 갖게 되고, 사회적 관계에서 가장 활발한 활동을 펼치는 시기이다. 성인기는 이제까지 준비해 온 것을 실현하고 구체화시키는 시기로서 사회적 측면에서 다른 사람을 사랑하고 보살피는 능력이 심화되는 시기이며, 신체적·지적 능력이 가장 정점을 이루는 시기라고 할 수 있다. 성인기의 발달은 신체적 지능이나 인지적 능력의 획득에 의해 일어나기보다는 주로 사회적·문화적 요소에 의해 주도된다(Specht & Craig, 1987). 또한 자신의 신체적 변화에 적응하며 자녀 및 노부모와의 새로운 관계를 형성하고 자신에게 맞는 여가활동을 통해 새로운 변화에 적응해 나가야 하는 시기이기도 하다.

이 장에서는 성인기를 초기 성인기(20대 초반에서 40세 이전)와 중년기(40세에서 65세 이전)로 나누어 각각의 발달적 특성을 살펴보고자 한다.

1. 초기 성인기의 발달

1) 초기 성인기의 개념 및 발달

초기 성인기에 해당하는 연령의 범주를 어떻게 규정할 것인지에 대해서는 다양한 의견들이 존재하는데, 이 책에서는 25세부터 39세까지를 초기 성인기로 규정하고자 한다. 우리나라 청소년 기본법에서 청소년의 연령을 24세까지로 규정하고 있으며 일반적으로 40세부터 신체적 노화현상이 가속화되고 우리 사회에서 40세부터를 중년기로 규정하는 경우가 대부분이기 때문이다.

초기 성인기에 이르면 신체적 변화뿐 아니라 사회적 역할의 변화를 경험하게 되는데 어떤 개인은 신체적 변화와 함께 연령적으로 어른이 되었지만, 여전히 자신을 아이와 같이 느끼는 경우도 있다. 일반적으로 성인이란 경제적 독립, 생산성, 양육자의 역할을 해야 하는 사회적 기대를 받는데(최옥채 외, 2007 : 240), 학업기간이 길고 취업에서 어려움을 겪는 우리나라의 경우 성인 초기 발달에 있어 과도기적 특성을 지니게 되는 경우가 많다.

성인 초기는 직업을 선택하고 유지하기, 배우자 선택하기, 자녀를 양육하고 사회화시키는 부모의 역할 수행하기 등의 과업을 수행해야 하며 이러한 과업을 성공적으로 수행할 경우 이후 삶이 더욱 만족스럽게 될 것이다.

2) 신체적 발달

신체적 능력은 25세에서 30세가 가장 건강한 시기이며, 30세가 지나면 신체적 기능이 감퇴하기 시작하고, 시각, 촉각, 후각, 미각 등은 20세경에 최고조에 달했다가 40세 정도가 지나면 점점 나빠지기 시작한다. 근육의 발달은 성인기에 완전히 이루어지는데, 근력의 절정은 25세에서 30세 사이에 나타나고, 이후 감소되기 시작하며, 주로 등과 다리의 근육이 약해지기 시작하나 팔 근육의 약화 정도는 덜하다.

초기 성인기의 건강한 생활방식은 중년기와 노년기의 건강상태를 결정하기 때문에 건강한 신체를 유지하기 위해서는 규칙적인 운동과 적절한 영양섭취가 필수적이다. 이 시기는 체력, 정력, 지구력 등이 최고조에 달하며, 심폐기능과 생식능력이 왕성한 시기이지만, 면역기능은 아동기나 청소년기에 비하여 다소 떨어진다. 피부는 청소년기 이후 수분을 잃기 시작하여 점점 건조해지면서 이 시기부터 주름이 생기기 시작한다. 피부의 노화에 영향을 미치는 요인으로는 자외선, 흡연, 기후, 건강상태 등이 있다. 초기 성인기의 건강에 영향을 미치는 요소로는 음주, 흡연, 약물남용, 스트레스, 음식물, 운동 등이 있다.

3) 심리적 발달

(1) 인지발달

인간의 인지발달은 대략 25세경부터 하강곡선을 그리는 것으로 알려지고 있으며, 피아제(Piaget)는 청소년기에 형식적 조작사고가 발달한 이후에는 인지발달이 거의 이루어지지 않는 것으로 보는 반면, 알린(Arlin, 1975)이나 리겔(Riegel, 1973)은 그 이후에도 인지발달은 지속적으로 이루어진다고 하였다(권중돈 · 김동배, 2006 : 130). 최근에는 피아제의 인지발달이론에 대한 비판이 제기되면서, 기계적 암기나 지적 과제의 수행 속도는 10대 후반이 가장 뛰어나지만, 판단, 추론, 창의적 사고 등은 전 생애에 걸쳐 발달하는 것으로 보는 견해가 우세해지고 있다.

초기 성인기는 자신이 속한 직장이나 사회, 더 나아가 생태적 맥락에서 발생하는 여러 복잡한 문제를 해결하고 적응해야 하는 시기이다. 이 시기의 사고는 실용적 필요성과 압박감이 강하다는 점에서 청소년기의 자유스럽고 이상주의적 사고와는 구별되며, 현실에 대한 실용적 적응 방안을 탐색하는 실제적 문제해결 사고로의 변화과정을 의미한다(Labouvie-Vief, 1999, 송명자, 1999 : 383 재인용).

따라서 초기 성인기의 인지변화를 정확히 판단하기 위해서는 각 개인의 교육수준, 사회경제적 지위, 건강상태 등을 동시에 고려해야만 한다. 최근의 연구들을 종합해 보면 초기 성인기에는 새로운 지능발달도 거의 일어나지 않으나, 인지기술의 상실도 뚜렷하게 나타나지 않는다.

(2) 친밀감의 발달

에릭슨(Erikson)은 초기 성인기의 중요한 발달과업을 친밀감의 형성이라고 하였다. 친밀감이란 상대방과 가깝게 되는 과정에서 자신의 정체감을 잃지 않고 상대와 개방적이고 지지적이며 조화로운 관계를 맺는 것을 의미한다. 타인과 친밀한 관계를 형성한 사람은 자신의 견해나 계획을 다른 사람들과 의논할 수 있으며, 감정이입능력, 욕구조절능력, 자기통제능력, 타인의 장단점을 수용하는 능력 등을 갖추고 있다. 친밀감의 형성은 자아정체감을 확립한 후에 이루어지는 것으로 자신을 가치 있고 유능하며 신뢰할 수 있는 사람으로 지각할 수 있을 때 가능하다(김태련 · 장휘숙, 1996 : 315). 에릭슨은 청소년기에 긍정적인 자아정체감을 확립한 사람은 좀 더 쉽게 타인과의 친밀한 관계를 형성하지만, 그렇지 못한 사람은 자신감을 갖지 못하므로 타인과의 사회적 관계에서 고립감을 느끼게 되어 자기 자신에게만 몰두하게 된다고 한다.

초기 성인기의 친밀감은 결혼상대와 애정을 나눌 수 있으며, 사회생활에서 우정을 나눌 수 있는 관계를 포함한다. 친밀감은 대개 결혼관계에서 형성되지만, 결혼 초기의 상호 적응, 첫 자녀의 출산, 부모와 친척의 기대 등이 부부의 친밀감 형성을 방해할 수 있다. 이러한 친밀감 형성은 남성과 여성의 사회화 과정의 차이로 인하여 다르게 나타나는데, 남성의 경우에는 사회화 과정에서 독립성, 정서표현 억제를 남성다운 행동으로 수용하여 상호의존적 관계 형성이나 정서적 표현력에서 제한을 받게 된다. 그러나 여성은 사회화 과정에서 표현적 · 양육적 역할을 여성적인 역할로 수용함으로써 초기 성인기의 친밀감 형성에 보다 유리하다.

4) 사회적 발달

(1) 부모로부터의 독립 및 직업생활

초기 성인기는 부모로부터 정서적 및 경제적 독립을 하는 것이 중요한 발달과업 중의 하나지만 부모로부터 독립하고자 하는 욕구와 독립에 대한 불안이라는 양가감정을 갖게 된다. 양가감정을 최소화하고 자율성을 획득할 수 있도록 지원하기 위해서는 자녀의 자율성을 인정하고, 가족 의사결정에 참여를 격려하며, 자녀를 독립된 개인으로 인정하는 등 부모의 역할이 매우 중요하다(사회복지교육연구센터, 2009 : 376).

초기 성인기의 중요한 발달과업 중의 하나는 직업을 선택하고 그에 따르는 준비를 하는 것이다. 이 시기는 직업을 통해서 경제적으로 자립하고 자신의 인생을 개척해 나가면서 자아실현을 하는 시기이다. 직업은 초기 성인기 삶의 형태를 결정하는 요인이라 할 수 있는데, 직업을 선택하고 준비하는 과정을 직업발달이라고 하며 이런 과정에서는 개인의 인성 특성과 사회적 · 경제적 · 직업적 현실과의 조화를 맞추는 것이 필요하다. 직업선택과정에는 개인의 능력과 관심, 자신에 대한 부모나 중요한 사람의 기대 등에 대한 개인적 요소, 학교에서의 교육, 또래집단과의 경험, 대중매체 등과 같은 사회적 요인 및 적절한 기회와 같은 상황적 요인들이 복합적으로 영향을 미치게 된다.

직업생활은 초기 성인기의 생활에 중요한 의미를 가진다. 자기가 선택한 직업에서 만족을 느끼지 못하는 사람은 일생을 통해서 행복을 느끼지 못할 정도로 직업생활은 인생에서 매우 중요한 위치를 차지하고 있다. 일반적으로 30대 이하의 젊은이들이 직업에 대해 불만족하는 경향이 더 강하지만 연령이 증가함에 따라 자신의 직업에 대해 만족을 느끼는 비율이 높아진다. 직업성공은 직업 선택과 관계가 있었던 흥미, 능력, 적성의 요인 이외에도 특정 직업에 대한 준비와 사회화, 새롭고 어려운 도전들을 얼마나 잘 처리할 수 있는가 등에 달려 있다. 초기 성인기는 또한 기본적 가족생활시간을 결정하는 시기이므로 가장이 직업적 요구에 어떻게 반응하느냐에 따라 가족생활시간이 달라질 수 있다.

직업역할을 성공적으로 수행하기 위해서는 자신이 수행해야 할 특정 직무와 관련된 전문지식과 기술을 학습하여야 하며 직무에 따르는 지위와 의사결정과정 등의 권위관계에 대해서도 학습해야 한다. 또한 직업적 요구사항과 위험 요인을 정확히 인식하여 대처능력을 기르고 직장 동료와의 우애로운 상호관계를 형성하여야 한다(이소희 외, 2005 : 275).

(2) 결혼

결혼은 친밀감이 형성되고 성숙한 사회적 관계가 확립되면서 배우자를 선택하여 새로운 가족을 형성하는 것이다. 확고한 자아정체감을 형성하여 이성과 친밀한 관계를 형성할 능력이 있거나 부모나 친지들이 결혼적령기 내에 결혼하기를 기대할 경우 결혼상대자를 선택하게 된다.

배우자 선택에 있어서는 근접성, 이상적 이성상, 부족한 부분에 대한 보상적 욕구, 환경의 동질성, 성향의 동질성 등이 선택의 동기로 작용할 수 있다. 배우자의 선택에서 고려해야 할 주요 사항으로는 신체적 · 정신적 건강, 성숙한 성격, 사회적 · 경제적 · 문화적 배경을 포함한 성장배경, 건전한 이념과 가치관, 연령, 경제적 능력 등이 있다. 결혼 후 첫 몇 년간은 상호 적응의 과정을 겪게 된다. 서로 다른 가족문화에서 성장한 배우자는 서로 간에 타협을 요구하게 되는데, 기본적인 일상생활 관련 사항, 금전지출, 성생활 및 여가활용, 원가족(family of origin)과의 관계 등에 대해서 서로 의논하고 협의하여야 한다.

그 외에도 결혼만족도에 영향을 미치는 변인으로는 소득이나 직업지위, 남편의 가사참여 정도, 부부간의 대화와 공동의 여가활동 등이 있다(이정덕 외, 2003 : 237). 소득의 경우 소득 자체보다는 소득에 대한 주관적 평가가 영향을 미치고 있으며, 부부간의 대화의 경우 빈도와 효율성, 자기 개방성 측면 등이 결혼만족도에 영향을 미친다.

(3) 자녀 출생 및 양육 준비

자녀의 출생은 부부의 인생에 있어서 중요한 전환점이 된다. 첫 아이가 태어나면 부부는 부모역할을 시작하게 되고, 이로 인해 그들의 삶의 형태와 관계가 변화된다. 부모가 된다는 것은 삶에 있어서 새로운 경험과 발전을 위한 기회인 동시에 양육에 따르는 지나친 부담감 때문에 위기를 초래할 수 있다(2021년 합계출산율 0.81명)(통계청, 2021). 이는 국가와 사회가 많은 정책과 제도를 통해 노력하고 있지만 여전히 개인의 부담으로 남아있는 실정이다.

자녀의 출생은 부모가 되는 기쁨과 함께 결혼생활의 만족감과 행복감을 저해할 수 있으며, 자녀 출생 후 수면부족으로 인해 고통을 겪기도 하고, 새로운 의무감과 가사 분담의 문제에 직면하게 된다. 자녀의 출생은 부부간의 질투심을 유발하기도 하고 맞벌이 부부의 결혼생활에 더 많은 긴장과 갈등을 불러일으킨다.

자녀의 발달단계에 따라 부모의 양육방법은 변화되어야 하는데, 영아기에는 계속적인 부모의 보호와 관심이 필요하며, 유아기에는 자율성을 획득할 수 있도록 부모가 훈육하고 인내해야 한다. 아동기에는 또래집단과의 관계형성 및 기술획득과 재능발휘를 위해 부모의 도움이 필요하며, 자신의 능력을 확장시키고 가정 밖의 새로운 세계에 대한 탐색을 위하여 새로운 경험이 요구된다(이근홍, 2006 : 123). 따라서 자녀출산 이후에도 부부간의 적응상태를 적절히 유지하기 위해서는 부모로서의 역할전환에 대한 준비가 되어있어야 하며, 육아에 대한 지식을 가지고 있어야 한다. 또한 부부간의 역할과 책임에 대한 재조정을 포함한 전체 가족생활의 재조정이 이루어져야 한다.

5) 초기 성인기와 사회복지실천

초기 성인기의 발달에 있어 사회복지실천에서 관심을 기울여야 할 영역으로는 직업과 주거복지, 신체적 건강의 유지, 친밀감 형성 능력, 자율성 확립, 자녀양육 기술 습득, 여가 프로그램 개발 등이 있다.

우선, 직업과 주거복지의 확충을 통해 기본권을 실현해서 사회구성원으로서 경제적・사회적 역할을 할 수 있도록 해야 한다.

두 번째, 신체적 건강의 유지에 있어서 성인 초기에 최고조에 달한 신체적 기능 상태를 지속적으로 유지하기 위해서는 규칙적인 운동과 균형 잡힌 영양섭취가 필수적이다. 따라서 사회복지기관에서는 지역주민들을 위한 운동시설과 프로그램을 실시하고 지역보건소 등과 연계하여 신체적 건강 유지를 위한 식단배포 프로그램이나 식이요법 등의 프로그램을 실시하는 것이 필요하다.

세 번째, 초기 성인기는 대부분 결혼을 통해 새로운 가족을 형성하게 된다. 이 시기의 가장 중요한 발달과업인 친밀감의 성취는 주로 결혼생활과 밀접한 관련성을 지니고 있으므로 사회복지기관에서는 의사소통 훈련, 부부 이해하기 등의 프로그램을 실시하여 부부간의 친밀감을 증진시켜 신혼기의 부부생활 적응을 지원해야 할 것이다. 또한 부부상담, 부부캠프 프로그램을 실시하여 최근 증가하고 있는 이혼을 사전에 예방할 수 있도록 해야 할 것이다. 그리고 연령대가 비슷한 지역주민 모임을 활성화하여 지역주민들 간의 친밀감을 증진시켜 지역사회에의 적응을 강화하고 가족 내 어려움 발생 시 지원해 줄 수 있는 사회적 지원망으로 활용할 수 있도록 해야 할 것이다.

네 번째, 이 시기는 청년이 취업을 하거나 대학에 재학하는 시기로, 부모는 자녀의 자율적 행동을 신뢰하거나 묵과하는 경향이 많다. 특히 부모와 떨어져 사는 청년은 전적으로 자신의 자율적인 결정에 의존해야 한다. 따라서 사회복지사들은 이들의 자율성 확보를 위한 개별 상담서비스는 물론 다양한 집단 프로그램(인간관계능력 향상 프로그램, 사회성 향상 프로그램, 스트레스 및 시간관리 프로그램 등)을 통하여 지원할 수 있다(사회복지교육센터, 2009 : 378).

다섯 번째, 자녀양육기술의 습득으로 자녀를 출산한 부모의 대부분은 자녀양육기술이 부족하며, 자녀양육과 관련된 역할분담 문제 등으로 인하여 갈등을 경험할 가능성이 높다. 따라서 사회복지기관에서는 자녀 출산과 양육에 대한 예비지식을 교육하는 예비부모교육 프로그램을 시행하는 것이 필요하고 출산 후에는 산모·신생아도우미 사업 등을 활용하여 산후조리와 자녀양육을 지원해 주어야 할 것이다. 특히 맞벌이 부부 가정, 한부모 가정 등 자녀양육에 어려움을 겪고 있는 가정을 위해서는 자녀양육을 지원해 줄 수 있는 다양한 프로그램을 실시하는 것이 필요하다.

마지막으로 여가 프로그램의 개발 및 실시이다. 여가 프로그램을 통해 직장인들에게는 직장에서 받은 스트레스를 해소할 수 있도록 지원함과 동시에 부부공동 참여를 활성화하여 부부가 함께하는 여가문화를 가짐으로써 중년기 및 노년기의 부부관계에도 긍정적인 영향을 미칠 수 있도록 해야 할 것이다. 이를 위해서는 탁아 프로그램의 병행 실시, 프로그램 실시 시간의 탄력적 운영을 통해 보다 많은 사람들이 참여할 수 있도록 해야 할 것이다.

2. 중년기의 발달

1) 중년기의 개념 및 발달

이 시기는 40세에서 노년기가 시작되는 65세 이전까지를 의미하며, 중년기는 경제적 안정과 다양한 삶의 경험을 통해 지혜를 터득하고 사회적·가정적으로 중요한 역할을 수행하는 시기이다. 이 시기에 속한 사람들은 자녀양육과 노부모 부양에 대한 책임감을 수행해야 하기 때문에 소위 '샌드위치 세대'라 불리기도 하며, 이들은 자라나는 자녀들과 노화되어 가는 부모들에 대하여 중요한 책임을 수행함과 동시에 새로운 대처방법을 발전시켜야 하는 부담을 안고 있다. 따라서 이 시기를 인생의 전환기로 이해하는 것이 바람직하다. 또한 이 시기는 자녀양육과 노부모 부양과 더불어 부부가 적합한 생활의 기준을 설정하여 유지시켜야 하고 여가활동을 개발해야 하며, 신체적인 변화에도 적응해 나가야 한다.

2) 신체적 발달

(1) 신체적 변화

중년기가 되면 신체적인 노화가 점차 시작된다. 피부는 탄력을 잃게 되어 늘어지며, 더욱 얇아지게 되고 혈액순환이 잘 되지 않아 안색이 나빠진다. 모발이 많이 빠지며, 머리카락이 은백색으로 변하고 가늘어지면서 성장속도도 느려진다. 얼굴의 전체적인 모습에 변화가 생기며, 치아도 차츰 마모되어 간다.

또한 이 시기에는 신체적인 힘도 활력을 잃어가며 질병에 대한 저항력이 떨어지면서 병에 잘 걸리고 회복에 걸리는 시간도 더 많이 소요된다. 맛, 냄새, 통증 등에 대한 민감성이 감소하며, 반응시간이나 감각운동기술과 같은 생리적인 기능도 감소하기 시작한다. 감각기관도 노화되기 시작하여 시력이 감퇴하고, 원시경향이 나타나며 청각의 예민성이 줄어드는 등의 특성이 나타나게 된다.

이와 같은 신체구조 및 기능상의 변화로 중년기는 고혈압, 심장병, 당뇨, 관절염 등과 같은 만성적인 성인질환에 걸릴 가능성이 높아지기 때문에 영양균형을 고려한 식단구성과 규칙적인 운동, 정기적인 건강검진을 통해 건강을 유지하기 위한 노력이 이루어져야 할 것이다.

(2) 성적 변화

중년기에는 남녀 및 개인차가 있기는 하지만 성적 능력의 저하가 이루어지며, 이러한 성적 능력의 저하로 인해 나타나는 현상을 갱년기 장애라고 부른다. 남성들의 경우에는 전립선이 비대해져 비뇨기 계통의 문제나 성적인 문제가 발생하고 여성들의 경우에는 중년기 후반에 폐경을 경험한다. 폐경의 시기는 사람마다 차이가 있으나 대부분 40대 후반에서 50대 초반에 경험하며 이로 인해 생식능력이 상실되고 에스트로겐(estrogen)이라는 여성호르몬이 1/6 정도로 줄어들며 다양한 신체적 · 심리적 증상을 겪게 된다.

폐경기의 주요 증상으로는 얼굴이 붉게 달아오르는 홍조현상, 질 분비물의 감소, 두통, 구토, 현기증, 골반통, 유방통증, 호흡장애를 경험하게 되며, 골다공증이 올 가능성이 높아진다. 그러나 모든 여성이 폐경증상을 경험하는 것은 아니며 폐경 이후에도 정상적인 성관계를 유지할 수 있기 때문에 폐경으로 인한 증상 자체보다는 이에 따른 불안, 우울, 자신감 저하와 같은 심리적 변화와 사회적 역할변화가 더욱 중요성을 지닌다.

남성의 경우 여성에 비해 심한 생리적 변화는 없으나 남성호르몬의 생산이 감소되어 정자 수와 정자의 활동성이 저하되어 수정능력이 감소되며, 성적 능력의 저하를 나타낸다. 이러한 성적 변화는 때때로 남성의 우울증, 피로, 성적 무력감 등을 유발하기도 한다. 그러나 남성의 성적 무능력은 남성호르몬의 분비 감소보다는 성공에 대한 과도한 욕심, 정신적 피로, 과음과 과식, 만성질환, 성적 수행에 대한 실패공포 등에 의해 유발된다.

3) 심리적 발달

(1) 인지능력의 변화

일반적으로 중년기의 인지적 반응속도가 늦어진다는 점에 대해서는 동의하고 있다. 인간의 지적인 능력은 18세에서 25세 사이에 최고조에 달하며, 이후에 나이가 들어감에 따라서 지적 기능이 변화한다. 중년기에는 행동이 전반적으로 완만해지는데, 이러한 느림은 감각의 예민함이나 말초신경 작용의 속도, 반응 동작의 속도 등과 같은 말초신경 요소들의 기능에서 먼저 일어난다기보다는 중추신경체계가 정보를 전달하는 과정에서 기본적인 변화가 일어난다.

그러나 정신적 기능은 중년기에 최고조에 달한다. 중년기에도 새로운 기술을 지속적으로 학습할 수 있고, 이미 알고 있는 것을 기억할 수 있다. 또한 언어능력에 있어서도 어휘력을 발전시킬 수 있다. 그러나 대부분의 중년기 사람들은 자신의 지적인 능력을 충분히 활용하지 않고 과거의 다양한 경험으로부터 얻은 지혜를 가지고 대처하고 보상하려는 경향이 있다.

일반적으로 지능은 유동성 지능(fluid intelligence)과 결정성 지능(crystallized intelligence)으로 나뉜다. 유동성 지능은 광범위한 기능 영역을 차지하며 운동속도, 새로운 정보를 인지적으로 다루는 것, 기억 등과 같은 지적 능력을 포함하고 있는데, 유동성 지능은 일반적으로 청소년기 이후에 감퇴하게 된다. 결정성 지능은 정보를 처리하고 기록하는 능력이라고 말할 수 있는데, 이 기능은 공식적이고 비공식적인 교육을 통해 획득될 수 있으며, 유동성 지능과 달리 결정성 지능은 전 생애를 통해 증가하기 때문에 중년기에도 계속 증가한다.

그리고 기억능력의 감퇴가 이루어지는 것처럼 보이는데 실제로는 단기기억능력은 약화되지만 장기기억능력은 큰 변화가 없다. 즉, 중년기에는 새로운 것을 학습하는 능력은 저하되지만 오랜 경험을 통해 획득된 지혜가 있기 때문에 문제해결능력은 오히려 높아진다.

(2) 심리적 위기

중년기가 되면 이전에 가치를 두었던 삶의 목표와 과정에 의문을 제기하게 되며, 다양한 신체적 · 심리적 · 사회적 변화로 인하여 중년의 위기(midlife crisis)가 시작된다. 중년의 위기는 침체성, 무력감, 불행, 지루함 등의 정서적 위기를 느끼게 하는 것으로 나타나고 있다.

에릭슨은 이 시기를 생산성 대 침체의 시기로 규정하고 있는데, 생산성이란 자녀를 양육하고 능동적으로 직업에 몰두할 수 있으며, 사회의 발전에 관심을 갖는 것, 즉 자신보다는 타인, 현재보다는 미래를 위한 일을 하는 것이라고 하였다. 이러한 생산성을 확립하기 위해서는 부모역할, 직업적 성취, 다양한 사회활동에 적극적으로 참여해야 할 것이다.

중년기에는 신체적 노화, 직업생활 및 가족생활에서의 변화에 성공적으로 적응해야 하는 과업을 지니고 있기 때문에 중년의 위기를 경험할 가능성이 높으나 중년의 위기가 존재하느냐 하지 않느냐 하는 것은 사회경제적 수준과 문화적 배경에 따라 차이가 있다는 것이다. 중년기에 직업을 가지고 사회활동을 활발히 하는 경우에는 중년의 위기를 경험하지 못할 수 있으나 직업이 없으며 사회경제적 지위가 낮은 경우에는 위기를 경험할 수 있다는 것이다. 특히 여성의 경우에 직업 없이 가정주부의 역할만을 수행하는 문화에서는 중년의 위기를 경험할 가능성이 많다.

4) 사회적 발달

(1) 부부관계

중년기는 부부간의 적응과정에 어려움을 극복하고 진정한 동반자로서 의식을 강화시켜 나가는 시기이다. 중년기가 되면 자녀들이 어느 정도 자율적으로 생활하게 되면서 부부가 전보다 더욱 밀착된 관계로 발전해 간다. 이 시기에 부부간에 서로 노력하게 되면 참다운 동반자로서 인생의 새로운 만족을 경험할 수 있게 된다.

결혼생활의 만족도는 결혼 초기에 높게 나타나다가 자녀를 양육하는 시기에 낮아지며, 자녀가 독립하는 시기에 다시 높아지게 된다. 특히 청소년기의 자녀를 둔 부부가 만족도가 낮으며, 이 시기의 결혼생활의 만족도는 부모가 동성의 청소년 자녀와 얼마나 친밀한 관계를 유지하는가와 관련되어 있다.

부부관계를 건강하게 유지하기 위해서는 개인 각자의 정서적 안정감, 서로에 대한 신뢰감, 지속적인 관심과 이해가 동반되어야 한다. 이 시기에 부부간에 서로에 대해 더 잘 알게 되고 즐거움과 슬픔을 함께 나누면서 동반자 의식이 더욱 강화된다. 중년기 부부에게 이러한 동반자 의식이 형성되지 못하면 별거나 이혼과 같은 부부간의 문제가 발생할 수 있다. 따라서 중년기에 부부간에 동반자 의식을 가지고 결혼생활에 만족을 느끼면서 살아가기 위해서는 서로 간에 충분한 의사소통을 하며, 서로의 인격을 존중하고, 친구나 동료와 같은 친밀감은 물론 성적 친밀감을 느낄 수 있도록 해야 한다(이근홍, 2006 : 132).

(2) 자녀와의 관계

중년기의 부모는 대부분 청소년기나 중년기의 자녀를 두게 되는데, 청소년 자녀에 대해서는 그들이 신체적 성장과 성적 성숙에 적응할 수 있도록 적절한 지원을 해주어야 하며, 그들과 효율적으로 의사소통할 수 있도록 해야 할 것이다. 지나친 간섭이나 통제보다는 자율적인 판단을 격려하고 적절한 한계 규정을 통해 부모의 권위를 유지할 수 있어야 할 것이다.

중년기 부모에게 자녀의 학업과 진로선택은 매우 힘든 문제이며, 부모는 자녀와 함께 그의 적성, 능력, 소질 등을 고려하여 적절한 선택을 할 수 있도록 원조해야 할 것이다. 학업성적에 대한 부모의 기대가 지나치면 자녀에게 심각한 부담과 좌절감을 안겨줄 수 있으며, 부모가 무관심하거나 지원을 하지 않으면 자녀에게 상처가 될 수 있다.

중년기 후반이 되면 자녀가 취업과 결혼을 해야 하는 시기가 되므로 부모는 새로운 역할을 수행해야 한다. 이 시기에 자녀들이 결혼을 하고 새로운 가정을 형성하여 분리되어 나감으로써 자녀의 독립은 많은 변화를 가져오게 된다. 이 시기 남편이 일에 몰두하면서 여성이 빈집을 지키게 되고 이로 인해 우울증을 겪게 되는 경우가 있는데 갱년기 우울증과 같은 심리적 상태가 이 시기에 많이 발생하며, 이러한 현상을 빈 둥지 증후군이라 한다. 부모는 자녀와의 물리적인 분리뿐 아니라 심리적인 분리를 적절히 하여 자녀부부와 독립적인 관계를 형성함과 동시에 부부만의 새로운 가족관계에 적극적으로 적응해 나가야 할 것이다.

(3) 노부모와의 관계

중년기에 접어들게 되면 부모세대가 신체적으로 노화와 질병 등으로 어려움을 겪게 되고, 경제적으로나 심리적으로 의존적인 시기이므로 이들에 대한 부양자로서의 역할을 수행해야 한다. 중년기 자녀들은 자신의 신체적 · 심리적 노화를 경험하면서 노부모를 부양하는 것이 결코 쉬운 일이 아니며, 경제적으로 빈곤하거나 거동이 불편한 노부모를 부양해야 하는 경우 어려움은 더욱 크다.

최근 핵가족화, 노부모 부양의식의 약화, 노인세대의 증가, 여성의 사회참여의 증가 등으로 인해 노부모 부양은 더욱 어려워지고 있으므로 앞으로 이 문제는 가족 내의 문제가 아닌 사회적 문제로서 사회복지정책의 수립을 통해 해결해 나가야 할 것이다.

(4) 직장생활

일반적으로 중년기는 직업에 있어서 안정된 시기이다. 대부분의 사람들은 직업생활에서 지위를 얻고 그에 상응하는 수입을 얻는다. 중년기의 직업생활은 가족의 생계유지, 사회적 관계의 유지뿐만 아니라 전체 생활에 영향을 미칠 정도로 매우 중요한 요인이다. 중년기의 직업만족도에 영향을 미치는 요인은 급여수준, 근무환경, 미래 보장성, 동료관계 등이다. 그러므로 만족스러운 직업생활과 효과적인 과업수행을 위하여 중년기 성인들은 업무수행능력을 향상시키고 직장 내 상사와 동료로부터 신뢰를 획득할 수 있는 대인관계기술을 습득해야 한다.

그러나 최근에는 급격한 사회변화로 인하여 중년기에 전혀 다른 직업을 가져야 하는 경우가 증가하고 있다. 이러한 경우 개인이 느끼게 되는 스트레스는 매우 심각한 수준이다. 즉, 본인이 직업을 유지하려는 의지가 있고 신체적으로 건강함에도 불구하고 본인의 의지와 상관없이 조기퇴직이나 명예퇴직을 하게 될 경우는 개인적인 문제뿐만 아니라 심각한 가정적 · 사회적 문제를 야기시킬 수 있다.

이처럼 중년기의 직업전환의 문제는 점점 보편화 · 일반화되어 가고 있기 때문에 이미 습득한 기술, 교육, 취미를 토대로 직업전환에 필요한 기술을 습득하기 위해 교육과 훈련을 받으며, 적극적으로 직업전환에 대비해야 할 것이다. 중년기에 직업을 전환하기 위해서는 직입 새훈련과 직업상담이 필요하며, 직업전환을 계획하고 준비하는 데 많은 시간과 노력을 기울여야 할 것이다.

(5) 여가생활

현대 사회에서는 이전에 비하여 자녀양육기간의 축소, 평균수명의 연장 및 조기정년제도의 시행 등으로 인하여 여가시간이 큰 폭으로 증가하고 있어 여가활용의 문제가 매우 중요한 중년기 과제로 등장하고 있다. 여가는 직업활동, 생리적 욕구 충족 등과 같은 생활시간을 제외한 잔여시간에 휴식, 기분전환, 사회적 성취 및 개인적 발전을 도모하는 활동이다.

여가활동을 통해서 일상의 긴장과 스트레스를 해소하고, 개인적인 관심을 표현하며, 인간관계의 폭을 넓히고, 신체적 · 정신적 기능을 향상시킬 수 있다. 중년기는 경제적 · 시간적인 여유를 가질 수 있어서 여가활동을 즐길 수 있으며, 이러한 활동을 통해 이 시기의 위기를 극복하고 적응하는 데 도움을 받을 수 있다. 또한 성공적인 노년생활을 위해서도 자신에게 적합한 여가활동을 준비하는 것이 꼭 필요하다.

5) 중년기와 사회복지실천

중년기의 발달에 있어서 사회복지실천에서 관심을 기울여야 할 영역은 질병, 갱년기 장애, 실직과 빈곤, 여가생활 부족 등의 문제를 들 수 있다.

우선 중년기에는 신체구조의 변화와 신체기능의 저하로 인해 성인병에 걸릴 위험성이 증가한다. 현재 지역사회의 보건소에서는 중년기 성인을 대상으로 성인병 예방 교육과 성인병 진단을 실시하고 있지만 실제 이용하는 대상은 매우 적다. 따라서 사회복지기관에서는 성인병 예방을 위한 건강교육이나 건강상담 프로그램을 전문 병원과 연계하여 실시하고, 건강관리를 위한 건강지원센터를 운영 · 지원할 필요가 있다. 또한 교통사고나 뇌출혈 등 갑작스러운 위기로 인해 중도 장애인이 된 중년기 성인에게는 재활을 지원하기 위한 각종 재활 및 치료 프로그램을 소개하고 가족들을 위한 정서적 지원을 해야 한다(이소희 외, 2005).

두 번째, 갱년기 장애의 문제이다. 갱년기 장애란 갱년기에 접어들면서 발한,

두통, 불면증, 수족냉증, 우울증 등이 나타나는 신체적 · 생리적 · 정서적 장애를 말한다. 갱년기 장애를 극복하기 위해서는 운동, 여가활동 등을 통하여 능동적이면서도 활동적으로 건강을 유지하고 갱년기의 여러 증상들을 인생주기에서 겪게 되는 필연적인 과정으로 받아들이며, 긍정적인 태도를 가지고 극복하기 위한 노력을 해야 한다. 이를 위해서 사회복지기관에서는 중년기 성인을 대상으로 한 개인상담과 집단상담 등의 프로그램을 강화함과 동시에 다양한 여가 프로그램을 제공해야 할 것이다.

세 번째로 실직의 문제이다. 실직은 모든 연령층에서 큰 스트레스적 사건이지만 특히 중년기의 실직은 훨씬 심각한 위기를 가져온다. 중년기의 실직은 자녀교육을 포함한 많은 금전적 지출에 대비하기 어렵기 때문에 본인뿐 아니라 가족 전체에게 커다란 위기를 가져올 수 있으며, 또한 재취직의 어려움으로 인해 본인이 느끼게 되는 스트레스는 더욱 크다. 따라서 사회복지기관에서는 중년기에 실직을 당한 성인에게 실직 기간 동안 고용보험서비스 제공, 재정지원 및 재취업에 관련된 정보 등의 고용 관련 서비스를 제공해야 할 것이며 중년기 성인의 재취업을 위한 직업훈련과 고용알선사업을 실시해야 할 것이다. 또한 중년기 성인은 조기퇴직이나 실업으로 인해 빈곤해지는 경우가 많으므로 어쩔 수 없는 빈곤상태에 빠지는 이들을 위해 사회안전망을 설치하여 이들에게 적절한 지원을 하는 것이 필요하다.

마지막으로 여가 프로그램의 개발 및 실시이다. 여가 프로그램을 통해 직장인들에게는 직장에서 받은 스트레스를 해소할 수 있도록 지원함과 동시에 부부공동참여를 활성화하여 부부가 함께하는 여가문화를 가짐으로써 중년기 및 노년기의 부부관계에도 긍정적인 영향을 미칠 수 있도록 해야 할 것이다. 이를 통해 은퇴 이후에 부부가 함께 할 수 있는 취미 여가 프로그램을 개발하여 노년기의 적응에도 도움을 줄 수 있을 것이다.

요약

- 초기 성인기의 개념 : 이 시기는 부모와 독립하여 성인으로서의 역할을 수행할 것을 요구받는 시기로 직업의 선택과 유지, 배우자 선택, 자녀양육 등이 중요하며, 친밀감 형성이 중요한 발달과업(25~39세)
- 신체적 발달 : 신체적으로 가장 건강한 시기이나 규칙적인 운동과 적절한 영양섭취 필요
- 심리적 발달 : 실제적 문제해결 사고로의 변화, 친밀감 형성
- 사회적 발달 : 부모로부터의 독립, 직업생활, 자녀양육 및 사회화 기능 수행
- 친밀감 : 상대와 개방적이고 지지적이며 조화로운 관계를 맺는 능력을 의미하며, 성공적인 결혼생활과 직업생활에 영향을 미침
- 중년기의 개념 : 이 시기는 자녀양육과 노부모 부양을 책임져야 하는 시기임과 동시에 부부간의 관계 재설정, 신체적 변화에 대한 적응 등이 중요하며 갱년기 적응과 같은 심리적 위기를 극복하는 것이 중요(40~64세)
- 신체적 발달 : 신체적 노화 및 성적 능력 저하가 시작되어 이에 대한 적응 필요
- 심리적 발달 : 중년의 위기 등에 적응 필요
- 사회적 발달 : 원만한 부부관계, 자녀와 노부모와의 관계 정립, 직업생활 등에의 적응
- 중년기 위기 : 신체적 노화, 직업생활 및 가족생활에의 변화로 인한 역할변화에의 적응을 통해 중년의 위기 극복

기출문제

01. 중년기(40~64세)의 특징으로 옳은 것은?(13회 기출문제)

① 학습능력은 증가하나 문제해결능력은 감소한다.
② 남성이 여성보다 더 뚜렷한 갱년기를 경험한다.
③ 정서변화가 매우 심하여 전인습적 도덕기라고 부른다.
④ 시각, 청각, 미각, 후각 등의 감각기능이 가장 좋은 시기이다.
⑤ 사회적, 가정적으로 인생의 전성기이지만 갑작스러운 실직을 경험하기도 한다.

02. 청년기(20~34세)에 관한 설명으로 옳지 않은 것은?(14회 기출문제)

① 신체적 기능이 최고조에 달하는 시기이다.
② 주요 발달과업은 진로 및 직업선택, 혼인준비 등이다.
③ 발달과업에서 신체적 요소보다는 사회문화적 요소를 중요시한다.
④ 아동기 이후 인생의 과도기로서 신체적·성적 성숙이 빠르게 진행된다.
⑤ 에릭슨(E. Erikson)의 발달단계에서 친밀감 대 고립감에 해당하는 시기이다.

03. 청년기 혹은 장년기의 발달과제의 학자와 내용의 연결이 옳지 않은 것은?(15회 기출문제)

① 레빈슨(D. Levinson) - 직업 선택, 사회적 역할
② 팩(R. Peck) - 자아분화, 친밀한 관계 행동
③ 굴드(R. Gould) - 자신의 삶에 대한 책임 있는 행동
④ 에릭슨(E. Erikson) - 타인과 조화로운 관계 형성
⑤ 하비거스트(R. Havighurst) - 배우자 선택, 가정관리

04. 중장년기(36~64세)의 특성으로 옳은 것을 모두 고른 것은?(17회 기출문제)

가. 생산성 대 침체성
나. 전인습적 도덕기
다. 빈둥지 증후군
라. 개성화

① 가, 라 ② 나, 다 ③ 가, 다, 라
④ 나, 다, 라 ⑤ 가, 나, 다, 라

05. 중년기(40~64세)에 관한 설명으로 옳지 않은 것은?(19회 기출문제)

① 혼(J. Horn)은 유동적 지능은 증가하는 반면, 결정적 지능은 감소한다고 하였다.
② 레빈슨(D. Levinson)은 성인 초기의 생애구조에 대한 평가, 중년기에 대한 가능성 탐구, 새로운 생애구조 설계를 위한 선택 등을 과업으로 제시하였다.
③ 굴드(R. Gould)는 46세 이후에 그릇된 가정을 모두 극복하고 진정한 자아를 찾는 시기라고 하였다.
④ 에릭슨(E. Erikson)은 생산성 대 침체성의 시기라고 하였다.
⑤ 융(C. Jung)은 중년기에 관한 구체적인 개념을 발전시킨 학자이다.

정답 1. ⑤ 2. ④ 3. ② 4. ③ 5. ①

제6장 **노년기 발달과정과 사회복지실천**

인간발달의 마지막 단계는 노년기이다. 개인에 따라 다를 수 있지만, 일반적으로 노년기의 시작연령은 법적으로 규정되어 있는 연령기준을 따른다. 우리나라의 노인복지법에서는 노인을 65세 이상으로 규정하고 있으므로 노년기의 시작 연령은 '65세부터 사망까지'로 보는 것이 적절하다. 오늘날 현대 사회는 경제적 풍요와 의료, 보건 기술이 발달하면서 인간의 평균수명이 점차 증가하고 있다.

이처럼 평균수명이 늘어나고 노인인구가 증가함에 따라 노년기에 대한 다양한 이해가 필요하다. 노인들이 겪게 되는 생활상의 변화와 신체·사회적 변화 그리고 가족 내에서의 노인의 지위와 역할에 대한 종합적인 이해가 필요하다. 이 장에서는 인간의 생애주기의 마지막 단계인 노년기의 발달과정에 대해 다루고자 한다.

1. 노년기의 개념 및 특성

1) 노년기의 개념

노년기는 인생주기의 마지막 단계로 노인의 사회활동은 제한되고 신체적 기능은 급격하게 쇠퇴하게 된다. 전(全) 생애적 관점에서 볼 때 인생의 황혼기라고 말할 수 있고 죽음을 앞둔 시기이다. 노년기에 대한 규정은 학자들마다 다양하다. 브롬리(Bromley, 1966)는 70세 이상을 노년기로 간주하였고(박신자, 2006), 오세진 등

(1999 : 241)은 60세 혹은 65세 이후의 사망할 때까지의 시기를 노년기로 규정하였으며, 김경희(2001 : 300)는 60세 이상을 노년기로 규정하기도 한다. 이처럼 노년기에 대한 학자별 구분과 연령대는 약간 상이한 부분은 있지만 65세를 기준으로 하는 경우가 일반적이다.

대개 노인이라 함은, 첫째, 환경변화에 적절히 반응할 수 있는 생리적 조직기능이 감퇴되고 있는 사람, 둘째, 생체의 자체통합능력이 감퇴되고 있는 사람, 셋째, 인체의 기관, 조직, 기능에 감퇴 현상이 일어나는 시기에 있는 사람, 넷째, 조직의 대비능력이 감퇴하여 적응이 제대로 되지 않는 사람이라 할 수 있다(박신자, 2006).

노화(aging)란 "인간이 생애 마지막 단계에서 신체적인 기능이 감퇴되는 것"을 의미한다. 노년기에 대한 학자별 정의가 다양한 이유는 사회의 변화와 함께 노인들의 건강과 사회적 지위와 역할이 달라지고 있기 때문이다. 그럼에도 노년기에 대해 명확히 구분하는 일은 매우 중요하다. 그 이유는 노인의 신체건강과 경제적 상태 그리고 사회적 지위에 따라 노인복지서비스의 내용이 달라질 수 있기 때문이다.

2) 신체적 기능의 변화

인간의 신체는 장년기부터 그 퇴화의 속도가 급격히 빨라져 노년기에 더욱 가속화된다. 노년기에는 신체기능의 퇴화로 인해 피로감을 쉽게 느낄 뿐만 아니라 회복기간 또한 점차 길어진다. 그 이유는 태아의 세포는 50배로 증가하는 반면에 노인의 세포는 20배밖에 증가하지 않아 신진대사율이 상대적으로 감소하기 때문이다(최순남, 2002 : 144). 또한 노년기에는 호흡기관의 감퇴 현상이 두드러져 호흡기 질환으로 고생하는 노인이 많아지게 된다. 혈액순환은 55세경부터 현저히 둔화되기 시작하여 노년기에는 심장박동이 60 이하로 느려진다. 치아의 마모도 심해지고 소화에 필요한 소화 효소와 위액 등의 분비가 감소되기 때문에 소화기능 또한 약해진다. 나이가 들면 잠도 줄어들고 깊은 잠을 자는 것도 힘들어진다.

3) 지적 능력의 감퇴

노년기에 들어서면 지적 능력도 일정 부분 감소하게 된다. 노년기에 지적 능력이 감퇴되는 이유에는 생리적 원인과 환경적 요인이 동시에 작용하는 경우가 많다. 지능에 관한 대부분의 횡단적 연구(cross-sectional study)들에 따르면, 인간의 지능은 25세 이후부터 연령이 증가함에 따라 점진적으로 쇠퇴한다고 한다.

혼과 카텔(Horn & Cattell, 1967)은 지능의 추상성을 극복하고 구체화하기 위하여 지능을 '유동적 지능(fluid intelligence)'과 '결정적 지능(crystallized intelligence)'으로 구분한 바 있다. 이러한 두 가지 유형의 지능을 연령별 집단으로 비교한 결과, 성인 초기의 사람들이 노년기의 사람들보다 유동적 지능이 더 높았다. 반면에 결정적 지능은 노년기의 사람들이 성인 초기의 사람들보다 더 높은 것으로 나타났다(고수현 외, 2003 : 37-38).

이 연구결과를 두고 볼 때, 노년기의 지능이 반드시 쇠퇴한다고 단정하기는 어렵다. 지능의 한 부분은 점진적으로 퇴화하지만, 다른 한 부분은 속도가 다소 느릴 수는 있어도 계속적으로 증가한다고 말할 수 있다. 결정적 지능이라는 것은 인생의 연륜과 경험에서 비롯되는 것이기 때문에, 노인들이 젊은 사람들에 비해 세상을 바라보는 시각이 넓어지고 지혜로운 생각을 많이 가지게 되는 것처럼 지능은 계속 발달할 수 있는 것이라고 보아도 좋을 것이다.

〈표 6-1〉 혼과 카텔(Horn & Cattell, 1967)의 유동적 지능과 결정적 지능

종 류	개 념	관련 능력
유동적 지능	일차적인 것으로 태어날 때부터 생성되는 것이며, 모든 유형의 문제해결에 동원되는 능력으로서 14~16세에 이르면 정점에 도달함	지각속도, 단어유추능력, 시각적 체계화, 속도 제한 없는 추리력, 도형추리력, 귀납 추리력
결정적 지능	언어능력이나 수리능력과 같이 유동적 지능의 연습과 반복의 결과로 획득된 능력으로 상당 기간 동안 개선 가능성이 있는 지능	언어 이해, 상식, 경험적 평가, 연상어 연결, 수리능력

4) 심리적 특성

에릭슨(Erikson, 1963)은 노년기의 심리사회적 위기를 '자아통합 대 절망'이라는 개념으로 설명하였다. '자아통합'은 노인이 자신의 과거와 현재의 인생을 바라던 대로 살았다고 받아들이고 만족하고 의미 있게 생각하며, 다가올 죽음을 인정하고 긍정적으로 생각할 수 있도록 해준다. 한편 '절망'은 자신의 과거에 대해 후회스럽게 생각하고 자신 앞에 놓여있는 죽음에 대해 불안해하는 심리적 특성을 의미한다. 에릭슨(Erikson, 1963)의 견해에 따르면, 노년기의 생애 과업인 자아통합을 이루려면 죽음에 가까워짐에 따라 자신의 삶을 중요하고 의미 있는 것으로 받아들여야 한다고 하였다. 노인복지실천에서는 노인의 이러한 심리사회적 위기와 특성을 충분히 이해하여, 노인들이 심리사회적 위기를 성공적으로 잘 극복할 수 있는 실천방안을 모색하는 것을 중요하게 생각한다.

또한 노년기에는 성격 부분에서도 많은 변화를 경험하게 된다. 윤 진(1985 : 181-189)은 노년기의 심리 특성을 ① 우울증, ② 내부 지향적이고 수동적인 태도, ③ 융통성이 없고 경직됨, ④ 조심성 증가, ⑤ 지나온 생애 회고, ⑥ 오래 사용한 물건에 대한 애착심 증가, ⑦ 앞으로 남은 생애 계산, ⑧ 임종 시 무엇인가를 남기려는 경향, ⑨ 신체적 · 경제적 능력의 쇠퇴로 심리적 의존성이 증가하는 것 등 아홉 가지로 제시한 바 있다.

노인들은 사회적인 역할의 감소로 인하여, 사회공동체로부터 평가절하를 당하거나 무시를 당하는 등 여러 가지 어려움을 겪게 된다. 심지어 가족들에게서조차도 외면당하는 경우가 더러 있어, 노인들의 심리는 위축되고 고독감이 늘어나는 경우도 많다. 노년기의 소득 감소로 인한 경제적인 어려움과 각종 노인성 질환들은 노인들의 심리적 위축 현상을 더 심화시키기도 한다. 고수현 등(2003 : 42)은 노년기에 나타날 수 있는 부정적 형태의 심리변화들을 우울증의 증가, 소극적인 태도, 자기중심성의 증가, 남성과 여성의 역할전환 등으로 설명한 바 있다.

노년기에 나타나는 우울증으로 인하여 나타나는 심리적 변화로는 지속적인 슬픔, 불면 혹은 과도한 수면, 일반적으로 즐기던 일에 대한 흥미의 상실, 피곤함 혹은 권태감, 정신운동 지체, 현저한 체중 증가 혹은 감소, 불안, 자책감, 희망 상실, 성(性) 기능의 저하, 인지결손, 지속적인 신체동통(두통과 흉통 포함), 죽음에 대한 생각, 죽고 싶다는 생각 등을 들 수 있다(Paulin, 2005; Philadelphia Corporation for Aging, 1995).

이러한 우울 증상은 자살과도 깊은 관련성이 있다. 터크-찰스 등(Turk-Charles et al., 1996)의 연구에 따르면, 65세 이상 노인들의 자살률은 100명당 21.4명으로 보고되고 있다. 이는 청·장년 자살률의 2배 정도에 해당되는 수치이다. 한편 80세 이상 초고령 노인들의 경우에는 무려 85%를 넘어선다고 하는 연구결과도 있다. 노인들이 자살에 대한 이야기를 한다면, 그 말은 결코 가볍게 들을 말이 아니다. 노인자살을 예방하기 위해서는 다음과 같이 직접적인 질문을 통해 전문적으로 개입하는 것이 필요하다(Poulin, 2005 : 378).

〈표 6-2〉 자살 관련 질문

자살에 대한 직접질문	예	아니요
① 지금의 삶이 살 만한 가치가 없다고 생각한 적이 있습니까?		
② 어르신의 현재 상황에서 희망이 없다고 생각하십니까?		
③ 진실로 자신을 해칠 생각을 해본 적이 있습니까?		
④ 지금 현재 스스로 자살을 할 생각을 하고 있습니까?		
⑤ 만약 그렇다면, 자살에 대한 구체적인 계획을 세운 적도 있습니까?		
⑥ 자살하는 것에 대해 어떻게 생각하십니까?		

5) 사회적 특성

노년기에는 중요하고 가치 있는 사회적 지위와 역할을 상실하는 경우가 많다. 노년기에는 퇴직, 배우자와 친구의 상실 등으로 인하여 사회적 관계망이 줄어들게 된다. 노년기의 사회적 관계는 주로 가족을 중심으로 한 1차적 관계가 중심을 이루는 경우가 많다. 그래서 혹자들은 노년기를 두고, '상실의 시기' 또는 '역할 없는 역할(roleless role)을 갖는 시기'라고 말하기도 한다(권중돈 · 김동배, 2005 : 206-211). 그렇다고 노년기가 꼭 사회적 지위나 역할을 잃기만 하는 것은 아니다. 새로운 역할을 얻기도 하고 동일한 역할을 수행하더라도 그 수행방법이 달라지기도 한다. 역할 자체의 중요성이 변화되는 등 다양한 역할전환을 경험할 수도 있다.

보편적으로 노년기에 달라지는 사회적 지위와 역할을 살펴보면, 우선 노년기에는 직업인의 지위에서 물러나서 퇴직인의 지위를 갖게 된다. 가족의 생계를 책임지는 가장의 역할 혹은 아내의 역할에서 피부양자, 독신, 조부모의 역할로 바뀌게 된다. 그런 점에서 볼 때, 노인들이 2차 집단(직장이나 사회단체 등)에서 가지는 지위와 역할은 줄어들지만, 1차 집단(가족)에서 그 지위와 역할은 종류를 달리할 뿐 큰 변화는 없다고 말할 수 있다. 중요한 사실은 노년기에 노인들이 중요한 지위와 역할을 상실하고 사회적으로 가치가 낮은 지위를 가지게 됨으로써 노인 스스로 자신의 가치를 평가절하하여 노인들의 자존감과 삶의 만족도 등이 낮아질 수 있다는 점이다.

2. 임종과 죽음

노화과정에서 노인들은 생물학적 · 심리적 · 사회적 어려움을 직면하므로 불가피하게 죽음을 대면하게 된다. 노인들이 다른 연령대에 비해 죽음을 두려워하지 않는 이유는 두 가지 측면에서 생각해 볼 수 있다(김기태 외, 2002). 첫째, 노인들은 이미 생애의 많은 부분을 살아왔다는 것을 지각하고 자신의 죽음을 생각한다. 둘째, 노인들은 살아오는 동안 가족이나 친구를 먼저 떠나보내는 경험을 하게 된다. 이 과정에서 노인들은 죽음에 대해 익숙해지고 죽음을 삶의 한 부분으로 받아들이게 된다. 그러나 죽음에 대해 어느 정도의 준비를 하고 있는 노인이라 할지라도 죽음을 받아들이는 일은 여전히 어려운 일이다.

1) 죽음에 대한 불안

모든 살아 있는 존재는 죽게 되어있다. 죽음은 인간이라면 누구나 겪게 될 예정된 차표(ticket)와도 같다. 사람들은 자신이 죽고 난 이후의 사후 세계에 대해서 사전에 아무런 사실도 알고 있는 바가 없으므로 죽음에 대한 막연한 공포를 가지고 있다. 그러므로 임종을 앞둔 대부분의 사람들은 자신의 죽음을 받아들이는 과정에서 필연적으로 경험하는 죽음의 공포 앞에서 몹시 괴로워하게 되어있다. 노년기에 이르면 죽음에 대한 공포는 모든 불안의 원인이 된다(최순남, 2002 : 151-154).

죽음에 대한 공포는 자신이 죽는다는 사실을 인정하지 않으려는 부정적 태도와 관련되는 경우가 많다. 극히 일부의 사람만이 죽음에 대해 수용적 태도를 보인다. 그래서 노인들은 자신에게 곧 다가올 죽음에 대한 공포와 거부감을 가지면서도 죽음의 불가피성을 인지하고 그것을 수용하려는 태도를 보이는 등 양가적 태도(ambivalence)를 보이는 경우도 많다. 그러나 죽음에 대한 부정을 넘어 수용하는 태도를 취할 때까지는 여러 가지 긍정의 감정과 부정의 감정 그리고 수용과 거부의 감정들이 교차되어 나타난다.

대부분의 사람들은 예기치 않은 갑작스러운 죽음보다는 사랑하는 사람과 자식들을 곁에 두고 유언을 하면서 조용히 눈을 감고 싶어 한다.

그렇다면 어떤 사람들이 죽음의 공포에서 비교적 자유로울까? 한 연구조사에 의하면, 여성이 남성보다 죽음을 잘 수용했다는 연구결과가 있다. 좋은 환경에서 살았던 노인이 나쁜 환경에서 살았던 노인보다 죽음에 대해서 부정적인 것으로 나타났다는 연구결과도 있다. 또한 종교적인 신념이나 자아정체감이 확립된 사람이 그렇지 못한 사람보다 죽음의 공포를 적게 가지고 있다는 보고도 있다.

중요한 사실은 인간은 누구나 죽음 앞에서 약해질 수밖에 없는 존재라는 것이다. 사람은 누구나 죽게 되어있다. 그 죽음은 젊은 시절에 맞이할 수도 있고, 인생의 황혼기인 노년기에 맞이할 수도 있다. 단지 노년기에는 죽음을 맞이할 확률이 다른 인생의 발달단계보다 높을 뿐이다. 그래서 죽음에 대한 불안도 노년기에서 아주 중요하게 다루어야 할 주제이다.

2) 임종에 따른 노인의 심리적 변화와 욕구

누구나 죽음 앞에서 초연할 수는 없을 것이다. 그래서 죽음에 임박한 노인들에게는 자신이 죽어가고 있다는 현실을 인정하고 적응할 시간이 필요하다. 그래서 임종(臨終)을 앞둔 노인을 위한 개입을 할 때에는 노인질환을 대하는 노인의 정서적 반응을 중요하게 다루어야 한다. 무엇보다 임종노인들이 다가올 죽음에 대해 자유롭고 허용적인 분위기에서 말할 수 있도록 도와주어야 한다. 그리고 임종노인들이 경험하는 슬픔과 분노, 두려움, 고통 등을 적절히 표현할 수 있도록 격려하여야 한다. 그렇게 되면, 임종을 앞둔 노인들은 지나간 생애에서 일어난 일들을 자유롭게 이야기하게 되고, 질병으로 인해 위축된 현재의 기분이나 상태에 대해서도 편안하게 이야기할 수 있게 된다.

스위스 정신의학자 퀴블러－로스(Kübler-Ross, 1969)는 그의 저서 『On Death and Dying』에서 중년기 이후에 말기 암에 걸린 환자들이 겪게 되는 정서적 반응과 적응단계를 5단계로 나누어 설명하였다(정옥분, 2004 : 683-686). 그러나 퀴블러－로스의 모델은 인생의 종말을 맞는 사람들의 감정에 대한 우리의 이해를 돕는다는 점에서는 유용하지만, 이것을 건강한 죽음의 준거로 삼기는 어렵다. 그런 점에서 죽음의 적응단계에 대해서는 신중한 접근이 필요하다.

〈표 6-3〉 퀴블러-로스(Kübler-Ross)의 죽음에 대한 적응단계

단 계	죽음에 대한 반응양상
1. 부정	불치병을 인정하지 않고, 의사의 오진이라고 생각하며 죽음을 받아들이지 못함
2. 분노	'왜 나만 죽어야 하는가?'라고 건강한 사람을 원망하며, 주변 사람들에게 화를 냄
3. 타협	죽음을 받아들이고, 해결하지 못한 인생과업들을 해결할 때까지라도 살 수 있도록 기원하고 불가사의한 힘과 타협을 시도
4. 우울	주변 사람과 일상생활에 대한 애착을 보이고, 이런 것들과 헤어져야 한다는 점 때문에 우울감을 느낌
5. 수용	죽음 자체를 수용하고, 마음의 평화를 회복하여 임종을 받아들임

(1) 부정(denial)과 고립(isolation)의 단계

임종이 임박한 사람들은 처음에는 자신이 곧 죽음을 앞두고 있다는 사실 앞에 망연자실한다. 자신의 죽음을 사실로 받아들이지 못하며, "아니야, 나는 아니야. 그럴 리가 없어", "아마 검사결과가 잘못 나왔을 거야, 다른 의사에게 가봐야겠어", "나는 그렇게 아픈 것 같지 않아. 나에게 이런 일이 일어날 리가 없어" 등의 반응을 보이는 것이 보편적이다. 이러한 부정적 인식적 방어 수단으로서 시간의 흐름에 따라 부분적 수용으로 들어가게 된다.

(2) 분노(anger)의 단계

죽음이 임박했다는 사실을 알게 된 후 나타나는 일시적인 충격에서 벗어나면, 내가 왜 죽어야 하는지에 대해 반문하게 되고 죽음에 대해 깊은 분노를 느끼게 된다. 이러한 분노는 신에 대한 것일 수도 있고, 의사나 자신에 대한 분노일 수도 있다. "왜 신은 나에게 이런 벌을 내리시는가" 혹은 "더 빨리 치료를 받았다면 이렇게 빨리 죽지 않아도 되었을 텐데" 하는 후회가 밀려올 수도 있다. 또한 주위 사람들에게 이유 없이 화를 내기도 하고 원망하기도 하는 등 급격한 인격변화가 나타날 수 있다. 이로 인해, 가족들은 매우 힘들어하게 된다. 그 이유는 분노의 대상이 수시로 바뀌고 감정기복이 심하여 평상시와는 다른 성격으로 인해 가족들

이 노인의 과거와 다른 모습에 적응하기 쉽지 않기 때문이다.

(3) 타협(bargaining)의 단계

더 이상 자신의 죽음을 부정하는 것이 소용이 없음을 깨닫게 되면, 임종노인은 자신의 죽음이 불가피하다는 사실을 인식하고 어떻게든 죽음을 연기하려고 애쓰는 모습을 보이게 된다. 종교에 의지하는 모습을 보이며 특별한 헌신을 맹세함으로써 보상을 받으려는 자세를 취하기도 한다. 이때는 대개 신이나 다른 사람들 혹은 자신과 '거래'를 하는 모습으로 나타난다. 예를 들어, "신이시여! 저를 살려만 주신다면 나머지 생애는 신을 위해 헌신하겠습니다", "아들이 결혼할 때까지(손자가 태어날 때까지) 제 삶을 허락하신다면 더 좋은 사람이 되겠습니다" 등 기원적인 자세를 보이는 경우가 많다.

(4) 우울(depression)의 단계

이 시기는 자신의 힘으로 어떻게 해볼 수 없다는 사실과 회복의 가망이 없음을 알게 되고 죽음이 임박한 사실을 부인할 수 없을 때 우울감이 발생하는 단계이다. 죽음과 그것이 의미하는 바에 직면하게 되면, 사람들은 심한 우울상태에 빠져들게 된다. 주위 사람들과의 접촉을 끊고 주로 혼자 지내려 하는 모습을 보이는 경우가 많다. 퀴블러-로스(Kübler-Ross, 1969)는 이 시점에서는 죽어가는 사람을 위로하지 않는 것이 좋다고 말한다. 왜냐하면 자신의 임박한 죽음에 대해 슬퍼할 시간이 필요하기 때문이다. 그렇다 하더라도 이 시기에도 슬픔을 함께 나누면서 옆에 있어줄 사람을 필요로 한다.

(5) 수용(acceptance)의 단계

죽음을 맞이한 사람이 마지막으로 도달하는 단계는 수용의 단계이다. 이쯤 되면, 임종노인들은 절망이나 좌절 혹은 불가피한 사실에 맞서 싸우려 하지 않고 죽음 자체를 수용하고 받아들이게 된다. 그리고 사람들은 더 이상의 고통과 분노가 없는 상태에 도달하여 평온해짐을 느낀다. 극도로 지치고 쇠약해지며 감정의 공백기마저 나타난다. 마치 고통과 몸부림이 끝나고 나서 머나먼 여정을 떠나기 전, 잠시 취하는 마지막 휴식의 시간을 갖는 것과도 같은 시기이다. 살아가는 것이 그러하듯 죽어가는 것도 개인적인 경험이다.

3) 임종노인의 사회적 욕구

임종을 맞이하는 노인은 임종 순간까지 가족, 친지, 친구들과 함께 어울리고 싶어 한다. 그들과 대화를 나누며, 자신이 죽더라도 자신이 못다 이룬 삶의 과업들을 그들이 이루어 줄 것을 기대한다. 임종노인들은 그런 희망 속에 더욱 편안한 죽음을 맞이하려고 한다. 노인들은 이전까지는 특정 종교나 영적인 문제에 깊은 관심을 갖고 있지 않더라도 기도와 명상을 통하여 영혼의 안식처를 구하는 경우가 많다. 따라서 임종노인들의 영적 욕구를 충족시켜 주고, 성직자나 종교인을 연결해 줌으로써 노인과 가족 모두 죽음을 편안하게 맞이할 수 있도록 도와주는 일은 매우 중요하다.

김기태 등(2002)은 임종을 앞둔 노인들에게서 나타나는 사회적 욕구를 세 가지로 나누어 설명하였다.

(1) 임종노인의 영성적(religiosity) 욕구

자신의 삶에 대한 의미의 추구, 용서, 사랑과 희망 등으로 설명할 수 있다. 이것은 자신의 과거와 현재를 돌이켜 보면서 자신의 삶을 긍정하고 삶의 의미와 가치를 부여하는 데 효과가 있다. 대개 임종노인들은 그간 자신이 저지른 모든 실수에 대해 일종의 죄책감을 느끼고 용서받기를 원한다. 타인이나 혹은 절대자로부터 용서를 받았다고 느끼는 사람은 평안한 상태에서 죽음을 맞이할 수 있다.

(2) 사랑에 대한 욕구

임종노인이 죽음에 가까워지면 인간관계에서 사랑을 확인하고 싶어 하며, 이는 절대자와의 관계에서도 사랑을 받기 원하는 것과 관련이 있다. 죽음을 절대자의 사랑 안에서 받아들인다면 편안한 죽음을 인도하는 데 도움이 된다.

(3) 희망에 대한 욕구

희망은 죽음에 직면한 임종노인에게 무엇보다 중요하다. 죽음을 초월한 희망은 영적 세계에서의 행복한 삶 또는 기적적인 회복 등에 대한 믿음이 포함되며, 현재의 삶뿐만 아니라 내세에 대한 희망을 가져올 수 있다. 이는 현재의 신체적 고통, 정신적 갈등을 잘 극복할 수 있게 도와주며 행복한 죽음으로 이끌어 줄 수 있다.

3. 노년기와 사회복지실천

노년기의 여러 심리사회적 측면을 고려하여 체계적인 수준의 노인복지를 실천하려면 먼저 노인의 노화과정에 대해 제대로 이해하는 것이 중요하다. 그런 다음, 노인들의 욕구와 심리사회적 특성을 충분히 반영한 프로그램을 개발하고 적용해 나가야 한다. 노인을 위한 사회복지실천이 제대로 이루어지기 위해서는 다음과 같은 방안이 마련되어야 할 것이다.

첫째, 노년기에 이르게 되면 신체적 기능의 저하로 야기되는 만성질환으로 고통을 받을 가능성이 높아진다. 노인성 질환은 대부분 만성적 경과를 거친다. 노인질환은 즉각적인 치료보다는 장기간의 보호를 필요로 한다. 그래서 노년기에는 의료비 부담과 수발 및 간호에 대한 불안이 증가하게 된다(권중돈 · 김동배, 2005 : 211-213). 이것은 곧바로 가정의 경제적 부담으로 이어지게 된다. 2008년부터 도입된 '노인장기요양보험제도'는 이러한 노인의 신체적 변화와 특성에 적절하게 대처할 수 있는 제도라 할 수 있다. 노인을 위한 각종 다양한 의료비 지원사업과 노인들을 위한 진료사업, 가정봉사원 파견사업 등의 확대는 노인부양의 부담을 줄여주는 데 효과적이다. 이 외에도 노인의 건강 유지 및 증진을 위한 건강상담 및 교육 프로그램들을 지속적으로 개발하는 것도 필요하다.

둘째, 노년기의 주요 심리사회 문제 중 가장 중요한 문제는 노인들의 고독과 소외감이다. 이를 극복하기 위해서는 노인들이 여가활동을 잘할 수 있도록 지원하는 노인전문 프로그램 개발을 지속할 필요가 있다. 노인대학 등 평생교육 프로그램이나 경로당과 같이 노인들이 편안하게 이용할 수 있는 여가시설의 확충을 통해 노인들의 여가 및 취미 활동이 용이하도록 지원하는 것도 효과적이다.

셋째, 노년기의 건전한 사회적 발달을 위하여 사회복지실천에서 노인인력의 고용과 소득보완사업을 강화할 필요가 있다. 이것은 노인들의 복지 향상과 밀접하게 관련성을 가진다. 이를 위해서는 정년을 늘려 노인들의 사회적 역할을 보존하는 방법이 가장 유용한 정책이라고 보인다. 고령자고용법을 엄격하게 시행하여 노인을 위한 사회적 일자리를 창출하는 것이 필요하다. 일을 통하여 노인이 사회적으로도 가치 있는 역할을 수행하도록 돕는 것은 가장 적극적 형태의 노인복지 실천방안이 될 것이다.

마지막으로 죽음에 대한 준비(호스피스 활동 등)와 존엄사에 대한 법적·사회적 개념규정과 자기결정권을 보장하는 것이 중요하다.

요약

- 노년기의 변화와 적응
  1) 신체적 기능의 변화 : ① 식사량과 수면량의 감소, ② 호흡기관의 감퇴, ③ 감각기관의 퇴화, ④ 일상생활동작능력의 퇴화
  2) 지적 기능의 변화 : 노년기에는 성인 초기의 사람들에 비해 유동적 지능은 감퇴하되, 결정적 기능은 더 높음
  3) 심리적 특성 : ① 우울증적 경향, ② 내부 지향적이고 수동적인 증상, ③ 융통성이 없고 경직됨, ④ 조심성의 증가, ⑤ 지나온 생애의 회고, ⑥ 오래 사용한 물건에 대한 애착심 증가, ⑦ 앞으로 남은 생애 계산, ⑧ 임종 시 무엇인가를 남기려는 경향이 나타남, ⑨ 신체적 · 경제적 능력의 쇠퇴로 심리적 의존성이 증가
  4) 사회적 특성 : 퇴직, 배우자 및 친구의 상실 등으로 사회적 관계망이 협소해짐. 가족체계 내에서의 지위와 역할의 변화
- 퀴블러-로스의 죽음에 대한 적응 5단계 : 부정 - 분노 - 타협 - 우울 - 수용

기출문제

01. 노년기(성인후기, 65세 이상)에 관한 설명으로 옳지 않은 것은?(18회 기출문제)

① 시각, 청각, 미각 등의 감각기능이 약화되고, 생식기능 또한 점차 약화된다.
② 퀴블러-로스(E. Kübler-Ross)는 인간이 죽음에 적응하는 5단계 중 마지막 단계를 타협 단계라고 하였다.
③ 신체변화에 대한 적응, 인생에 대한 평가, 역할 재조정, 죽음에 대한 대비 등이 주요 발달 과업이다.
④ 에릭슨(E. Erikson)은 자아통합을 이루지 못하면 절망감을 느낀다고 보았다.
⑤ 신장기능이 저하되어 신장질환에 걸릴 가능성이 증가하고, 방광이나 요도기능의 저하로 야간에 소변보는 횟수가 증가한다.

02. 다음이 설명하는 퀴블러-로스(E. Kübler-Ross)의 죽음과 상실에 대한 심리적 단계는?(19회 기출문제)

> 요양병원에 입원하고 있는 A씨는 간암 말기 진단을 받았다. 그는 자신이 죽는다는 것을 인정하고, 가족들이 받게 될 충격을 최소화하기 위해 만남과 헤어짐, 죽음, 추억 등의 이야기를 나누며 시간을 보내고 있다.

① 부정(Denial) ② 분노(Rage and Anger) ③ 타협(Bargaining)
④ 우울(Depression) ⑤ 수용(Acceptance)

03. 노년기(65세 이상)에 관한 설명으로 옳지 않은 것은?(19회 기출문제)

① 분리이론은 노년기를 노인 개인과 사회가 동시에 상호분리를 시작하는 시기로 보는 이론이다.
② 활동이론은 노년기를 잘 보내기 위해서는 은퇴와 같은 종결되는 역할들을 대치할 수 있는 활동을 발견하는 것이 중요하다는 이론이다.
③ 에릭슨(E. Erikson)은 노년기의 발달과제로 자아통합이 중요하다고 주장하였다.
④ 퀴블러-로스(E. Kübler-Ross)는 죽음과 상실에 대한 심리적 5단계를 제시하였다.
⑤ 펙(R. Peck)의 발달과업이론은 생애주기를 중년기와 노년기로 구분하여 설명하였다.

04. 노년기(65세 이상)의 특징으로 옳은 것은?(13회 기출문제)

① 연령이 증가함에 따라 수면시간이 증가한다.
② 장기기억은 약화되지만 단기기억과 최근기억은 강화된다.
③ 우리 사회는 노년기 연령규범에 대한 명확한 합의가 있다.
④ 제도적 지위와 역할은 늘어나며 비공식적 역할은 축소된다.
⑤ 중년기부터 나타나기 시작한 시각기능의 원시현상이 더욱 뚜렷해진다.

05. 퀴블러-로스(Kübler-Ross)가 주장한 인간이 죽음에 이르는 심리적 변화과정은?(14회 기출문제)

① 부정 → 분노 → 우울 → 타협 → 수용
② 부정 → 분노 → 타협 → 우울 → 수용
③ 부정 → 분노 → 타협 → 수용 → 상실
④ 분노 → 부정 → 상실 → 타협 → 수용
⑤ 분노 → 부정 → 우울 → 타협 → 수용

정답 1. ② 2. ⑤ 3. ⑤ 4. ⑤ 5. ②

3

Part

성격이론의 이해

제7장 정신분석이론

Sigmund Freud
(1856~1939)

정신분석이론은 인간과 성격의 본질을 심층적으로 분석하고 그에 관한 다양한 정보를 제공하였다는 점에서, 현대 사회에서 가장 영향력이 큰 성격이론이라 할 수 있다. 정신분석이론은 우리에게 인간의 정신적 생활과 행동 그리고 한 개인으로서의 인간에 대해 보다 충분한 이해를 갖게 하는 데 유용한 이론이다. 또한 이 이론은 인간의 정신이 행동을 어떻게 자극하는지에 대한 통찰력을 제공해 주어 다양한 정신병리를 가지고 있는 사람들의 문제를 사정하고 개입계획을 세우는 데 필요한 이론적 지식을 제공해 주고 있다.

1. 정신분석이론의 발생배경

1) 정신분석이론의 과학적 토대

정신분석이론은 인간의 정신과 감정의 장애에 대한 치료의 방법과 이론 중 하나이며 정신역동이론의 기본적 원리로 활용되고 있다(이형영 · 이귀행, 1996 : 11, 230-238). 정신역동이론은 지그문트 프로이트(Sigmund Freud)의 정신분석이론에서 출발하여 아들러(Adler)와 융(Jung) 그리고 에릭슨(Erikson)의 심리사회이론과 설리반(Sullivan)의 대인관계이론들까지를 폭넓게 포함한다. 이들 이론들을 정신역동이론이라 하는 이유는 이런 이론들이 대부분 인간의 행동을 '정신 내의 운동과 상호작용'에 초점을 두기 때문이다. 이론에 따라 주요 초점과 병리의 출발점은 서로 다르지만 대부분 정신이 행동을 어떻게 자극하는지를 강조하는 학문적 경향을 지닌다(Gabbard, 1998).

정신분석이론은 인간의 심리 내면에 대해 더 많은 것을 이해하도록 도와준 최초의 이론으로 인간의 마음구조 안에는 '무의식'이라는 영역이 있어, 그것이 정신적 재앙의 화근이 될 수 있다는 점을 우리에게 최초로 일깨워 주었다. 특히 정신분석이론은 아동기 과정에서 기초적으로 발달하여 성인기에 발현되는 인간의 욕구, 공포, 갈등, 삶의 동기에 대한 지식을 제공해 줄 수 있다. 또한 정신분석이론은 개인의 생활력과 주요 생활사건들 간의 상호 연관성과 심리적 원인과 결과 모두를 과학적으로 탐구하는 데 도움을 줄 수 있다.

2) 프로이트의 생애와 정신분석이론

20세기 초 오스트리아 빈의 신경과 의사였던 프로이트는 체코 동부에 있는 모라비아(Moravia)에서 태어났으며, 빈의 의과대학을 졸업하였다(Shriver, 2004 : 187). 졸업 후 프로이트는 프랑스의 신경과 의사인 샤르코(Charcot)에게서 최면술로 히스테리를 치료하는 것을 배웠다. 1886년에는 빈의 브로이어(Breuer)와 함께 일하면서 카타르시스(catharsis)를 통하여 증상을 치료하기도 하였다(이정균 · 김용식, 2001 : 66). 그 과정에서 프로이트는 인간에게 있어서 성적 갈등이 히스테리의 주요 원인이라는 것을 깨닫게 된다. 그리고 프로이트는 당시에 가장 각광받고 있었고 브로이어가 주로 사용했던 '정화법(catharsis)'과 최면요법의 치료효과에 대해 회의를 느끼게 된다. 그 대신에 자유연상법(free association)을 개발하여 치료에 적용하기 시작하였다. 프로이트는 자유연상법을 통해 히스테리 증상을 치료하기 시작하였다.

이후 프로이트는 히스테리 환자들이 증세와 관련된 억압된 감정을 기억해 내지 않으려 하는 것을 보고 이것을 저항(resistance)이라고 불렀다. 그리고 저항은 인간의 무의식에 자리 잡은 고통스러운 일에 대한 능동적인 억압(repression)이라고 생각하게 되었다. 이런 이유로 프로이트는 환자의 마음에 떠오르는 온갖 생각들을 살펴봄으로써 환자의 내면에서 발현되는 역동(dynamic)의 작용을 알 수 있었다(이성태, 2007 : 33-35). 그리하여 그는 환자들과 자기 자신의 분석으로부터 얻은 지식을 근거로 하여 정신분석이론의 기초 개념을 발전시켰으며, 인류 최초로 인간의 성격발달에 대한 포괄적인 견해와 사고의 틀을 제시하였다. 자유연상기법을 사용하여 인간의 무의식을 탐구했고, 이상행동의 치료방법과 인간의 정신과정에 관한 연구방법을 발전시켰다. 이 놀라운 발견과 과학적 진보로 인해 정신분석이론은 지금도 현대심리학에서 가장 영향력 있는 성격이론으로 간주되고 있다.

2. 주요 개념

1) 정신분석의 기본 원리(정신결정론)

(1) 정신결정론의 기본 가정

정신결정론이란 '인간의 정신 안에서 일어나는 것은 어떤 것이라도 우연히 일어나는 것은 없고, 정신적 현상이나 심리적 경험이라는 것은 어떤 것이라도 거기에 반드시 어떤 원인이 있다'는 것을 뜻한다(김기석 역, 2010 : 20). 예를 들어, 무엇을 잃어버렸거나 실수를 할 경우, 흔히 '우연히 일어난 것'이라고 보지만 정신결정론에서는 이것을 개인의 소망이나 의도에 따라서 일어난 것으로 본다. 정신결정론의 실천적 관점에서 보면 클라이언트가 무엇을 말하고 생각하고 경험하고 느끼고 반응하든 간에 그것은 클라이언트 입장에서는 모두 적합한 것이므로 사소하게 보아 넘길 것이 없다. 따라서 클라이언트를 이해함에 있어서 전문가는 클라이언트의 반응, 생각, 말이나 느낌을 이해하고 클라이언트의 정신생활이 어떤 것이어야만 하는지를 명확하게 밝히려고 노력해야 한다.

2) 정신분석이론의 의식 차원 : 지형학적 모형(Topographical Model)

프로이트는 인간의 정신생활은 여러 가지 의식 차원에서 일어나는 모든 정신활동으로 이루어진다고 보았다. 그래서 인간의 마음을 이해하는 틀로서 지형학적 구조를 강조하였다. 정신분석이론에서 제시하는 지형학적 모형은 의식(consciousness), 전의식(preconsciousness), 무의식(unconsciousness) 등 세 가지 수준으로 나누어진다. 이 중에서 프로이트는 인간의 무의식의 중요성을 특히 강조하였다.

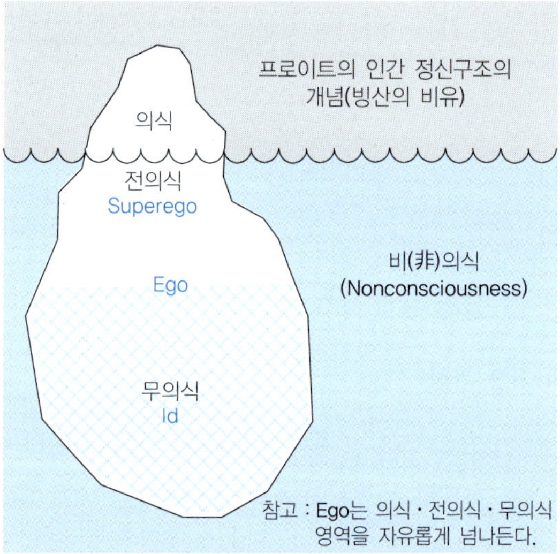

|그림 7-1| 프로이트의 인간 정신구조의 개념

(1) 의식(consciousness)

의식은 어떤 순간에 우리가 알거나 느낄 수 있는 모든 경험과 감각을 말한다. 우리가 어떤 것을 의식하고 있다는 말은 "지금 그것을 알아차릴 수 있고, 지금

이 순간 그것에 대해 의식적으로 얼마간의 주의를 기울이고 있다"는 뜻이다(김기석 역, 2010; 최순남, 2002). 이것은 특정 개인이 현재 이야기하고 있는 '말(speaking)'일 수도 있고, 지금 생각하고 있는 자신의 '생각(thinking)'일 수도 있으며, 지금 일어나고 있는 여러 가지 일들을 받아들이는 '경험(experiencing)'이나 '감각(sensing)'일 수도 있다.

(2) 전의식(preconsciousness)

전의식은 우리가 조금만 주의를 집중하고 노력하면 쉽게 의식될 수 있는 경험(기억)이다. 전의식은 비교적 적은 심리적 작업이나 심리적 에너지를 소비하면 매우 빨리 의식하게 되는 특성을 가진다. 어떠한 자극을 받아 바로 조금 전까지만 해도 의식하고 있지 못하던 어떤 존재를 알아차리게 되는 순간, 전의식은 의식의 수면 위로 올라오게 된다. 일명 전의식은 의식과 무의식의 영역 사이에 존재하는 문지기(gatekeeper)인 셈이다.

(3) 무의식(unconsciousness)

프로이트는 무의식이란 인간 정신의 가장 크고 깊은 곳에 있는 심리 내부에 잠재해 있으면서도 의식적 사고와 행동을 전적으로 통제하는 힘(power)이라고 믿었다. 무의식에는 인간의 마음을 구성하는 사고, 감정, 본능, 욕구, 동기, 갈등 등 실로 방대한 자료들이 저장되어 있다. 무의식은 우리가 의식할 수는 없지만 우리의 행동을 결정하는 데 많은 영향을 준다. 인간의 모든 생활경험은 잠시 동안만 의식의 세계에 머물 뿐, 우리가 주의를 다른 곳으로 바꾸거나 시간이 흐르면 그 순간에 우리가 좀 전에 의식한 경험들은 전의식을 거쳐 깊은 곳으로 들어가서 잠재하게 된다. 프로이트는 이것을 두고 무의식이라고 규정하였다. 즉, 의식 밖으로 억압되는 어떤 체험이나 생각은 소멸되는 것이 아니라 무의식 속으로 들어가 잠재하여 인간의 행동에 강력한 영향력을 행사한다. 프로이트는 인간의 무의식적 소망과 욕구는 우리 정신 속에 항상 존재하고 있다고 보았다. 또한 그는 무의식은 말살되거나 망각되지 않기 때문에 상당한 심리적 작업이나 노력을 사용하지 않고서는 의식하기 어렵다고 보았다(김기석 역, 2010 : 23-24).

〈표 7-1〉 정신분석이론의 지형학적 모델

구 분	조정시스템	동기 원칙	서술적 위치	역동적 위치	시스템 위치
의식	2차 과정	현실원칙	인식 가능	억압되지 않음 쉽게 접근	언어 지향 외연적 선형 시간개념
전의식	2차 과정	현실원칙	인식 불가능	억압되지 않음 집중 시 비교적 쉽게 접근	서술의 언어 지향 외연적 선형 시간개념
무의식	1차 과정	쾌락원칙	인식 불가능	억압됨 접근 어려움 꿈이나 증상에서 볼 수 있음	심상 지향 암시적 비선형 시간개념 없음 상징적

출처 : 이정균 · 김용식(2001), p. 67.

3) 구조모형(Structural Model)

프로이트는 정신병리와 정신역동을 좀 더 잘 이해하기 위해, 기존의 지형학적 모형을 수정 · 보완하여 세 가지 체계의 기본적 성격의 '구조모형(structural model)'을 제시하였다(김기석 역, 2010 : 21-26). 구조모형에서 나타나는 정신작용은 다음의 세 가지로 대별된다.

(1) 본능(id)

본능이란 무의식 기능의 중요한 부분을 차지하며, 모든 인간 심리기능의 에너지원으로 작용하며 구조화되지 않은 인간의 생물학적 감각의 원천이고 무의식적 욕동(drive)의 저장소와 같다(최영민, 2010 : 132-133). 프로이트는 인간의 본능을 삶의 본능과 죽음의 본능으로 나누고 모든 사람은 이 두 가지 본능을 동시에 소유하고 있다고 믿었다. 삶의 본능인 에로스(eros)는 생명을 유지 · 발전시키고 사랑을 하게 하는 본능이다. 성적 에너지(libido)와 밀접한 관련이 있는 삶의 본능은 개체의 정신구조에 중요한 영향을 미치며 성격발달에 가장 영향력이 큰 본능이라고 보았다. 반면 죽음의 본능인 타나토스(thanatos)는 잔인성, 공격, 자살, 그리고 살인과 같은 것과 관련된다. 프로이트는 이 두 가지 본능을 개체의 행동을 결정짓는 중요한 생물학적 근원이라고 보았다.

(2) 자아(ego)

프로이트는 쾌락원리에 의해 움직이는 본능은 현실에 맞게 적절한 수준에서 조절되어야만 정상적인 사회생활이 가능하다고 보았다. 이처럼 본능에서 나타나는 두 가지 충동들을 지연시키고 현실에 맞게 조절하고 통제하는 것이 자아(ego)이다(김기석 역, 2010 : 27; 최영민, 2010 : 135). 따라서 자아는 본능의 욕구가 현실적으로 수용 가능한지를 고려하고 본능과 초자아 간에 나타나는 긴장관계를 통제하고 조정하는 등 우리 마음의 집행본부와 같다. 자아기능에 포함되는 것으로는 외부에 대한 지각이 있고, 또 기억, 판단, 현실검증, 자기 자신에 대한 심상, 말하는 것, 방어기제, 모든 운동이나 동작도 자아에 포함된다(김기석 역, 2010 : 28). 이 중 가장 중요한 기능은 방어기제(defense mechanism)이다. 방어기제는 자아의 무의식적 기능이며, 인간이 심리적으로 성숙하는 정도에 따라서 발달하게 된다.

(3) 초자아(superego)

초자아는 인간의 마음속에 있는 윤리적이고 자아가 추구하는 이상적인 측면이라 할 수 있으며(김기석 역, 2010 : 26-27), 프로이트는 초자아란 어린아이가 옳고 그름을 구분하게 되고, 도덕적 행위와 비도덕적 행위를 분별할 수 있게 될 때 비로소 나타난다고 보았다. 대개 초자아는 생애 초기에는 부모의 가치판단에 따라 그 발달 수준이 결정된다. 그것은 어린아이가 부모의 기대에 알맞게 행동함으로써 갈등과 처벌을 피하는 것과도 관련된다. 초자아는 유전되는 것이라기보다는 인간의 발달과정 중 가장 마지막에 발달하는 부분이라고 할 수 있다(최순남, 2002). 초자아는 인간성격의 도덕적 체계이며 현실의 쾌락보다 인내와 절약을 통해 미래의 이상과 완성을 추구하도록 이끌어 낸다. 그것은 행동의 옳고 그름을 결정하여 사회가 요구하는 도덕적 기준에 맞추어 행동하도록 만드는 인간의 마음속 재판관의 역할을 수행한다.

3. 심리성적 발달단계

프로이트는 성격발달의 원칙으로 정신결정론, 무의식의 중요성, 성(性) 에너지(리비도)를 강조했다(이인정 · 최해경, 1996 : 146-147). 먼저, 정신결정론은 인간의 정신적 활동이 이전의 행동이나 사건에 의해 결정된다고 보는 것을 의미한다. 다음으로, 프로이트는 인간행동의 동기는 의식의 과정보다는 쉽게 인식할 수 없는 무의식에 의해 유발된다고 보았다. 마지막으로 그는 본능적인 성(性) 에너지가 인간의 행동과 사고의 동기가 된다고 보았다. 따라서 프로이트는 인간의 발달단계를 심리성적 발달단계라고 명하고 성(性) 에너지인 리비도(libido)가 집중된 부위에 따라서 아동기의 발달단계를 5단계로 나누었다.

1) 구강기(Oral Stage : 출생~18개월)

이 시기 유아는 리비도가 입에 집중되어 있어 입으로 빨고, 삼키고, 깨무는 행위를 통해 쾌감을 느낀다. 보통 유아는 6개월이 되기 전까지 자신의 욕구를 만족시켜 주는 사람이 자신과 분리된 다른 사람이라는 생각을 하지 못한다. 그러나 6개월이 지나면서 유아는 자신과 분리된 타인의 존재를 지각하게 된다. 이때 유아는 어머니의 존재를 느끼게 되고 자신의 욕구를 채워주는 대상(어머니)이 존재함을 알게 된다. 이 시기에 고착된 성인은 심리적 갈등에 처하게 되면 퇴행하여 음식에 집착하거나 연필과 같은 사물을 물어뜯기도 한다. 심지어 구강기 쾌감을 위해 흡연이나 음주에 몰두하는 행동을 보이기도 한다.

2) 항문기(Anal Stage : 18개월~3세)

이때는 리비도가 항문에 집중되어 있다. 아동은 괄약근을 조절하면서 최후의 순간까지 배설을 참아 내장의 압력을 증가시켜 마지막 방출의 쾌감을 높이려 한다. 그러나 이런 행동은 부모에 의해 강하게 통제되는데, 이 시기 아동들은 부모로부터 배변훈련을 받게 된다. 예를 들어, 배변훈련이 지나치게 엄격할 경우, 아동은 배변을 참게 된다. 이런 행동이 일반화되면 항문적 보유성격(anal-retentive)이 되어 지나치게 인색하고 완고한 성격의 소유자가 될 수 있다. 반면에 부모가 아이를 잘 달래서 배변을 적절히 조절하는 경우에는 창조성과 생산성으로 연결되어 남을 배려하고 이해하는 성격이 크게 발달하게 된다(권중돈 · 김동배, 2005).

항문기에 고착된 성격은 다음 두 가지로 나타나는데, 첫째 폭발적 성격으로 물건을 낭비하고 자신을 지저분하게 함으로써 반항하게 된다. 둘째, 강박적 성격은 부모가 정한 규율에 지나치게 동조하여 발달된 성격으로 깨끗하고 질서정연하며 정돈하고 싶은 욕구를 가진다.

3) 남근기(Phallic Stage : 3~5세)

이 시기는 리비도가 아동의 성기에 집중되어 아동은 자신의 성기를 남의 것과 비교하고 싶어 하고 남녀의 성기가 서로 다른 것에 대해 많은 호기심을 가진다. 일명 오이디푸스기라고도 불리는 남근기에서 아동은 이성의 부모에게는 애정을, 동성의 부모에게는 질투와 증오심을 갖게 된다. 이와 같은 삼각관계를 오이디푸스 콤플렉스라고 한다(이정균 · 김용식, 2001 : 69).

어머니에 대한 애정을 구하는 경쟁자로서 아버지는 상대하기 버거운 존재여서 사라져 주기 바란다. 그러나 자신이 그런 생각을 가지고 있다는 사실을 아버지가 알게 되면, 그 보복으로 거세당할지도 모른다는 거세공포(castration anxiety)를 느끼게 된다. 그리하여 남아(男兒)는 자신의 신체적 미성숙에 대한 현실적 자각을 통하여 어머니에 대한 근친상간적 욕구를 포기하면서 아버지와 동일시를 시도하는 타협을 선택하게 된다.

한편 프로이트는 여아(女兒)의 경우에는 남근에 대한 선망(penis envy)이 생기는데, 이것이 훗날 남성의 특전과 우월성에 대한 선망으로 나타나기도 한다고 보았다. 프로이트는 남아의 경우 거세불안 때문에 근친상간적 욕구를 포기하지만 여아의 경우 이성의 부모에 대한 근친상간적 욕구의 포기 이유가 뚜렷하지 않아 남성이 여성보다 초자아가 더 발달되었다고 주장하기도 하였다. 이러한 그의 견해는 훗날 여권주의자들의 비판의 대상이 되었다.

남근기에 고착되면, 남아(男兒)들은 남근성격이라고 하는 성격 특성을 갖게 된다. 거세공포가 해결되지 않아 권위에 지나치게 복종하고 두려워하거나, 반대로 뻔뻔스럽고 자기 자랑을 일삼으며 남의 인정을 받기 위해 매사에 경쟁적인 성격을 보일 수도 있다. 여아(女兒)들은 히스테리성 성격 특성을 보여 감정표현이 과잉되고 자기주장이 지나치게 강한 성격 특성을 갖게 된다.

4) 잠재기(Latency Stage : 6세~사춘기)

이 시기 아동들은 성적 흥미가 제한되고 성적 특징이 생리적으로 두드러지지 않게 된다. 대부분의 성적 환상이나 활동은 억압되지만, 자기 성(性)의 확립, 동성 간의 동일화가 강하게 진행된다. 특히 이 시기 아동들은 성적·공격적 환상들이 무의식 속에 잠복하여 리비도가 특정 신체 부위에 집중되지 않는다. 이때의 에너지는 신체의 발육과 성장, 지적인 활동, 친구와의 우정 등에 집중되어 성적인 관심은 줄어들게 된다. 본능보다 자아와 초자아가 강하게 발달하기 시작한다. 아동들은 이 시기를 적절히 보내면 사회적응능력이 향상되고 원만한 대인관계를 갖게 되지만, 부적절하게 보내면 열등감을 갖게 되는 경우가 많다. 잠재기에 고착되면 성인이 되어서도 이성에 대한 정상적인 관심을 발달시키지 못하고 동성 간의 우정에 집착할 수도 있다.

5) 생식기(Genital Stage : 사춘기 이후)

정신분석이론에서는 생식기적 성격을 가장 이상적인 성격유형으로 보았다. 프로이트는 이런 성격을 소유한 사람은 인간관계가 원만하고 책임감이 잘 발달되어 있기 때문에 이성과의 사랑이 만족스럽다고 보았다. 이처럼 생식기는 사춘기로부터 성적으로 성숙되는 성인기 이전까지의 시기를 말한다. 심한 생리적 변화를 보이며 격동적인 단계이다(이인정 · 최해경, 1996 : 150-151). 또한 생식기는 이성에 대한 관심이 높아지는 시기이기도 하다. 이 시기에는 호르몬과 생리적 요인들로 인해 그동안 억압되었던 성적 감정들이 크게 강화되어 성적 에너지가 성인과 마찬가지로 직접적으로 표현된다. 이때 다시 오이디푸스 감정이 올라와 청소년들은 부모 앞에서 불안하고 떨어져 있어야 오히려 편안한 안정감을 느끼기도 한다. 프로이트는 사춘기 이후 중요한 과제는 '부모로부터 자유로워지는 독립'이라고 말하였다. 그러나 오랫동안 부모에게 의존하여 오던 상태에서 하루아침에 독립하는 것은 쉽지 않다. 오히려 그것이 더 고통스러운 일이 될 수도 있으므로, 사춘기 자녀는 부모와 적절한 거리를 유지하는 것이 중요하다고 보았다.

〈표 7-2〉 심리성적 발달단계

단 계	연 령	성 에너지가 머무는 곳	주요 활동	발달과업	방어기제	성격 특성
구강기	출생~18개월	입	빨기 뱉기 깨물기	젖떼기 (母로부터 분리)	투사 거부 내면화	낙천적/비관적 능동적/수동적 감탄/시기
항문기	18개월~3세	항문	대변보류 대변방출	배변훈련 (자아통제)	지성화 반동형성 격리	인색/관대 고집/순종 정확/애매

단 계	연 령	성 에너지가 머무는 곳	주요 활동	발달과업	방어기제	성격 특성
남근기	3~5세	성기	자위행위	오이디푸스 (동성 성인의 역할 동일시)	억압	허영/자학 자신/소심 남성적/여성적
잠재기	6세~사춘기	성 에너지가 머무는 곳은 없고, 성의 잠재 성 본능과 관련 없는 기술 습득(사회/동료관계 확장)				
생식기	사춘기 이후	전신	성교	친밀한 관계 확립	승화	성숙/미성숙 적응/부적응

출처 : 권중돈 · 김동배(2005).

4. 방어기제의 개념과 종류

1) 방어기제의 개념

방어기제는 불안으로부터 개인을 보호하는 자아의 무의식적 기능이다. 자아는 불안을 처리하여 마음의 평정을 회복시키려는 노력을 시도하게 된다. 방어기제는 자신을 방어하고 갈등적인 충동들 사이의 타협을 통해 내적 긴장을 감소시켜 환경에 적응해 나가는 역할을 주로 담당한다(이무석, 2003; 장연집 외, 2005). 방어기제는 스트레스에 대한 대처능력이 떨어지거나 자아가 너무 약할 때 그리고 스트레스를 유발하는 상황 자체를 개인이 감당하기 어려울 때 주로 발동한다. 그리고 그것은 현실세계에서 용납할 수 없는 본능(id)적 충동과 초자아의 압력 사이의 갈등, 내적 갈등이나 죄책감 등 무의식 속에 억압되어 현실적으로 받아들이기 어려운 충동들을 주로 처리할 수 있게 도와준다(최영민, 2010 : 172).

2) 방어기제의 종류

방어기제라는 용어는 지그문트 프로이트(Sigmund Freud)가 핵심적인 용어들을 정리했고 그의 딸 안나 프로이트(Anna Freud)가 1936년 『자아와 방어기제』라는 저서를 출간하면서 확장되었다. 이러한 방어기제는 모두 무의식 속에서 이루어지며 한 사람이 한 가지 이상의 방어기제를 사용한다. 모든 방어기제가 모두 병적인 것은 아니며 일부 방어기제는 불안을 감소시킬 뿐 아니라 긍정적인 사회적 결과를 가져오기도 한다(Zastrow, 1995 : 395).

(1) 자기애적 방어(narcissistic defenses)

① 부정(denial)

부정은 고통스럽거나 위협적인 상황의 존재를 무의식적 수준에서 거부하거나 부인하는 것을 말한다(임창재, 2006 : 167). 또한 이것은 너무나 위협적인 외적 현실과 견딜 수 없는 생각들 그리고 내면의 욕구와 충동 등을 무의식적으로 부정하는 기제이다. 의식화하기에는 불쾌한 욕동들을 통제하기 어려울 경우, 이를 부정함으로써 불안으로부터 자신을 방어하려고 하는 것이다(임 혁 · 채인숙, 2015 : 62; 최영민, 2010 : 173).

② 투사(projection)

바람직하지 않고 용납할 수 없는 본능의 충동을 남의 탓으로 돌리는 심리기제이다. 투사란 자기 자신의 결점이나 무능의 원인을 다른 사람이나 사물에게 돌리거나, 다른 사람도 그러한 결점이 있다고 주장함으로써 위축된 자아를 방어(옹호)하는 심리기제이다. 이것은 본능(id)에서 나오는 적의를 남에게 돌리고, 양심에서 나오는 괴로움을 남에게 돌리는 것이다.

(2) 미성숙한 방어(immature defenses)

① 퇴행(regression)

퇴행은 현 발달단계에서 나타나는 심리적 갈등을 피하기 위해 이전의 리비도 단계로 후퇴하는 경우를 말한다. 대소변을 잘 가리던 네 살짜리 아이가 동생이 태어나자 오줌을 싸게 되는 경우가 대표적인 예가 된다. 그런데도 퇴행은 정상적인 반응일 수 있고, 창조적 활동의 기본이 되기도 한다(임 혁·채인숙, 2015 : 65; 최영민, 2010 : 176).

② 신체화(somatization)와 전환(conversion)

신체화는 심리적 갈등이 심리적으로 표현되지 않고 신체 내부의 장기나 다른 신체 부위를 통해 나타나는 것이다. 예를 들면, 사촌이 땅을 사면 배가 아픈 경우를 들 수 있다. 신체화가 주로 내부 장기를 중심으로 증상이 나타나는 것이라면, 전환반응은 근골격계나 신체감각기관을 통해 표현된다(임 혁·채인숙, 2015 : 66-67; 최영민, 2010 : 177).

③ 동일시(identification)

동일시는 남의 성격이나 역할을 따서 자기의 일부로 삼는 과정이며, 자아와 초자아의 형성에 가장 중요한 기능을 한다. 동일시는 자기 자신보다 강하거나 우월한 타인의 특성을 자기 것으로 내면화함으로써 자신의 단점이나 나약함을 은폐하려는 과정에서 나타나는 경우가 많다. 자녀가 부모를 닮는 것, 제자가 스승의 모습을 따라 하는 것 등을 예로 들 수 있다(김영애 외 공역, 2005; 최영민, 2010 : 179).

(3) 신경증적 방어(neurotic defenses)

① 억압(repression)

억압이란 용납될 수 없는 생각이나 충동을 의식에서 몰아내어 억압하는 가장 보편적이고 일차적인 자아의 방어기제이다. 억압을 통하여 자아는 고통스럽거나 위협적인 충동, 감정, 소원, 환상, 기억 등을 무의식 속으로 추방시켜 의식화되는 것을 막아준다. 억압의 전형적인 예가 기억상실이며, 억압이 심하면 신체기능상의 장애가 나타나기도 한다. 억압이 억제와 다른 점은 목적을 단지 연기하는 것이 아니라 충동이 없어질 때까지 억누른다는 점이다(임 혁 · 채인숙, 2015 : 57; 최영민, 2010 : 180-181).

② 취소(undoing)

무의식에서 자신의 성적 욕구 혹은 적대적인 욕구로 인해서 상대에게 피해를 주었다고 느낄 때, 그에게 준 피해를 취소하고 원상복귀하려는 행동을 할 때 취소라고 한다. 예를 들어, 부정으로 번 돈의 일부를 자선사업에 쓰는 경우, 다이너마이트로 번 돈으로 노벨상을 만든 경우, 강박신경증 환자의 반복적 손 씻기 등을 들 수 있다. 이것은 진정한 반성을 하는 것이라고 보기 어렵고 그저 자신의 행동을 취소하려는 무의식적 시도에 불과한 경우가 많다(임 혁 · 채인숙, 2015 : 58; 최영민, 2010 : 182).

③ 반동형성(reaction formation)

반동형성은 용납될 수 없는 충동이나 욕구를 정반대로 변형시키는 것이다. 내면에는 분노가 분명히 존재하지만 지나치게 점잖은 행동을 보이는 경우, 속으로는 미워하면서 겉으로 도와주는 행동 등 실제 감정과 반대되는 정서가 과장되어 나타나는 심리기제이다(임 혁 · 채인숙, 2015 : 58; 최영민, 2010 : 182). 예를 들면, 계모가 전처 자식을 대단히 증오하면서도 사랑하는 척하는 경우, 부당한 방법으로 치부한 사람이 겉으로 양심, 도덕, 애국을 강조하는 경우 등이 대표적인 예가 된다.

④ 격리(isolation)

격리란 과거의 고통스러운 기억과 관련된 감정을 의식에서 떼어버리는 것을 말한다. 그렇게 되면, 개인은 가슴 아픈 사건이나 생각은 기억하나 그 기억에 수반된 감정은 기억하지 않게 된다. 이것은 강박장애에서 흔히 나타나며, 그 예로는 아버지의 죽음에 대해 말할 때는 슬픈 감정을 느끼지 못했던 한 청년이 아버지를 연상시키는 권위적인 남자 주인공이 죽는 영화의 한 장면을 볼 때 비통하게 우는 경우를 들 수 있다(임 혁 · 채인숙, 2015 : 64; 최영민, 2010 : 183).

5 전치(displacement)

전치는 원래의 무의식적 대상에게 주었던 감정을 그 감정을 주어도 덜 위험한 대상에게로 옮기는 것이다. 전치는 대상에 대한 감정 자체를 강조한다. 예를 들면, 자기의 도덕적 타락에 대해 강한 무의식적인 죄책감을 느끼는 사람이 하루에도 몇 번씩 옷을 갈아입거나 수십 번씩 손을 씻는 경우, 언니를 미워하는 여동생이 언니의 공책을 찢어버리는 것 등을 들 수 있다(임 혁 · 채인숙, 2015 : 61; 최영민, 2010 : 183).

6 합리화(rationalization)

합리화란 자신의 언행 속에 숨어 있는 용납하기 힘든 충동이나 욕구에 대해 사회적으로 그럴듯한 설명이나 이유를 대는 것을 말한다. 합리화란 어떤 행동이 억압되었을 때 사회적으로 용납할 수 있는 이유(핑계)를 들어 그 상황을 해명함으로써 위축된 자아를 보호하는 효과를 가진다. 예를 들면, "남이 하면 스캔들, 내가 하면 로맨스", "실력 없는 목수가 연장 탓을 한다" 등이 좋은 예가 된다(임 혁 · 채인숙, 2015 : 63; 최영민, 2010 : 184).

7 보상(Compensation)

보상이란 성격이나 외모 혹은 지적 기능 등에서 자신의 결함을 메우려는 방어기제이다. 예를 들면, 매력이 없는 여자가 화려한 옷을 입는다든지, 공부에 자신이 없는 아이가 운동에 전념하는 것 등이 여기에 해당된다. 그러나 이 보상작용을 지나치게 이용하면 병적인 상태에 이르거나 편협한 성격이 형성되기 쉽고, 신경증, 과대망상이 나타나기도 한다(임 혁 · 채인숙, 2015 : 62-63).

(4) 성숙한 방어(mature defenses)

❶ 승화(sublimation)와 이타주의(altruism) 그리고 유머(humor)

승화는 본능적인 에너지를 직접적인 성적 욕구 해소나 공격적 목적에 사용하지 않고 사회적으로 용납되는 형태로 돌려쓰는 가장 건강한 방어기제 중 하나이다. 주먹대장이 경찰이나 유명한 권투선수가 되는 경우가 좋은 예가 된다(임 혁 · 채인숙, 2015 : 69; 최영민, 2010 : 186-187). 한편 이타주의는 타인을 건설적으로 만족할 수 있게 도와주는 것이다. 유머는 자신의 감정이나 생각을 표현하기 위해 코미디를 사용하는 심리이다. 그렇게 함으로써 마음 쓰기에 너무 고통스러운 것들을 견딜 수 있게 된다.

❷ 억제(suppression)

억제는 바람직스럽지 못한 생각이나 특정 사실에 대한 기억을 무의식적 영역으로 내려버리고 잊어버리는 것을 말한다(임 혁 · 채인숙, 2015 : 57). 예를 들면, 실연당한 젊은이가 한때 사랑했던 연인과의 기억을 잊으려고 노력하는 경우나 고통스러웠던 기억들이나 경험이 떠오를 때 머리를 흔든다거나 의도적으로 다른 생각을 하면서 그런 기억을 무의식의 영역으로 쫓아버리려 하는 행동이 이에 해당된다. 불편함을 여전히 인지할 수 있지만 고통의 기억을 최소화할 수 있는 효과도 있다.

5. 정신분석이론의 평가와 적용

1) 정신분석이론의 일반적 평가

프로이트는 심리적 문제를 가진 사람에 대한 인식을 증가시키고 상담기법의 발전에 많은 공헌을 하였다. 또한 프로이트는 발달이론을 개발하여 인간행동을 사정하는 데 많은 도움을 주었으나 몇 가지 점에서 여러 학자들로부터 비판을 받고 있다.

첫째, 인지발달을 무시한 채 정서발달에만 치중하였음을 비판받았다. 정신분석이론은 현재의 문제를 분석함에 있어서 현재의 경험은 무시한 채 과거 유아시절의 경험에 지나치게 치우친다는 비판을 많이 받고 있다.

둘째, 프로이트는 여성에 대한 편견을 극복하지 못하였다는 비판을 받기도 하였다. 프로이트가 여성이 남근선망을 가지고 있다는 것과 초자아의 발달이 남성보다 부족하다고 지적한 것은 여권주의자들로부터 강한 반론을 받기도 하였다(최옥채 외, 2007).

셋째, 정신분석이론은 대부분 신화에 근거하고 있어서 과학성에 대한 비판을 많이 받았다(문인숙 · 양옥경, 1999 : 81-82). 인간의 성격이 본능, 자아, 초자아의 3개 구조로 구성되어 있다는 프로이트의 가정은 과학적 근거가 아주 희박하고 마치 중세기 때 정신병이 악마에 의한 것이라는 신념의 수준과 크게 다를 바 없다는 혹독한 비판을 받기도 하였다.

넷째, 성격발달에 미치는 생물학적 요인의 강조로 사회환경의 영향을 충분히 고려하지 않았다는 비판도 많이 받았다. 여기에는 프로이트의 인간관은 매우 비관적이어서 인간은 통제할 수 없는 무의식 속의 본능에 의해 지배당한다고 보면서 인간의 자유의지를 부정하였다는 점도 크게 작용하였다.

그럼에도 인간의 성장 발달과 인간의 성격기능에 접근하는 데 있어서 프로이트의 정신분석이론만큼 깊은 통찰력을 제공하는 이론은 그 이전에 없었다는 점에서 후대의 성격이론들에 가장 큰 영향을 끼친 이론으로 평가받고 있다.

2) 정신분석이론의 적용

정신분석이론에 대한 사회복지의 관심은 사회복지실천의 과학적 기반을 찾으려는 사회복지전문직의 고민에서 비롯되었다고 할 수 있다(이인정 · 최해정, 1996 : 137-138). "원인을 밝히는 것이 치유책을 낳는다"는 리치몬드(Richmond)의 『사회적 진단(Social Diagnosis)』의 전제는 사실 프로이트에 의해 창안된 의료모델에 근거하고 있다고 볼 수 있다. 감추어진 아동기 행동의 동기를 밝히는 것이 클라이언트의 문제에 대한 사정의 중요한 측면이 된 것은 정신분석이론의 영향을 많이 받은 좋은 예라고 할 수 있다.

그러나 정신분석이론은 개인의 심리 내면에 대해 지나치게 집중한 나머지 환경에 대한 인간의 적응이라는 측면을 도외시하는 등 '환경 속의 인간'이라는 관점과 배치된다. 환경의 영향을 무시하고 클라이언트에 대한 병리적 시각을 부각시켰던 점은 환경 속의 인간의 관점을 실천하는 사회복지실천 철학과는 괴리된다. 그렇다 할지라도 정신분석이론을 적용한 실천 과정과 기법은 현재에도 널리 활용되고 있다. 정신분석에서 사용하는 모든 기법들은 클라이언트로 하여금 자신의 문제에 관한 통찰력을 증진시켜 주며 클라이언트가 자신의 심리적 문제를 스스로 해결할 수 있도록 도움을 주는 기법들이다. 정신분석이론은 대개 사회복지실천 과정에서는 정신분석의 수준까지는 들어가지 않지만 클라이언트의 자아기능을 강화시키는 데 탁월한 이론이다. 그리고 클라이언트가 이전과는 달리 성숙해지고 사회에 잘 적응하도록 돕는 데도 탁월한 이론이다.

그렇지만 어떤 이론도 인간이 만든 이상 완벽한 이론은 세상에 존재하지 않는다. 정신분석이론은 개인의 문제를 과거 결정적인 시각에서 접근하였기에 이 이론을 사회복지실천 과정에 그대로 적용하기에는 한계가 있다(김성이 · 김상균, 1994 : 313). 그러나 정신분석이론은 사회복지실천을 함에 있어서 아동발달에 대한 이해가 필수적이라는 점을 일깨워 주었다. 인간의 성과 무의식에 대한 논의를 이끌어 냄으로써 인간의 성격 내부에 잠재되어 있는 심리갈등들을 이해하도록 도와 클라이언트의 문제를 사정하는 이론적 무기가 되어주었다. 정신분석이론이 도입되기 이전에는 그야말로 '열정과 경험 위주'의 사회복지실천의 경향에서 벗어나지 못했다. 정신분석이론의 도입으로 사회복지실천의 과학성과 전문화가 크게 향상되었다고 말할 수 있다.

요약

- 정신결정론의 지형학적 모형
  ① 의식 : 어떤 순간에 우리가 알거나 느낄 수 있는 모든 경험과 감각
  ② 전의식 : 어느 순간에는 의식되지 않지만 조금만 주의를 집중하고 노력하면 쉽게 의식될 수 있는 경험(기억)
  ③ 무의식 : 인간 정신의 가장 크고 깊은 곳에 있는 심리 내부에 잠재해 있으면서도 의식적 사고와 행동을 전적으로 통제하는 힘
- 정신분석이론의 성격구조모형
  ① 본능(id) : 인간의 기본적인 심리적 충동(쾌락원칙)
  ② 자아(ego) : 본능과 초자아 사이의 중재역할(현실원칙)
  ③ 초자아(superego) : 인간의 마음속에 있는 윤리적이고 도덕적이고 이상적인 면
- 심리성적 발달단계
  ① 구강기(출생~18개월) : 대상관계의 형성이 중요
  ② 항문기(18개월~3세) : 배변훈련이 중요
  ③ 남근기(3~5세) : 오이디푸스 콤플렉스
  ④ 잠재기(6세~사춘기) : 성적 흥미의 제한, 동성 간의 우정 중요시
  ⑤ 생식기(사춘기 이후) : 이성에 대한 관심의 증가

기출문제

01. 프로이트(S. Freud)의 이론이 사회복지실천에 미친 영향으로 옳지 않은 것은?
(제11회 기출문제)

① 무의식적 동기의 중요성을 인식하는 데 유용하다.
② 인간 자유의지의 중요성을 인식하는 데 유용하다.
③ 유아기 경험의 중요성을 인식하는 데 유용하다.
④ 방어기제의 중요성을 인식하는 데 유용하다.
⑤ 본능의 중요성을 인식하는 데 유용하다.

02. 다음 중 id(원초아)에 대한 설명으로 틀린 것은?(제7회 기출문제)

① 이드는 원시적이고 본능적인 성격을 갖는다.
② 이드는 쾌락의 원리에 따른다.
③ 이드는 무의식의 영역에 속한다.
④ 이드가 불안을 해결하지 못하면 신경증이 유발된다.
⑤ 이드는 욕구를 충족시키기 위해 일차과정 사고를 하기도 한다.

03. 프로이트의 심리성적 발달단계에 대한 설명으로 옳은 것은?(제6회 기출문제)

① 항문기, 남근기, 잠복기, 생식기로 설명한다.
② 총 8단계로 구분한다.
③ 본능적 에너지가 행동과 사고의 동기이다.
④ 구강기 때 원초아, 자아, 초자아가 역동적 상호작용을 한다.
⑤ 자아를 성격의 자율적 구조로 강조하였다.

04. 프로이트 이론에 대한 설명으로 옳은 것은?(제13회 기출문제)

① 거세불안과 남근선망은 주로 생식기에 나타난다.
② 치료의 주요 목표는 개성화(individuation)를 완성하는 것이다.
③ 자아(ego)는 의식, 전의식, 무의식의 세 측면을 모두 가지고 있다.
④ 리비도는 인생 전반에 걸쳐 작동하는 일반적인 생활에너지를 말한다.
⑤ 초자아(super ego)는 방어기제를 작동하여 갈등과 불안에 대처한다.

05. 다음 중 자유연상에 대한 내용으로 틀린 것은?(제7회 기출문제)

① 과거의 고통스러웠던 기억을 자발적으로 표현하도록 함
② 미래에 대한 자유연상
③ 무의식을 탐색하기 위한 방법
④ 사고의 흐름이 일정한 방향성이 없음
⑤ 무의식적 갈등을 지적하는 단서를 제공

정답 1. ② 2. ④ 3. ③ 4. ③ 5. ②

제8장 분석심리이론

분석심리이론은 칼 구스타프 융(Carl Gustav Jung, 1875~1961)이 그의 생애 전반에 걸쳐서 발달시킨 정신역동이론이다. 그는 인간의 마음을 의식, 개인 무의식, 그리고 집단 무의식으로 구분하고, 인간의 삶은 무의식의 발현 과정이라고 하였다. 융은 프로이트와 정신분석 운동에 참여하였으나 리비도에 대한 이견으로 결별하고 독자적인 이론체계를 구축하였다.

Carl Gustav Jung
(1875~1961)

융은 프로이트가 생각한 리비도의 개념을 단순히 성적 에너지로만 보지 않고, 인간의 무의식은 개인으로 하여금 진정한 자기를 실현하도록 이끄는 지혜의 보고라고 하였다. 분석심리이론은 융이 그의 생애 전반에 걸쳐서 발달시킨 심리학 체계로서 그의 다양한 경험을 통해 얻어진 것이다. 융의 분석심리이론은 매우 심오하고 난해하다. 그는 인간의 마음을 의식, 개인 무의식 그리고 집단 무의식으로 구분하고 있다. 아울러 자아, 콤플렉스, 원형, 페르소나, 아니마, 아니무스, 그림자, 자기(self)와 같은 독특한 개념을 통해서 인간의 정신세계를 정교하게 설명하고 있다. 융에 따르면, 인간의 삶은 무의식의 발현과정이다. 자아가 이러한 무의식의 내면석 소리를 인식하지 못하거나 외면할 때 정신적 고통과 장애가 발생한다. 따라서 분석적 심리치료는 의식과 무의식이 서로 소통하도록 연결하는 과정으로, 꿈과 환상을 통해 전달되는 무의식의 소리에 귀를 기울이며 진정한 자기를 실현하도록 돕는 것이 핵심이다(권석만, 2014; 이현성 역, 2015).

1. 분석심리이론의 발생배경

1) 분석심리이론의 과학적 토대

20세기 초반 과학적 전통과 정신의학의 초기 발달과정의 중심에 프로이트와 융이 중요한 발자취를 남겼다.[1] 프로이트에 비해 융이 발달시킨 분석심리이론의 체계는 매우 영적인 것으로서, 기계론적 입장을 엄격하게 지키던 기존 주류 심리학과는 거리가 먼 것이었다. 융은 평생 영적인 것과 신령한 것에 매료되어 있었으며, 신령한 것을 그의 연구에서 가장 중요한 측면으로 여겼다. 융은 개인적인 체험과 환자의 치료경험뿐만 아니라 서양철학, 동양철학, 영지주의, 심령술, 연금술, 신화학, 문학과 예술 등 다양하고 방대한 자료에 근거하여 분석심리이론을 체계화해 나갔다(권석만, 2014; 이부영, 2012).

융은 프로이트가 최초로 발견한 무의식의 존재를 한 단계 발전시켰다. 그 결과 그는 의식과 무의식의 작용을 포함하여 '정신(psyche)'이라 하고, 의식 작용에만 관련해서는 '마음'이라는 단어로 구분하여 사용하며 인간의 정신에너지의 흐름과 방향을 체계적으로 정립하였다. 이는 영혼이 물질세계와 마찬가지로 실재한다는 것을 입증하려는 그의 노력으로 이어졌고, 그 결과 분석심리이론은 정신적인 장애나 신경장애만을 치료하는 것이 아니라 정상적인 사람들도 보다 균형 있게 자아를 인식할 수 있도록 돕는 치료법을 개발하기도 하였다. 그리고 융은 모든 민족의 신화들(myths)과 문화에 어떤 공통된 주제가 흐를 것이라고 주장하면서, 이를

1) 융이 학생이던 1890년대는 정신의학이 아직 걸음마 단계였다. 사람들은 정신의학적 연구를 심령적인 사고와 비슷한 것으로 여기는 경향이 있었다. 심령적인 것들은 그 시대에 굉장히 유행하고 있었고, 1882년에는 심령연구회가 영국 캠브리지에 설립되기도 하였다. 이와 동시에 무의식에 관한 새로운 과학적 이해가 프로이트에 의해 개척되어 발전하기 시작했다. 이것이 과학에서 받아들여지는 방식은 실증주의에 기초를 둔 것인데, 이는 어떤 대상에 대한 지식을 눈으로 직접 관찰할 수 있는 것으로만 한정하였다.

통해 집단 무의식이라는 새로운 개념을 만들어 내었는데, 이 또한 초과학적인 연구의 특성을 지녔다고 말할 수 있다.

2) 융의 생애와 프로이트

융은 1875년 스위스의 작은 마을인 케스빌(Kesswil)에서 개신교 목사의 네 번째 아이로 태어났다.[2] 융의 할아버지는 유명한 외과의사였으며, 외할아버지는 개신교 교회의 요직을 담당했던 출중한 신학자였다. 그의 외숙부 중 8명이 목사여서 융은 어린 시절부터 장례식이나 교회의식을 많이 접했다. 그의 가정은 부유한 편은 아니었지만 그 지역에서 유명한 집안이었다(권석만, 2014; 이부영, 2011).

융의 아버지는 고대 히브리어와 아랍어를 공부한 고전학자였지만 학자의 길로 가지 않고 작은 시골의 목사가 되었는데, 자상하고 친절하여 신도들의 사랑을 받았으나 가정에서는 쉽게 화를 내고 자신의 감정을 분출하여 가정적으로 그리 행복한 편은 아니었다. 융은 이런 아버지에 대해 존경심과 더불어 실망감을 가졌다. 융의 어머니는 쾌활하고 소탈한 편이나 정서적으로 불안정하고 기분변화가 심해 예측할 수 없었으며, 섬뜩할 정도로 예리한 직관을 가지고 있었다. 또한 그녀는 융의 어린 시절 정신병원에서 수개월을 입원하기도 했는데, 따뜻한 모성적 측면과 더불어 직관적이고 날카로운 측면을 지닌 사람으로 융은 이런 어머니에게 양가감정을 지니고 있었다고 한다(권석만, 2014; 이부영, 2011; Berry, R., 2000).

융은 어린 시절 내성적인 편으로 주로 혼자 지내는 시간이 많았으며, 많은 시간을 그가 경험하였던 초자연적인 환상에 깊이 빠져서 보냈다. 융은 시골학교를 다녔는데, 그의 동급생들보다 지적인 면에서 항상 앞서 있어서 그가 학창시절 받은 수업을 시간낭비로 여기기도 하였다. 그는 친구들과의 관계가 원만했지만, 혼자 노는 것이 익숙했기 때문에 가까운 친구의 존재는 그리 편한 것이 아니었다.

2) 융이 태어나기 전에 세 아이가 있었으나 사산하거나 유아기에 사망했기 때문에 여동생이 태어난 9세까지 독자로 자랐다.

11세부터 융은 바젤에 있는 김나지움(대학예비고)에 다녔는데, 그곳에서 그는 전혀 행복하지 못했다. 입학 다음 해 어느 날 운동장에서 한 아이가 세게 밀쳐 쓰러진 뒤 기절발작을 일으키기 시작했다. 꼭 학교에 가야 하거나 숙제를 끝내도록 재촉받을 때 기절하는 일이 반복되어 결국 한 학기 동안 학교를 쉬게 되었다. 이 기절은 학교에 가지 않아도 되도록 하는 이른바 이차이득을 가진 신경증적발작으로 융 자신도 당시 그가 자기 자신으로부터 도피하고 있음을 어렴풋이 알고 있었다고 하며, 이를 통해 신경증이 어떤 것인지 이해하게 되었다고 회고했다(권석만, 2014; 이부영, 2011).

대학 입학 당시 자연과학, 역사, 철학 그리고 고고학 등 다방면에 관심이 많았지만, 당시 고고학은 외국에서 공부해야 했기 때문에 가난한 형편으로 진학을 포기해야 했다. 당시 꾸었던 두 개의 꿈을 근거로 할아버지처럼 의학을 전공하기로 결심하고 1895년 바젤 대학교에 입학하여 자연과학과 의학을 공부했다. 융은 대학생활을 아름다운 시절로 회상하였는데, 많은 책을 읽고 토론했으며, 아버지의 서재에서 심령술에 대한 책을 발견한 이후 심령술에 관한 책도 모두 읽었다고 한다. 융은 1900년 학위를 받고 나서 내과를 전공하려고 생각했다가 크라프트에빙(Kraft Ebing)의 "정신병이란 인격의 병이다"라는 글귀를 보고 마치 하나님의 계시를 받은 것처럼 자신이 택해야 할 전공이 정신의학 외에는 없다는 사실을 깨닫게 되었다고 한다. 또한 당시 식탁이 쪼개져 있고 빵 자르는 칼이 산산조각이 나는 신비한 현상을 경험한 것이 계기가 되어 정신의학을 하겠다고 결정하였다.

융의 일생에서, 특히 중요한 결정을 내려야 할 때 꿈, 공상, 초심리적인 현상이 항상 결정적인 역할을 하였다. 1900년 융은 취리히의 브루크휠츨리 병원에서 조현병 연구로 유명한 블로일러(Bleuler) 교수 밑에서 일했으며, 바젤 대학에서 정신병리학을 강연했다. 블로일러 교수와 단어연상에 관한 연구를 하다가 '콤플렉스'의 존재를 발견하였고 이것이 프로이트와 접촉하게 되는 계기가 되었다(권석만, 2014; 이무석, 2011).

융은 자신이 수행한 연상시험의 결과가 프로이트 이론과 관련 있음을 깨닫고 1906년 프로이트에게 자신의 논문을 보내면서 서신으로 인간심리에 관한 활발한 학문적 토론을 교환하였다. 1907년 융은 프로이트를 처음 만난 자리에서 13시간 동안 대화를 나눌 정도로 즉각적인 교감을 나누었다. 프로이트는 융을 정신분석 운동의 후계자로 생각하였으며, 1911년 프로이트가 설립한 국제정신분석학회의 초대회장을 융이 맡으며 두 사람의 우정과 협력은 1913년까지 6년 동안 계속되었다.

1909년 Clark 대학에서 찍은 사진
위열(왼쪽부터) : A. A. Brill, E. Jones, S. Ferenczi
아래열(왼쪽부터) : S. Freud, G. S. Hall, C. G. Jung

그러나 두 사람은 처음부터 인간관에 있어서 받아들이기 힘든 간격이 있었다. 프로이트는 성욕설을 정신분석의 핵심으로 여겼으며 성욕설을 인정하지 않는 것은 정신분석을 버리는 것으로 간주했다. 융은 1912년 『리비도의 변환과 상징』이라는 책을 통해, 무의식에는 억압된 성적 욕구뿐만 아니라 종교적 심성과 같은 다양한 창조적 가능성이 있다고 보고, 모든 인류에게 내재하는 것이라 하여 원형이라고 주장했다. 이는 프로이트에게 수용될 수 없는 것으로, 결국 융은 1913년 국제정신분석학회 회장직을 사임하며 프로이트와 결별하였다. 융은 정신분석학은 성에 대한 지나친 강조에서 벗어나야 한다고 주장하며 자신의 심리학을 분석심리학이라는 새로운 용어로 지칭하였다. 이후 융은 자신만의 독자적인 이론으로 대표되는 『무의식의 심리학(Psychology of Unconscious)』이라는 저서를 발간했다.

프로이트와 결별한 이후 융은 1913년부터 1919년까지 자신의 생애 중 가장 고독한 탐구의 시기를 보낸다. 이 시기에 융은 자신의 내면세계에 대한 분석작업에만 몰두했는데, 세상으로부터 철수하고 고독 속에서 자신의 무의식을 깊이 탐구하였다. 이 기간에 그의 유명한 근원적 원형론의 틀을 잡기 시작한다.

1920년부터 융은 영국을 시작으로 튀니지, 알제리, 아프리카, 미국, 인도, 케냐, 우간다 등을 여행하며 집단 무의식을 지지하는 증거자료를 수집했다. 또한 학술활동도 활발하게 재개하고, 『심리적 유형(1921)』, 『자아와 무의식의 관계(1928)』, 『심리학과 연금술(1944)』, 『아이온 : 자기의 현상학에 대한 연구유형(1951)』, 『융합의 비의(1955)』를 비롯한 수많은 책을 저술하며 심리학뿐만 아니라 종교, 예술, 문학과 같은 다양한 분야에 영향을 주었다. 1948년 취리히에 정신요법의 수련장으로 융연구소를 설립하고 후진양성에 힘썼으며, 1961년에 86세로 사망하였다.

2. 주요 개념

1) 성격구조

분석심리이론에서는 인간이 전체적 성격을 가지고 태어났으며 일생을 통하여 이러한 타고난 전체성을 분화하고 통합해 나간다고 보았다. 인간의 성격 전체를 융은 정신(psyche, 마음)이라 불렀으며, 이는 모든 사고, 감정, 행동, 의식과 무의식을 포함한다(이부영, 2011). 인간이 일생을 통해서 추구해야 할 것은 타고난 전체성을 최대한으로, 분화된 것을 일관성 있고 조화롭게 발전시키는 것이다. 융은 자기(self)를 성격의 중심이자 전체로 보았고(권석만, 2014), 인간의 마음을 세 가지 수준의 마음, 즉 의식, 개인 무의식, 집단 무의식으로 구분했다.

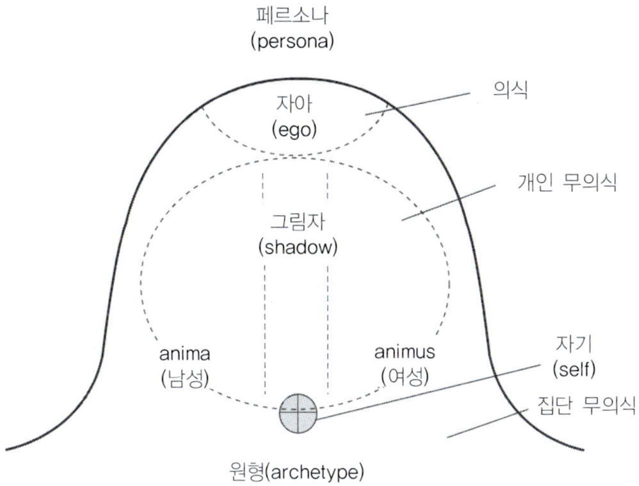

|그림 8-1| 융의 이론의 성격(정신)구조

출처 : Crain(1983), p. 315.

(1) 의식(consciousness)과 자아

의식은 개인이 유일하게 직접적으로 알 수 있는 부분이며 태어나서 죽을 때까지 지속적으로 성장해 간다. 개인은 타인과 구별되는 자신만의 고유한 존재로 성장하는데, 융은 이러한 과정을 개성화(individuation)라 한다. 개성화의 목표는 개인이 가능한 한 완전하게 자신의 전체성을 인식하는 것, 즉 '자기의식의 확대'에 있다. 개성화는 무의식적 내용을 의식으로 가져옴으로써 이룰 수 있다. 이러한 의식의 중심에는 자아(ego)가 존재하는데, 이는 개인의 정체성과 자아가치감을 추구하며 자신과 타인의 경계를 수립하여 구분하는 기능을 한다. 또한 자아는 의식에 대한 문지기 역할을 하며, 지각, 사고, 기억 그리고 감정이 의식될지 여부를 판단한다. 인간은 의식의 중심에 있는 자아가 다양한 경험의 의식화를 허용하는 한계 내에서 개성화를 이룰 수 있다(권석만, 2014; 노안영 · 강영신, 2005; 이부영, 2011).

(2) 개인 무의식(personal unconscious)

융은 인간의 무의식은 개인 무의식과 집단 무의식의 두 개의 층으로 구성되어 있다고 생각했다. 개인 무의식은 의식에 인접해 있는 부분으로서, 프로이트의 전의식(preconsciousness)의 개념과 같이,[3] 조금만 노력하면 의식화될 수 있는 것이다. 자아에 의해 인정받지 못한 경험, 사고, 감정, 지각, 기억을 의미한다. 개인 무의식은 사람이 이 세상에 태어나서 자라는 동안 겪은 개인 생활에서의 체험 내용가운데서 개인적인 심리적 갈등, 미해결된 문제, 도덕적 문제, 정서적 불쾌감을 주는 생각들과 같이 여러 가지 이유로 억압된 것으로 구성되며, 이는 꿈을 만들어 내는 데 중요한 역할을 한다. 이러한 개인 무의식의 고통스러운 사고, 기억, 감정이 어떤 주제를 중심으로 뭉치고 연합되어 심리적인 복합체를 이룰 수 있는데, 이를 콤플렉스(complex)라고 한다(권석만, 2014; 노안영 · 강영신, 2005; 이부영, 2011; 최순남, 2002; Jung, 1961).

콤플레스는 융이 '언어연상 실험'을 하다가 발견했는데, 개인에게 의식되지 않은 채로 부정적인 영향을 미치기 때문에, 콤플렉스를 의식화하는 것이 심리치료의 목표가 된다. 콤플렉스가 반드시 개인의 적응에 방해가 되는 것은 아니다. 콤플렉스는 뛰어난 업적을 쌓는 데 있어 불가결한 영감과 충동의 원천이 될 수 있다. 융은 이러한 콤플렉스가 어디에서 근원하는가를 깊이 연구하였는데, 아동기 초기의 외상적 체험으로 생길 수도 있지만, 더 나아가 아동기 초기의 체험보다 훨씬 더 깊은 개인 및 집단 무의식의 요소를 지니고 있다고 주장한다.

(3) 집단 무의식(collective unconscious)

집단 무의식의 개념은 분석심리이론의 가장 독창적이고 핵심적인 개념이다. 집

3) 이런 점에서 개인 무의식은 프로이트의 전의식과 유사한 개념이지만 무의식까지 포함한다는 점에서 차이가 있다. 개인 무의식은 인간에 의해 의식되었지만 그 내용이 중요하지 않거나 매우 고통스러운 것이기 때문에 망각되었거나 억제된 자료의 저장소이다. 다시 말해서, 개인 무의식은 우리 마음속에 떠오르는 괴로운 생각과 해결되지 않은 문제, 개인적인 갈등, 도덕적인 문제 등과 같이 일단은 의식적으로 경험되었으나 여러 가지 이유로 억압되어 방치된 것들이 대표적인 예가 된다.

단이란 모든 인간에게 공통된 것으로, 집단 무의식은 개인적 경험이 아니라 사람들이 인류의 역사와 문화를 통해 공유해 온 보편적인 경향성으로서 신화적 모티브의 표상을 형성하는 것을 말한다(권석만, 2014; 노안영 · 강영신, 2005). 즉, 인간의 정신은 개인의 과거와 연결되어 있을 뿐만 아니라, 조상의 과거, 나아가서는 인류 종족 전체의 먼 과거와도 연결되어 있다. 따라서 집단 무의식은 인간의 세계와 유전의 과정을 통해 모든 인간에게 공통으로 전수된 심리적 바탕이라고 말할 수 있다.

집단 무의식을 이루는 주요 내용은 본능과 원형(archetype)이다. 본능은 행동을 일으키는 충동을 의미하며, 원형은 경험을 지각하고 구성하는 방식을 뜻한다. 본능이 감각에 의해 지각되는 인간 보편의 생리적 충족이라면, 집단 무의식의 원형이란 그 생리적 본능이 상상이나 상징적 이미지, 직접적으로 의식화되지는 않지만 인류역사의 산물인 신화, 민속, 예술 등을 통해 정신적으로 표현되는 것을 가리킨다. '본능의 정신적 구현'이라고 불리기도 하는 원형은 우리가 세계를 경험하고 이해하는 데 보편적으로 적용되는 인간 정신의 구체적인 틀 내지는 얼개라고 할 수 있다(Walker, 1995 : 15). 융은 집단 무의식을 밑바탕으로 하여 그 위에 자아, 개인 무의식, 그리고 다른 모든 개인적 획득이 이루어진다고 생각하였고 인간이 경험의 결과로서 학습하는 모든 것들은 집단 무의식에 의해 크게 영향을 받는다[4]고 하였다.

(4) 원형의 다섯 가지 유형

① 원형

집단 무의식을 구성하고 있으며 인류역사를 통해 물려받은 정신적 소인을 원

4) 집단 무의식은 인간이 태어날 때부터 이미 잠재적 이미지로서 갖고 태어나는 것으로서, 예컨대 집단 무의식 속에 어머니의 잠재적 이미지가 있다고 하면, 그 이미지는 유아가 현실의 어머니를 지각하고 어머니에게 반응함으로써 재빨리 명확한 형태를 취하게 된다. 이처럼 집단 무의식의 여러 가지 내용은 인간의 지각과 행동의 취사선택에 따라 결정된다. 우리가 어떤 것을 쉽게 지각하고 그에 대해 어떤 방법으로 쉽게 반응하는 것은 집단 무의식에 그 소질이 있기 때문이다. 경험이 많을수록 잠재적 이미지가 표현될 수 있는 기회가 많아진다. 따라서 집단무의식의 많은 측면을 개성화하기 위해서는 풍부한 환경과 교육 그리고 학습의 기회가 필요하다.

형(archetypes)[5]이라고 한다. 원형은 모든 인간에게 보편적으로 존재하는 인류의 가장 원초적인 행동유형을 말한다. 인류가 사랑과 증오, 어린이, 부모, 노인, 탄생과 죽음, 남성과 여성 등에 대해 느끼고 생각하고 행동해 온 모든 것들이 침전된 것이 바로 원형이라고 말할 수 있다. 이러한 원형[6]은 인간이 갖는 보편적, 집단적, 선험적인 이미지들로서 그 수가 무수히 많고 언제 어디서 생겨났는지 알 수 없으며, 이미 형성되어 있는 것이라고 융은 생각하였다.

원형은 세계 여러 민족들의 재생, 신화, 예술, 환상 등에서 나타나는 원형적 이미지로서 발견되고, 이 원형적 이미지[7]를 통하여 사람은 내부 심층의 열망과 무의식적 경향을 표현한다. 이러한 원형의 내용을 구성하는 것이 상징(symbols)으로 꿈, 환영, 환상, 신화, 예술 등에서 영웅, 순교자, 전사, 위대한 어머니, 현명한 노인, 악마, 사기꾼, 고통받는 소녀, 마술, 태양, 달, 바람, 거지 등의 구체적 심상으로 나타난다. 융은 원형을 설명함에 있어서 '원형과 상징(archetypes and symbol)'을 통해 이를 구체화하는 작업을 생애 후반까지 지속하였다.

원형은 콤플렉스의 핵심을 이루며 원형이 중심이 되어 관련 있는 경험들을 끌어당겨 콤플렉스를 형성한다. 원형은 무수하게 다양한 형태를 취할 수 있는 반면, 그 내용을 이루는 주요한 원형적 심상(예 영웅, 순교자, 어머니, 악마)은 많지 않다(권석만, 2014). 융의 주요 치료기법 중의 하나인 꿈의 해석은 인간이 경험하게 되는

5) 원형이란 프로이트가 논하였던 본능과 매우 비슷한 개념구조를 가지고 있는데, 사실상 원형과 본능은 거의 구별하기 어렵고 기본적인 맥락은 같다고 말할 수 있다. 다만, 본능이 인간의 복잡한 행동을 일으키는 충동이며 정동(affect)인 반면, 원형은 그러한 복잡한 행동을 선험적으로 이해하는 관점이라는 점에서 차이가 있을 뿐이고 서로 떼어놓고 생각할 수 없는 하나의 생명현상이며 집단 무의식을 형성하는 요소들이다. 융이 언급한 대표적인 원형의 예로는 페르소나, 아니마와 아니무스, 그림자, 자기 등이 있다(권중돈 · 김동배, 2005; 이부영, 1998).

6) 원형은 여러 세대를 거쳐 계속적으로 반복되어 온 경험이 인간의 마음속에 축적된 집단 무의식이다. 예컨대 태양이 떠올라 한 지평선에서 다른 지평선으로 지나가는 것을 헤아릴 수 없이 많은 세대들이 보았다. 이러한 인상적인 경험의 반복은 결국 태양신의 원형, 즉 강하고 지배적이고 빛을 주는 천사로서 인간이 신성시하고 예배하는 태양신의 원형으로 집단 무의식에 고정된 것이다(최순남, 2002 : 211).

7) 예컨대 천하대장군과 지하여장군, 죽음, 마술사, 마녀, 신 등의 이미지가 여기에 속한다. 또한 인간은 어두움이나 뱀을 무서워하는 경향이 있는데 그것은 원시인들이 어두운 데서 많은 위험을 겪었고 독사에게 희생되었기 때문으로 추측된다. 이러한 잠재적 공포의 경향이 잔존하여 인간으로 하여금 그러한 경험에 대해 보다 민감하게 반응하도록 만들었다. 한편 하느님에 대한 관념과 같이 어떤 관념은 쉽게 형성되는데, 그 까닭은 이러한 경향이 인류의 축적된 경험의 결과로 뇌에 확고히 새겨져 있기 때문이다(최순남, 2002 : 210-211).

꿈(dream)의 세계 속에서 나타나는 다양한 상징들을 원형과 결부 지어서 그것들이 나타나게 된 근본적인 배경을 밝힘으로써, 인간의 신경증과 정신증을 해결하려는 시도를 지속적으로 펼쳐나갔다.

융은 다양한 원형 중 우리의 성격과 행동에 중요한 영향을 미치는 다섯 가지의 원형을 중요하게 여겼다. 그것은 페르소나, 아니마, 아니무스, 그림자 그리고 자기이다.

② 페르소나

'배우의 얼굴'이라는 뜻의 라틴어 페르소나(persona)[8]는 자아가 사회로부터 자신의 진짜 본성을 숨기기 위해 만들어 내는 가면 혹은 얼개 내지는 탈과 같은 것이다(이부영, 2011). 페르소나는 자아의 가면이며, 개인이 다른 사람들에게 자신을 드러내는 방식이다. 즉, 페르소나는 개인의 공개적인 얼굴이며, 의도적이고도 무의식적으로 만들어지는 것이다(Berry, R., 2000). 이 가면은 우리가 다른 사람들과의 관계에서 늘 사용하는 것으로서, 가면의 모양은 우리가 속한 사회, 부모와 스승, 또래집단 등이 요구에 부응하기 위해 드러내는 행동이나 태도를 말한다.

인간은 페르소나를 통해 다른 사람과 관계하면서 좋은 인상을 주거나 자신을 은폐시키기도 한다. 겉으로 표현된 페르소나와 내면의 자기가 너무 불일치하게 되면 이중적인 성격으로 사회적 적응에 곤란을 겪게 된다(노안영 · 강영신, 2005 : 120). 페르소나는 우리가 사회 속에서 정상적으로 기능하기 위해 필요하고, 인간의 상처받기 쉬운 자아를 어느 정도 보호해 주는 기능을 가지고 있으며, 어떤 특정한 문화에 적응하고 혹은 어떤 특정한 직업에 적응하기 위해서도 필요하다.

8) 융에 의하면, 페르소나는 사회의 인습 및 전통의 요청과 그 자신의 내적 원형의 요구에 부응해서 행동하는 가면이라고 설명하였다. 융은 인간의 모든 행동은 가면 아래에서 이루어진다고 생각하였으며 행여 그 가면을 떨어뜨릴까 봐 두려워하게 된다고 말하였다. 그리고 이런 식의 성격으로 발전된 사람은 신경증을 키워 나가기 쉬워진다. 왜냐하면 이들은 자아가 만들어 놓은 작은 역할 너머에 있는 삶의 더 넓은 측면을 결코 보지 못하게 되는데, 이는 정신적으로 너무나 숨 막히는 상황이기 때문이다. 모든 직업은 그 고유의 페르소나를 가진다. 따라서 사람들이 그들의 직업적 이미지에 자신을 완전히 동일시하고 그 뒤에 항상 숨어 지내는 것은 아주 쉬운 일이다. 융은 페르소나를 일종의 가짜 인격이라고 말하면서 페르소나는 인간 존재의 하나의 사실이며 어떤 형태로든 표현되어야 하나 적절한 형태로 표현되어야 한다고 주장하였다(최순남, 2002; Jung, 1945).

하지만 인간이 일상생활에서 항상 페르소나를 가지고 살아간다면 진정한 자신으로부터 유리되어 형식적이고 피상적인 삶을 살게 될 뿐만 아니라 순수한 감정을 경험하기 어려워지므로 적절한 형태의 페르소나가 유지되는 것이 정신건강에도 좋다.

③ **아니마와 아니무스**

페르소나가 외부로 드러난 모습이라면, 아니마(anima)와 아니무스(animus)는 무의식 속에 지니고 있는 이성의 속성을 뜻한다. 융은 '남성 내부에 무의식적으로 존재하는 여성적 소인'을 아니마라 했고, '여성 속의 남성적 소인'을 아니무스라고 불렀다(Jacobi, 2006 : 39). 인간은 생리적으로 남성과 여성 모두 양성의 호르몬을 분비하고 있으며, 심리적인 면에서도 남성과 여성 모두에게 양성의 특성이 존재한다고 믿는 것이다. 이러한 양성과 관련하여 아니마는 구체적으로 비이성적이고 비합리적이며 감정적인 심리 경향을 대표하며, '관계의 기능(the function of relationship)'을 중시한다(Walker, 1995 : 54). 반면에 아니무스는 사물을 관계의 관점에서 보지 않고 보다 냉정하고 객관적으로 바라보고, 인간의 감정보다는 논리성의 관점에서 바라보는 능력과 연관된다. 따라서 아니마는 남성에게만, 아니무스는 여성에게만 존재하는 무의식의 내용들이다(이형구, 2001).

융에 의하면, 아니마와 아니무스는 남성과 여성이 원시시대 때부터 가졌던 종교적 경험의 소산들이다. 즉, 남성은 오랫동안 여성과 함께 생활함으로써 여성화되고, 여성은 남성과 함께 생활함으로써 남성화되어 온 것이다. 남성은 자신의 내부에 존재하는 아니마의 덕택으로 여성을 이해할 수 있고, 여자는 아니무스 덕분에 남성의 성질을 이해할 수 있게 된다는 말이다. 이같이 남성에게 있어서 '자아와 아니마' 그리고 여성에게 있어서 '자아와 아니무스'는 서로 보상적 관계[9]를

9) 융은 남자는 여성상(아니마)을 유전적으로 가지고 있으며, 무의식적으로 일정한 기준을 만들기 때문에 그로 인하여 많은 영향을 받게 된다고 한다. 남자는 자신에게 긍정적 혹은 부정적인 감정을 일으킨 여자에게 자신 내부의 아니마를 투사한다. 남자가 여성에게 어떤 매력을 느꼈을 경우, 그 여자는 자신 내부의 여성상(아니마)과 같은 특징을 가지고 있는 경우라고 볼 수 있다. 반대로 남자가 특정한 여성에게 혐오감을 느꼈을 경우에, 그 여자는

갖는다. 융은 조화로운 성격을 지닐 수 있도록 남성은 아니마를, 여성은 아니무스를 무의식 속에서 이끌어 내어 표현해야 한다고 믿었다. 만약 그렇게 하지 않으면 미성숙한 틀에 박힌 남성상이나 여성상에 갇힐 위험이 있다고 했다(권석만, 2014).

④ **그림자**(음영, 인간의 본능)

그림자(shadow)는 개인이 자신의 성격이라고 의식적으로 인식하는 것과는 반대되는 특성을 뜻한다. '등잔불 밑이 어둡다'는 말이 있듯이, 그림자는 자아의 어두운 부분, 즉 의식되지 않는 자아의 분신을 의미한다(권석만, 2014). 그림자의 원형은 인간 성격의 기본적인 동물적 본능들로 이루어진다. 그림자는 인격의 무의식 영역에 포함되는 나약함이며, 지킬 박사와 하이드의 경우처럼 당사자조차도 인정할 수 없는 인격의 다른 측면들이다. 자아와 그림자는 서로 균형을 이루는 한 쌍이 되어 함께 작용하며, 융은 이를 두고 자신의 직관적 성격(제2의 성격)[10]과 연결시켰다(Berry, 2000). 대부분의 그림자는 인간의 어둡거나 사악한 측면으로, 잠재적으로 가장 위험하고 강력한 콤플렉스이며, 긍정적인 자기상(self-image)과는 상반되는 것이다. 자아는 이러한 그림자의 모습을 자신의 인격으로부터 숨기기에 급급하지만 사실 음영이 반드시 나쁜 것만은 아니다. 그림자를 적절하게 표현하는 것은 창조력, 활력, 영감의 원천이 될 수 있으며, 자기 내부의 그림자를 적절하게 받아들인다면, 인간의 정신 내부에 있는 의식과 무의식의 영역을 적절하게 통합할 수 있다는 장점도 있기 때문이다. 따라서 상담 및 심리치료[11]에서 가장 장애가

그 남자의 무의식적인 아니마상과 모순되는 성질을 가지고 있을 것이다. 이것은 여자가 자신 내부의 아니무스를 특정한 남성에게 투사하는 경우에도 마찬가지로 적용된다. 즉, 이성에게 어떤 매력을 느끼는 이유에는 여러 가지가 있겠지만, 그런 것들은 이차적인 것에 지나지 않으며, 일차적인 이유는 무의식 속에 있다는 것이다.

10) 이를 두고 많은 학자들은 그림자가 자신 속에 있는 정열, 충동성, 공격성, 자의성, 강인성 등 프로이트 성격구조의 이드(id)와 유사하다고 설명한다. 즉, 그림자는 동물적 본능의 근원인 동시에 인간생활의 활력과 추진력이며 삶의 원천이 된다. 자아는 사회생활을 무리 없이 하기 위해 늘 자기 속에 있는 동물적 충동을 억제하고, 사회적인 가면(역할)을 의미하는 페르소나를 발달시킨다. 그러나 자아가 그림자를 지나치게 억제시키면 생명력과 활력을 잃게 되고, 그로 인하여 자아의 균형을 잃을 수 있다. 그러므로 그림자와 페르소나 사이에는 적절한 조화가 반드시 필요하다(최순남, 2002 : 208-209).

11) 그림자는 보통 사람들이 인간의 심리를 분석할 때 가장 처음 빛낙뜨리게 되는 숨겨진 인격의 단층이라고 볼 수 있다. 상담자의 가장 기초적인 임무 중 하나는 사람들로 하여금 자아와 그림자 간의 관계를 인식할 수 있도록

되는 원형은 바로 이 그림자이며, 상담자는 그들의 그림자를 의식으로 가져와 인식하고 표현하도록 돕는 것이다(Berry, 2000).

⑤ **자기**

자기(self)는 의식과 무의식을 포함한 성격 전체의 중심으로 '자아(ego)'와 구별하였다. '자아'는 의식적인 지각이나 기억, 사고를 관장하며, 의식의 중심이지만, '자기'는 의식과 무의식을 포함하는 진정한 나이며 동시에 성격 전체를 통일시키는 본래적이고 선험적인 나이다(Jung, 1976 : 2-23, 이형구, 2001 재인용).

융은 한 개인이 인간 정신의 궁극적 목표는 '개성화(individuation)'[12]이고, 무의식의 발견을 통해서만 진정한 전체성을 회복할 수 있으며, 이는 자기를 실현[13]함으로써 잃어버린 정신의 전체성을 되찾는 것이라고 주장하였다. 개성화가 일어나지 않은 미숙한 사람들의 경우에는 자기가 무의식의 중심에 묻혀 있어서 다른 원형과 콤플렉스를 잘 인식하지 못한다. 그러나 개인이 성숙해지고 개성화됨에 따라 자아와 자기의 관계가 밀착되어 모든 성격구조에 대한 의식이 확대된다(권석만, 2014; 한국기독교상담심리학회, 2019). 예를 들어, 한 개인이 예술적 재능을 무의식 속에 타고났다고 하더라도 이것이 그의 '자아'에 의해 의식되지 못하면 예술적 성과로 표현될 수 없다. 의식 안으로 통합되지 못한 무의식은 인간 마음의 성장과정에 아무런 도움이 되지 못할 뿐만 아니라 오히려 인간의 정신에 중대한 위협으로 나타나 해로운 영향을 끼칠 수 있다는 것이 융의 설명이다(Jung, 1996 : 93).

분석심리이론의 관점에서 볼 때, 정신질환이란 무의식에 속하는 원형들이 적절한 통로를 통해 의식 안으로 통합되지 못하고, 개인이 그 무의식에 굴복하여 일어

도와주는 것이다. 사람의 자아가 너무 약해지면 그 사람은 그림자에 압도당할 위험에 빠지게 되는데, 이는 융이 중년의 위기 때 몸소 체험한 것과 같은 이치이다.

12) 개성화란 심리학적 개체가 '자기화'의 정신적 발전과정을 통해 고유하고 차별화된 개인적 존재로 형성되는 것을 일컫는다. 그리고 이 개성화의 과정은 '무의식적인 것을 의식화'시킴으로써 달성된다(Hall, 1999 : 110).

13) 즉, 모든 성격의 궁극적인 목표는 진정한 자기가 되는 것과 자아실현의 상태를 달성하는 것이다. 이것은 그리 간단한 작업이 아니며 매우 오랜 시간을 필요로 하는 어렵고 복잡한 과제로서 그것을 완전히 달성한 사람은 극히 드물다.

나는 정신 상태라고 말할 수 있다(Baer, 1999 : 68). 융에 의하면 자기(self)는 무의식을 자아에게 전달하는 역할을 한다. 즉, 자아(ego)는 의식밖에 볼 수 없기 때문에 의식을 전부라고 여기고 의식의 판단에 따라 행동함으로써 무의식과 단절된다.

이때 무의식은 끊임없이 꿈과 사건(투사된 사건) 등을 통해서 자아(ego)에게 자신의 존재를 알리려고 한다. 이러한 일련의 과정에서 자아가 무의식을 깨닫게 되면 자아(ego)가 확대되어 완전한 통합적 인격체인 자기(self)에 가까워진다(최순남, 2002 : 213). 반면 자아(ego)가 자기(self)의 메시지를 무시한다면, 자기(self)와는 거리가 멀어진다. 그래서 융은 자기실현[14)]을 달성하는 것보다 자기(self)를 인식하는 데 중점을 두라고 권고한다. 무의식적인 것을 의식화함으로써 인간은 자기 자신의 본성과 보다 조화된 생활을 할 수 있다.

2) 성격유형

융은 인간의 심리학적 유형을 기본적인 태도와 기능의 차이로 설명하고 있다. 융은 내면적 세계 또는 외부적 세계에 대한 관심과 에너지의 방향에 따라 내향성(introversion)과 외향성(extroversion)으로 태도를 나누었다. 외향성은 중요한 결정이나 행동의 대부분이 객관적인 상황에 따라 이루어지는 반면, 내향성은 내면세계에 관심을 두는 주관적인 태도이다. 예를 들어, 어떤 사람이 미술 전시회에 가서 그 그림이 좋다고 말할 때, 그 동기가 전날 본 신문의 평이 좋고, 그 화가들이 유명한 사람이라서 좋았다면 그의 태도는 외향적이다. 그러나 신문의 평이 아무리 좋고 그 화가가 알려진 사람이라 하더라도 내가 보기에 좋지 않았다고 한다면 그 태도는 내향적이다(이부영, 2011). 인간에게는 누구나 이 두 가지 태도가 성격 안에 함께 있으나 보통 하나가 우세하며, 다른 하나는 무의식 속에 있게 된다. 이 두 가지

14) 자기(self)의 원형은 중년이 될 때까지 거의 드러나지 않는데 이는 자기(self)가 드러나기 위해서는 성격(personality)이 개성화를 통해 충분히 발달되어야 하기 때문이다. 융은 중년이 되면 성격이 충분히 개성화되고 정신에너지가 발달하므로, 외향적 관심이나 태도가 내향적으로 전환되어 가치체계의 재평가를 시도하기 때문에 자기실현이 가능할 수 있다고 말했다.

태도는 상호 배제적인 것으로 교대로 나타날 수는 있지만 동시에 의식에 공존할 수는 없다.

성격을 구성하는 기능에는 사고, 감정, 감각, 직관 등 네 가지 기능[15]이 있는데(이부영, 2011), 이 네 가지 기능 중 어느 한 가지가 우세하면 그에 상응하는 유형이 된다. 사고(thinking)는 사물을 이해하려는 지적 기능으로 여러 관심을 결합시켜 문제를 해결하는 역할을 한다. 감정(feeling)은 어떤 관념이 긍정적 감정 혹은 부정적 감정을 일으키는지에 따라 그 관념을 받아들일 것인지 물리칠 것인지를 결정하는 평가의 역할을 한다. 사고와 감정은 모두 이성에 의해 판단행위가 개입되기 때문에 합리적 기능이라고 한다(이부영, 2011; 권석만, 2014).

감각(sensing)은 감각기관의 자극에 의해 생기는 모든 의식적 경험을 포함하며, 직관(intuition)은 무의식적으로 심리적 사실을 인식하는 것으로, 이성과 판단을 필요로 하지 않기 때문에 비이성적 기능이라고 한다. 감각은 무엇이 존재하는지를 알려주고, 직관은 그것이 어디에서 와서 어디로 가는지를 알려준다. 융은 앞서 설명한 태도와 기능의 결합에 따라 여덟 가지의 심리적 유형을 제시하였다. 즉, 외향적 사고유형, 내향적 사고유형, 외향적 감정유형, 내향적 감정유형, 외향적 감각유형, 내향적 감각유형, 외향적 직관유형, 내향적 직관유형 등이 여기에 해당된다. 일반적으로 잘 알려진 성격검사인 MBTI 검사는 융의 성격유형 분류에 근

15) T. 사고기능(thinking) : 여러 관념을 결합시켜 문제해결에 도달하는 기능으로서, 관념적이며, 지적인 기능이다. 인간은 이 사고기능에 의해 외부세계와 자신의 본질을 통합적으로 이해할 수 있게 된다. 사고형의 사람들은 객관적인 진실과 원리원칙에 의해 판단하며, 논리적이고 분석적이며 규범과 기준을 중시한다.

F. 감정기능(feeling) : 주체의 입장에서 사물의 가치를 평가하는 것으로서, 어떤 관념이 유쾌한 감정을 일으키느냐 불쾌한 감정을 일으키느냐에 따라 그 관념을 받아들이기도 하고 배격하기도 한다. 감정형의 사람들은 사람들과의 관계에 많은 관심을 가지고 원칙보다는 상황적 판단과 우호적 판단을 하는 경향이 강하다.

S. 감각기능(sensing) : 감각기관의 자극에 의해 생기는 모든 의식적 경험(청각, 시각, 후각, 미각, 촉각 등)들을 포함하고 있다. 감각형의 사람들은 구체적이고 사실적인 경험에 초점을 두고 매우 일관성 있는 현실수용을 추구한다.

N. 직관기능(intuition) : 사고나 감정의 결과로 생긴다기보다는 오히려 직접적으로 주어진 경험이라는 점에서 감각과 매우 비슷하다. 직관이 감각과 다른 점은 직관을 갖는 당사자가 그것이 어디서 왔으며 어떻게 생겨났는지를 모른다는 것이다. 직관은 불시에 나타나며, 일종의 육감과 같은 초감각적 지각이라고도 불린다. 직관형의 사람들은 미래의 가능성과 육감에 초점을 두어 변화와 다양성을 추구한다.

거하여 마이어스와 브릭스(Myers & Briggs)가 열여섯 가지 성격유형으로 구분하고 측정할 수 있도록 개발한 것이다.

3. 성격발달에 대한 관점

1) 성격의 역동성

융은 성격(정신)발달의 목표는 자아실현에 있으며, 성격형성은 마치 에너지가 완전한 균형 유지를 위해 움직이는 것처럼 자기(self)에 의해 여러 체계들 간의 조화와 통일성을 역동적으로 지향한다고 말했다(최순남, 2002 : 216-220).

융의 정신역동에 대한 관점은 평형[16]과 엔트로피(entropy)의 두 가지 기본적 원리 위에 세웠다. 융은 이 원리를 정신작용에 적용하여, 특정 가치가 약화되거나 소멸되더라도 에너지의 총량은 정신에서 소실되지 않고 새로운 가치로 재현된다고 설명하였다. 융은 충분히 발달된 여러 가지 체계 전반에 걸쳐 전체 에너지가 균등하게 배분되는 이상적인 상태가 바로 자기(self)라고 설명하였다. 이것은 프로이트가 그의 성격의 구조이론에서 원초아, 자아, 초자아의 세 체계가 균형을 이룬 사람을 성숙한 사람이라고 말한 것과 맥을 같이한다. 융은 정신발달의 목표는 자아실현에 있으며 무엇보다 성격의 역동성은 힘의 완전한 균형을 향해 움직이는 데 있다고 보았다.

또한 융은 인간행위를 목적론적 관점에서 설명하기도 하였다. 즉, 인간의 행동은 개인적인 것과 종족의 역사(인과율 : causality)와, 그리고 목적, 욕망, 소망(목적론 : teleology)에 따라서 좌우된다는 것으로서, 실재했던 과거와 가능성을 지닌 미

16) 전체 성격의 기능 면에서 평형원리의 예는 자아에서 에너지가 제거되면 어떤 다른 체계(예 persona)에서 나타나리라는 것이다. 성격의 그림자의 측면이 억압되면 성격의 다른 측면이 더욱 강해질 것이다. 마찬가지로 의식적 자아의 에너지 저하는 무의식 속의 에너지 증대를 수반한다. 예컨대 만약 어떤 사람이 자신의 가치가 억압당하면 그 에너지는 꿈이나 공상을 꾸미는 데 사용될 것이다. 이와 같이 에너지 재분배가 성격의 역동성을 이루게 된다.

래가 동시에 인간의 현재 행동을 이끌어 간다는 것이다. 다시 말하면, 인간의 성격은 미래를 향해 현재를 보고, 또 현재는 과거에 의해서 설명될 수 있다. 이것이 현재의 사실을 이전 조건의 결과나 원인으로 생각하는 인과율의 관점이다. 따라서 융은 인간의 성격을 완전히 이해하려면 현재는 과거에 의해서 결정(인과율)될 뿐만 아니라, 미래에 의해서도 결정(목적론)된다는 두 가지 관점을 통합적으로 지니는 것이 중요하다고 주장하였다.

이후 융은 그의 생애 말기에 동시성의 원리(principle of synchronicity)[17]를 발표하면서, 앞선 두 가지 원리를 보완하는 또 하나의 법칙성을 세상에 공표하였다. 동시성의 원리는 사람들의 꿈에서 일어난 사건이 외부세계에서 동시에 일어나는 현상을 설명하기 위해 동시성이라는 개념을 사용하였으며, 융이 제안한 동시성 원리는 가능한 인과관계가 전혀 없이 내적으로 지각된 정신적 사건에 일치하는 물리적인 외적 사건이 동시에 일어난다는 것이다(노안영 · 강영신, 2005 : 126). 즉, 인간 정신 내의 주관적 경험과 외부현실에서 같은 시간에 다른 장소에서 일어나는 객관적 사건 간의 의미 있는 관계가 있음을 주장하는 것이 바로 동시성의 원리이다.

2) 성격의 발달

융은 프로이트나 에릭슨처럼 유년기부터 성인기에 이르는 성격의 발달단계를 상술하지 않았다는 점에서 다른 정신역동이론과 차이가 있다. 융은 인간의 성격 발달은 전 생애를 걸쳐서 이루어진다고 보았다(권중돈 · 김동배, 2005 : 253-254; 이죽내, 1995 : 315-340). 인생 전반기에 타고난 잠재력을 발휘하기 위하여 정신에너지의 흐름을 외부로 지향하고, 외부환경과의 상호작용이 보다 활발하게 이루어지며, 성격의 중심이고 주인인 자기의 존재를 인식하지 못하고 자아를 강화하고 분화시

17) 융은 정신감응(mental telepathy), 천리안 및 기타 형태의 정상을 초월한 현상들에 관한 방대한 문헌을 동시성의 원리에 대한 증거로 제시하면서, 이러한 많은 경험들을 우연의 일치로만 돌릴 수 없다고 믿었다. 즉, 그는 이런 현상에 대해 우주 안에는 인과율로 설명할 수 있는 것 외에 다른 종류의 질서가 존재함을 암시한다고 말하고 있다.

킴으로써 외부현실 속에서 자기를 찾으려 한다. 그리고 인생의 전반기에는 타인과의 관계를 확대해 나가고 사회규범이나 사회적 요구에 자신을 맞추어 나가는 집단화의 과정을 거치게 된다. 이처럼 인생 전반기는 자아(ego)가 자기(self)로부터 분리되어 나감으로써 자아를 강화하고 확대해 나가는 시기이다.

융은 인간의 발달과정을 아동기, 청년기와 젊은 성인기, 중년기, 노년기로 구분하고(이현성 역, 2015), 성격발달 자체보다 무의식의 변화 과정에 관심이 많았기 때문에 정교한 설명은 제시하지 않았다(권석만, 2014).

① **아동기**

아동기는 출생에서 시작하여 사춘기 또는 성적 성숙기까지 계속된다. 이 시기 아동은 근본적으로 본능적 에너지에 의해 움직인다. 부모의 역할은 아동의 에너지방향을 잡아주고 아동이 혼란스럽거나 무질서하게 되지 않도록 하는 것이다. 이 단계 초기 자아가 형성되기 시작하고, 이때부터 아동은 자신을 1인칭으로 말하기 시작하며, 학교에 들어가면서 부모의 닫힌 세계 또는 심리적 자궁에서 빠져나오기 시작한다(권석만, 2014; 이현성 역, 2015).

② **청년기와 젊은 성인기**

청년기와 젊은 성인기는 사춘기에서 일어나는 생리적 변화로부터 시작한다. 융은 이 시기를 '정신적 탄생기'라고 불렀다. 청년기에 열정적으로 힘을 다해 자기주장을 한다면 이는 분명하게 정신적 혁명이 시작된 것이며, 이 시기 동안 모든 문제와 결단해야 한다는 부담을 갖고 여러 가지 방법으로 사회에 적응해 간다(이현성 역, 2015).

이 단계에서 생기는 정신적 문제는 성적 욕구에 의한 생리적 혼란과 밀접하게 관련 있으며, 과민성과 불안정에서 생기는 열등감이 문제가 될 수 있다. 또한 청년기에는 사회생활에 적응해 가는 다양한 방법을 배우게 되며, 잘 습득하면 큰 어려움을 겪지 않지만, 아동기의 환상에 집착하여 현실 인식을 하지 못하면 어려움에 부딪히게 된다.

③ **중년기**

중년기는 약 35세에서 40세 이후부터 시작하는 시기로, 안정된 지위가 있고 결혼해서 자녀가 있으며 시민으로서 사회활동에 참여하고 어느 정도 외적 환경에 잘 적응한다.

35세 이전 외향적, 물질적 가치에 대해 관심을 가졌다면 점차 정신적 에너지를 내적으로 돌려야 한다며 융은 중년기 이후 심리적 문제에 대해 상당한 관심을 가졌다. 즉, 중년기에 정신에너지의 흐름이 내부로 향하게 되고 자신의 내면세계에 대한 탐색이 강화됨에 따라 인생 전반기에 분리되어 있는 자아가 다시 자기에 통합되면서 개성화를 이루게 된다고 융은 생각했다. 그래서 사회적으로 성공한 사람들이 삶의 의미와 관련된 질문을 하며, 이전에 매우 중요하다고 생각되었던 것이 더 이상 중요하지 않게 느껴지고 인생이 공허하며 무의미한 것처럼 생각되어 우울상태에 빠지기도 한다. 이 시기는 행동을 통한 외부적 활동보다 내면적 사색과 명상을 통해서 자기를 실현하는 일에 관심을 가져야 할 시기라고 하였다.

④ **노년기**

노년기는 자신의 무의식 세계에 더 깊이 관심을 가지며 삶을 반성하고 지혜를 키우는 시기이며 노년기에 자신의 생의 본질을 이해할 수 있다고 말하였다(최순남, 2002; Jung, 1961). 이처럼 인생 후반기는 인생 전반기의 자아강화를 바탕으로 무의식의 내용을 의식화하고 이해함으로써, 자아가 자기에로 접근해 가는 과정, 즉 자아가 성격의 전체이고 주인인 자기로 변모하는 과정이라고 말할 수 있다. 그러나 무의식의 영역은 끝이 없는 세계로서 아무리 의식화해도 결국에는 알지 못하는 부분이 남아있으므로, 모든 인간은 완전한 자기실현이나 개성화를 이룬다는 것은 사실상 불가능하며, 어느 정도 온전한 자기실현과 개성화가 가능할 뿐이다.

4. 분석심리이론의 평가와 적용

1) 분석심리이론의 일반적 평가

분석심리이론은 인간의 정신, 특히 무의식 세계의 심층적 구조를 이해하는 데 크게 기여했다. 분석심리이론은 내담자로 하여금 문제의 증상을 넘어서 자신의 정신세계를 통합하여 진정한 자기를 실현하도록 돕는 방법을 제시하고 있다. 융의 분석심리이론은 그 개념이 복잡하고 과학적인 검증이 어렵기는 하지만 인간의 심층심리에 대한 풍부한 개념과 이론적 체계를 통해 심리학뿐만 아니라 종교, 예술, 문학, 산업 등 다양한 분야에 많은 영향을 주고, 활용되고 있다(권석만, 2014).

또한 분석심리학은 인간성격의 근원과 발달을 탐구하기 위해 꿈과 신경증의 증상 및 정신병적 증상과 망상 등과 함께 신화, 종교, 고대의 상징과 의식 등에 관해 박학다식한 이론적 체계를 갖추고 있다고 대체로 높은 평가를 받고 있다(최순남, 2002 : 233-234). 그러나 융의 심리학적 체계는 실증연구에 기초하기보다는 그의 생애경험을 통한 인상적 발견과 인류역사와 신화적 근거에 기반을 두고 있기 때문에 많은 비판[18]도 동시에 받고 있다.

그럼에도 불구하고, 융의 이론은 인간의 성격을 이해하고 인간의 심리를 연구하는 분야에서 폭넓게 받아들여지고 있고, 미술치료와 모래상자치료, 연극치료 등 다양한 치료기법에 영향을 주고 있다(이죽내, 1995). 즉, 융의 사상의 독창성과 대담성은 최근의 과학사에서 그 유례를 찾아보기 힘들 만큼 폭넓으며, 프로이트의 이론을 받아안으면서도, 프로이트와는 다른 학문적 체계를 가지고 있다는 점에서 정신역동이론의 또 다른 패러다임을 창출하였다는 긍정적인 평가를 할 수 있다.

18) 많은 학자들은 융의 저술활동이 신비주의와 종교에 지나치게 편파적인 견해를 가지고 있다고 비판하기도 하는데, 이는 융의 이론이 과학적이고 실증적으로 검증되어야 할 요소가 그만큼 많다는 사실을 방증하는 예가 되기도 한다.

〈표 8-1〉 프로이트의 이론과 융의 이론의 비교

구 분	프로이트의 정신분석치료	융의 분석적 정신치료
리비도	성의 역할 강조(성충동에 치우침)	성의 역할을 최소화, 리비도를 어떤 특정한 충동과 결부시키지 말고 보편적인 정신적 에너지로 볼 것을 제안
관 점	정신현상을 인과론적 입장에서 파악, 즉 기계론적이며 생물학적 환원론적인 접근법	정신현상을 인과론적인 의미와 미래 지향적인 목적 의미 모두를 포함하여 파악하는 접근법
무의식의 이해	무의식을 전의식, 무의식으로 파악	무의식을 개인 무의식, 집단 무의식으로 구분하고 프로이트의 무의식은 개인 무의식으로 간주
기 법	자유연상(free association)기법과 사용	단어연상검사, 생애사 구성기법, 전이분석, 꿈의 분석, 확충법 사용
치료자 역할	치료자의 역할은 소극적	치료자의 역할은 적극적
긴 의자	긴 의자를 사용하여 감정과 사고의 일시적 퇴행양상을 자극	현재의 역동적 양상에 더 큰 초점을 두기 때문에 사용하지 않음

2) 사회복지실천에 대한 적용

융은 정상과 이상, 건강과 질병이란 절대적인 구분이 아니고 지극히 상대적인 구분이라고 생각하였으며, 건강한 사람의 심리와 정신병리를 보이는 사람의 심리 상태가 서로 다르지 않다고 보았다(권중돈 · 김동배, 2005; 이부영, 1998). 또한 융은 정신병리를 질병이나 정상상태로부터의 일탈로 보지 않았다. 융은 정신병리를 정상적인 기능에 장애가 일어난 것에 지나지 않으며, 자기실현을 향한 개인의 성장이 멈춘 것으로 간주하였다. 이러한 융의 관점은 현대적 사회복지실천의 클라이언트의 강점중심의 접근법이나 임파워먼트 이론과도 관련성이 높으며, 우리로 하여금 모든 인간행동의 문제를 병리적 관점이 아니라 사회적응의 문제 혹은 약한 자아의 문제로 보도록 도와줄 수 있는 이론적 잣대가 된다.

사회복지실천적인 관점에서 볼 때, 융의 이론은 자아의 통합과 진정한 자기발견을 통하여 내담자의 기능을 향상시킬 수 있는 치료기법으로 활용 가능하며, 인간의 무의식에 대한 세부적인 발견을 통해 내담자의 성격을 전체적으로 파악할 수 있다는 점에서 매우 유용한 이론이다. 특히 인간 성격의 여덟 가지 유형을 분류하여 MBTI의 모태가 되는 성격유형론은 지금도 사회복지실천가가 인간의 성격을 사정하고 평가하며 이를 통한 적절한 개입이 가능하도록 하는 데 매우 큰 도움이 된다.

요약

- 자아와 의식 : 자아는 의식되는 정신(마음)이며, 의식은 자아에 의해 지배. 자아는 우리가 의식하는 감정, 생각, 기억, 지각 등으로 구성
- 개인 무의식 : 인간에 의해 의식되었지만 그 내용이 중요하지 않거나 매우 고통스러운 것이기 때문에 망각되었거나 억제된 자료의 저장소
- 집단 무의식 : 개인적 경험이 아니라 사람들이 인류의 역사와 문화를 통해 공유해 온 모든 정신적 자료의 저장소
- 원형 : 집단 무의식을 구성하고 있는 인류역사를 통해 물려받은 정신적 소인
- 페르소나 : 자아가 사회로부터 자신의 진짜 본성을 숨기기 위해 만들어 내는 가면 같은 것
- 그림자 : Id와 유사한 것으로서, 인간의 자신 속에 있는 정열, 충동성, 공격성, 잔인성, 강인성이며, 인격의 무의식 영역에서의 나약함
- 아니마와 아니무스 : '남성 내부에 무의식적으로 존재하는 여성적 요소'를 아니마라고 하고, '여성 속의 남성적 요소'를 아니무스라고 함
- 자기 : 의식과 무의식을 포함한 성격 전체의 중심

기출문제

01. 융(C. Jung)의 이론에 관한 설명으로 옳은 것은?(제18회 기출문제)

① 남성의 여성적인 면은 아니무스(animus), 여성의 남성적인 면은 아니마(anima)이다.
② 원초아(id), 자아(ego), 초자아(super-ego)의 중요성을 강조한다.
③ 음영(shadow)은 자기나 자아상과 같은 개념으로 인간의 어둡고 동물적인 측면이다.
④ 페르소나(persona)는 개인이 외부세계에 보여주는 이미지이며, 사회적 요구에 대한 반응이다.
⑤ 집단무의식(collective unconscious)은 다양한 콤플렉스에 기초한다.

02. 융(C. Jung) 이론에 관한 설명으로 옳은 것은?(제13회 기출문제)

① 개인의 성격형성은 과거와 무관함을 주장하였다.
② 4가지 정신기능으로 사고, 감정, 판단, 인식을 주장하였다.
③ 자기(self)는 개인 무의식 내에 존재하는 핵심적인 원형이다.
④ 자기실현(self-actualization)은 인간발달의 궁극적 목표이다.
⑤ 생애주기에서 중년기와 노년기보다 유년기와 청년기를 강조하였다.

03. 융이 제시한 성격적 특성에 관한 설명으로 옳은 것을 모두 고른 것은?(제17회 기출문제)

가. 외향형 : 정신에너지(리비도)가 외부세계를 향하고 있다.
나. 감정형 : 구체적이고 사실적인 측면에 초점을 두고 매우 일관성 있는 현실수용을 중시한다.
다. 사고형 : 객관적인 진실과 원리원칙에 의해 판단하며 논리적, 분석적이고 규범과 기준을 중시한다.
라. 직관형 : 미래의 가능성과 육감에 초점을 두어 변화와 다양성을 중시하며 이성을 필요로 한다.

① 가, 다 ② 나, 라 ③ 가, 나, 다 ④ 나, 다, 라 ⑤ 가, 나, 다, 라

04. 융(C. Jung)이론의 주요개념으로 옳지 않은 것은?(제12회 기출문제)

① 페르소나는 자아의 가면으로 개인이 외부에 보이는 이미지이다.
② 음영은 인간의 정신에 존재하는 보편적이고 근원적인 핵이다.
③ 아니무스는 무의식 속에 존재하는 여성의 남성적 측면이다.
④ 자기(self)는 성격의 중심으로 통일성과 안정성을 제공한다.
⑤ 리비도는 인생 전반에 작동하는 생활에너지이다.

05. 융(C. Jung)의 분석심리학에 관한 설명으로 옳지 않은 것은?(제15회 기출문제)

① 자아(ego) : 의식과 무의식을 결합시키는 원형적인 심상이며, 의식은 자아에 의해서 지배된다.
② 페르소나(persona) : '자아의 가면'이라고 하며 외부와의 적응에서 생긴 기능 콤플렉스이다.
③ 음영/그림자(shadow) : 자신이 모르는 무의식적 측면에 있는 부정적인 또는 다른 나의 모습으로 모순된 행동을 하게 만든다.
④ 집단무의식(collective unconscious) : 인류 역사를 통해 조상으로부터 물려받은 정서적 소인으로 개인마다 그 원형은 다르다.
⑤ 개성화(individuation) : 자기실현이라고도 하며 모든 콤플렉스와 원형을 끌어들여 성격을 조화하고 안정성을 유지하는 것이다.

정 답 1. ④ 2. ④ 3. ① 4. ② 5. ④

제9장 개인심리이론

Alfred Adler
(1870~1937)

알프레드 아들러(Alfred Adler, 1870~1937)는 융과 마찬가지로 한때 프로이트와 함께 정신분석운동에 참여하였으나 견해의 차이로 그와 결별하고 자신만의 독자적인 이론체계인 개인심리이론(individual psychology)을 제창하였다. 오늘날에는 창시자의 이름을 따서 '아들러 심리학'이라 불린다(박재현 역, 2015).

프로이트나 융과 달리, 개인의 삶에 있어서 열등감의 보상과 공동체의식의 중요성을 강조하였다(권석만, 2014; 권중돈 · 김동배, 2005 : 247; Hjelle & Ziegler, 1976). 아들러는 인간의 모든 행동에는 목적이 있으며, 가장 기본적인 목적을 열등감의 극복이라고 보았다. 열등감을 극복하고 우월성을 추구하려는 동기는 선천적인 것이며, 개인은 자신의 목표를 추구하는 나름대로의 방식을 지니는데, 아들러는 이를 생활양식(life style)이라 불렀다. 이러한 생활양식은 자신의 가족경험, 특히 형제관계에 의해서 영향을 받았다(권석만, 2014; 박재현 역, 2015).

또한 아들러는 원래 사회주의에 관심이 많았으나 현실적인 한계를 절감한 후 육아와 교육에 관심을 두며 자신의 이론을 발전시켰다. 아들러는 타인, 사회와의 연결감 속에서 타인의 행복을 위해 기여하려는 공동체 의식, 즉 사회적 관심(social interest)을 정신건강의 핵심적 요인으로 여겼다(박재현 역, 2015).

1. 개인심리이론의 발생배경

1) 개인심리이론의 인간관 및 기본 가정

아들러의 개인심리이론에 의하면 인간은 사회적 맥락 속에서 나름대로의 인생 목표를 추구하는 창조적인 존재이다. 프로이트는 인간을 결정론적이고 생물학적인 관점에서 바라보며 생물학적 성적 본능에 의해 움직이는 존재로 본 반면, 아들러는 목적론적이며, 사회심리학적 관점으로 인간을 이해하고, 사회적 관계 속에서 자신이 선택한 목표와 가치를 추구하는 존재라고 보았다. 인간은 유전과 환경에 의해 영향을 받지만 자신의 모든 경험을 개인적이고 주관적인 방식으로 해석하는 창조적인 힘을 지니고 있다(권석만, 2014).

아들러의 개인심리이론은 다음과 같은 다섯 가지의 중요한 가정에 근거하고 있다.

첫째, 인간의 모든 행동은 목표 지향적이다. 따라서 과거에 의해 끌려가는 존재가 아니라 미래의 목표를 향해 자신의 삶을 창조적으로 개척해 나가는 존재이다. 아들러는 “사람이 어디에서 오는가밖에 모르면, 어떤 행동으로 그 사람을 특정 지을 수 있을지 결코 알 길이 없다. 하지만 어디를 향해 가는가를 알면, 목표를 향해 어떤 행동을 할지 예언할 수 있다”와 같이 말하며 ‘어디로부터’가 아닌 ‘어디로’를 살피는 것이 목적론이라고 하였다(이 주 역, 2015).

둘째, 인간 행동의 가장 기본적인 목적은 열등감을 극복하는 것이다. 열등감을 극복하고 완전성을 추구하는 동기는 선천적이며, 열등감은 모든 사람들이 경험하는 보편적인 것으로 창조적인 삶을 이끌어 가는 원동력으로 작용한다. 인간은 열등감을 보상하기 위해 우월성, 완전성, 숙련을 통해 유능감을 추구하며 더욱 발전된 자기모습을 지향한다. 아들러는 열등감을 보상하기 위해 미래의 가상적인 목표, 즉 가상적인 자기상을 만들었고, 이는 인생의 중심 목표로 자리 잡게 되었다(권석만, 2014; 이 주 역, 2015).

셋째, 현실에 대한 주관적인 인식을 강조하며 무의식보다 의식을 중요시한다. 아들러는 유전과 환경의 영향력을 인정하며, 인간은 창조적인 능력이 있기 때문에 환경에 의해 지배받는 존재가 아니라 개인적이고 주관적인 방식으로 인식하며 삶에 대한 태도와 생활양식을 발달시킨다고 하였다. 예로 신체적 장애가 아이의 생활에 중대한 지장을 초래할 수도 있다고 보고, 이런 기관 열등성을 스스로의 힘으로 적절히 보완해 냄으로써 타인에게 의존하지 않고 인생과업을 해결할 수도 있고, 타인에게 떠넘기려고 하는 경우도 있다고 보았다. 어느 쪽을 선택하는가는 본인이 결정해야 할 몫으로 보았다(권석만, 2014; 이 주 역, 2015).

넷째, 인간은 사회적 존재라고 강조한다. 인간은 다른 사람들과 관계하며 유대감을 맺고, 자신이 중요하게 여기는 가치를 사회 속에서 실현하려는 욕구를 지닌다고 하였다.

마지막으로 아들러는 인간을 통합적으로 움직이는 존재로 이해했다. 프로이트처럼 원초아, 자아, 초자아라는 내적 요인의 갈등으로 이해하기보다 자신의 목표를 향해 통일성 있게 나아가는 통합적인 존재로 보았다.

2) 아들러의 생애와 개인심리이론

아들러는 1870년 2월 7일 오스트리아 빈 교외 팬지히에서 4남 2녀 중 둘째로 태어났다. 그는 프로이트와 같이 유대상인의 아들로 태어났으나 프로이트가 빈민가에서 자라 항상 자기가 학대받는 소수민족의 신분임을 의식한 것과는 달리 아들러는 부가 유대인 곡물상으로 비교적 유복하였으며 유대인 배경을 별로 의식하지 않았다. 아들러는 어린 시절 병약한 아이였는데, 구루병(골연화증)으로 행동이 서툴고 느리고 네 살까지 걷지 못했으며, 다섯 살 때에는 심한 폐렴에 걸려 거의 죽음의 문턱까지 갔었다. 더불어 그가 세 살 때 어린 동생이 바로 옆 침대에서 죽었는데, 이러한 죽음에 대한 공포를 느낀 경험은 의사가 되기로 마음먹은 계기가 되었다(김문성 역, 2018; 박재현 역, 2015).

아들러는 어린 시절 잦은 병치레로 어머니로부터 따뜻한 사랑을 독차지했는데, 동생이 태어나면서 어머니의 관심을 빼앗기며 어머니에 대한 실망감으로 친밀한 관계를 지속하지 못했다. 한편 아버지의 총애를 받고 재능이 출중하였으나 모의 총애를 받은 다른 형제들을 질투하며 어린 시절을 불행한 시기로 회상하였는데, 청소년기까지 형제간 갈등을 겪었다. 아들러의 유년기 특징은 여러 형제자매 속에서 병약하여 신체적 열등감(예 구루병으로 어떤 동작을 취하는 데 어렵고, 달리거나 점프를 할 수 없었음)을 갖게 되었는데, 이를 극복하기 위해 꾸준하고 체계적인 운동을 하여 다른 친구들이 그를 함부로 못하게 만들었다. 학업에서도 큰 두각을 보이지 못하였지만 자신의 한계를 극복하는 계기로 삼았다. 이런 경험은 개인심리이론에 많은 영향을 주었으며, 인간의 가장 기본적인 동기는 어린 시절에 최초로 경험한 부적절감, 즉 열등감을 극복하고 우월성 또는 완전성을 추구하는 것이라고 하였다(김문성 역, 2018; 박재현 역, 2015).

아들러는 1895년에 의학 학위를 받고 그 후 얼마 동안 도시의 외진 곳에서 안과학을 전공했으며, 그 후 일반의학 부문의 실습을 거쳐 정신과 의사가 되었다. 1902년부터 1911년까지 아들러는 프로이트의 곁에서 연구하는 활동적인 일원이 되었으나 인간의 근본적인 동기에 대해서 프로이트와 견해가 달랐다. 즉, 프로이트는 인간의 발달과정에서 성적 욕구를 중시한 반면, 아들러는 사회적 요인을 강조했다. 이러한 차이로 아들러는 1911년 비엔나 정신분석학회(Vienna Psychoanalytic Society)의 회장직에서 물러났고 다른 23명의 회원 중 9명과 함께 '자유정신분석학회(Society for free Psychoanalysis)'를 설립하였으며, 다음 해인 1912년 학회의 명칭을 '개인심리학회(Society for Individual Psychology)'로 변경하였다(권석만 2014; 김문성 역, 2015).

제1차 세계대전 종전 무렵 아들러는 오스트리아에서 지역사회정신치료(community psychiatry)의 선구자적 역할을 하였으며, 1920년대 중반 이후부터 아들러는 유럽이나 미국을 다니면서 강연을 하는 데 많은 시간을 보냈다. 그는 자신의 심리학이 정착할 수 있는 곳은 미국이라고 믿고 1934년 뉴욕으로 주거지를 옮기고 롱아일랜드 의과대학에서 의학심리학 교수로 봉직하며 정신과 의사로서의 치료를 계속하였다. 그후 아들러는 1937년 강연을 앞두고 산책하던 중에 갑작스레 사망하였다.

하지만 아들러의 업적은 의식적이고 합리적인 정신과정에 대해 관심을 가져 결국 자아심리학의 발달을 견인했으며, 성격발달에 있어 사회적 영향을 강조한 점은 후대의 심리학자들에게 큰 영향을 끼쳤다(이훈구 역, 2000).

2. 주요 개념

1) 열등감과 보상

아들러는 인간은 누구나 태어나면서부터 열등감을 가지고 있으며, 열등감은 성격형성에 중요하다고 믿었다. 열등감을 모든 정신병리의 일차적 원인으로 보았다. 그러나 열등감을 부정적인 것으로만 여기지 않았으며, 그 긍정적인 측면을 강조하였다. 열등감은 매우 보편적이고, 이를 극복하고 보상하려는 노력을 통해 자기 성장과 발전의 원동력이 될 수 있다(권석만, 2014).

그러나 개인 스스로 지나치게 열등하다고 평가할 뿐만 아니라 열등함을 다른 사람이 인식하지 못하도록 숨기며 삶의 도전을 회피할 수도 있는데, 이를 열등 콤플렉스(inferiority complex)라고 한다(권석만, 2014). 열등 콤플렉스가 생기는 주요 세 가지 요인은 다음과 같다.

첫 번째 요인은 신체적 결함에서 오는 열등감이다. 신체적 열등감은 그 자체로서는 어떤 의미나 중요성이 없으나 그 신체의 결함이 주관적인 열등감을 자극할 때 그 중요성이 생긴다. 이 열등감은 완전이나 완성을 향한 힘으로, 즉 개인을 더 높은 수준으로 자기 발달을 하도록 동기유발시킨다(이훈구 역, 2000 : 106). 이런 인간의 속성 때문에 결함을 가진 사람은 자신의 결함을 연습이나 훈련을 통해서 보상받게 되지만, 만약 이러한 보상의 과정에서 실패할 경우에는 병적 신경장애나 정신장애를 초래하게 된다.

두 번째는 응석받이(spoilt)의 상황이다. 응석받이는 자신이 세상에서 가장 중요한 인간이며 자신이 원하는 것은 무조건 다 채워져야 한다. 또한 다른 사람에게 받는 것에만 익숙해져 있어 본인 스스로 할 수 있는 일이 없어 만약 인생의 어려운 고비가 닥칠 때 본인 스스로 할 수 있는 일이 없다고 믿고 깊은 열등감에 빠지게 된다.

마지막은 방임(neglect)의 상황이다. 방임된 아이는 자신을 다른 사람이 좋아하지 않고 필요로 하지 않는다고 믿고 있기 때문에 타인을 신뢰하지 못한다. 또한 자신감을 상실하게 되어 사회에서 고립되고, 타인을 적대시하며 공격적인 성격이 되기 쉽다. 결국 타인과 관계를 갖지 못해 함께 협력하여 살아가는 데 도움이 되는 일에는 완전 무력하게 되어 병적 열등감에 빠질 수 있다.

2) 우월에 대한 추구

아들러는 전체로서 개인이 남들보다 뛰어나게 되는 것, 즉 우월성이라는 목표를 추구하며 행동한다고 생각한다. 우월감은 열등감과 긴밀하게 관련되어 있다. '우월에 대한 추구(striving for superiority)'는 열등감에 대한 보상의 노력에서 이어지는 개념이다. 모든 사람에게 동기를 부여하고 문화를 형성해 나가는 개인의 모든 공헌의 원천이 되는 것은 우월성을 추구하는 것이다. 각 개인이 자신의 상황을 아래에서 위로, 마이너스에서 플러스로 패배에서 승리로 진행하고자 하고, 남들보다 뛰어나게 되고 싶다는 것은 누구에게나 찾아볼 수 있는 보편적 욕구다(이주 역, 2015). 그러나 열등 콤플렉스의 과잉보상이 나타날 경우(예 자신의 능력을 실제 이상으로 과대평가하고 항상 우월해야 한다고 여김), 이상적인 자기와 현실적인 자기를 혼동하기도 하는데, 아들러는 이러한 현상을 우월 콤플렉스(superiority complex)라고 불렀다. 따라서 자신의 열등함을 부인하기보다 인정하고 성장의 기회로 여길 때 진정한 자기성장을 이룰 수 있다고 하겠다.

우월에의 추구는 선천적이고 전 생을 통하여 우리의 환경에 대한 적응력을 좌우하게 되며, 우월에 대한 추구의 본질과 그 기능은 다음과 같다.

첫째, 우월에 대한 추구는 기본 동기의 하나로서, 유아기에 자기가 주위의 사람들보다 무력하고 열등하다는 것을 인식한 것에 근거한다.

둘째, 이 위대한 향상의 욕구는 사실 보편적이고 정상적인 사람이나 신경증인 사람 모두가 공통으로 가지고 있는 것이다.

셋째, 우월의 추구에는 올바른 방향과 잘못된 방향(타인을 지배하는 것, 타인에게 의존하는 것, 인생과제를 해결하려고 하지 않는 것)이 있다. 올바른 방향의 우월추구는 공동체 감각을 동반한 우월성 추구로 그 특징은 '타인을 지배하지 않는다, 타인에게 의존하지 않는다, 인생의 과제를 해결한다'로 설명한다(이 주 역, 2015).

넷째, 아들러는 완성을 위한 노력은 상당한 정력과 노력을 요구한다고 주장한다.

다섯째, 우월을 향한 추구는 개인과 사회 두 가지 수준에서 일어나기 때문에 개인으로서 완성을 향해 노력하고 우리 사회의 일원으로 우리의 문화를 완성하기 위해 노력한다. 프로이트와 달리 아들러는 개인과 사회가 근본적으로 서로 조화를 이룬 것으로 보았다.

3) 생활양식

생활양식(life style)은 아들러의 목표 추구 개념을 확대시키고 가다듬은 것으로서 그의 역동적인 성격이론을 가장 특징적으로 나타내고 있다. 이는 인생 목표뿐 아니라 자아개념, 타인에 대한 감정, 세상에 대한 태도를 포함한 한 신념체계와 일상적인 생활을 이끌어 가는 특질, 감정과 행동방식을 포함한 독특한 삶의 방식을 말한다. 아들러의 견해에 의하면 생활양식은 어린 시절의 가족경험에 의해 발달하며, 부모를 비롯해 가족구성원과의 상호작용을 비롯하여 형제자매 관계가 중요한 영향을 미친다고 주장한다. 4~5세경에 심어져 그 후에는 거의 변하지 않으며, 우리의 독특한 생활양식이 우리의 모든 행동을 구체화시키고 실행시킨다고 하였다. 아들러는 신경증적인 생활양식을 갖게 되기 쉬운 아이들을 세 가지 종류(기관열등성을 가진 아이, 응석받이로 자란 아이, 무시와 미움을 받은 아이)로 구분한다(이 주 역, 2015).

개인의 독특한 생활방식은 그가 생각하고 느끼고 행하는 모든 것의 기반이 되며, 생활양식의 진정한 형태는 우리의 인생문제에 접근하고 해결하는 방법을 통해 알 수 있다고 한다. 직업, 우정, 사랑과 결혼의 문제들은 사회체제 속에 존재하는 모든 사람들이 해결해야 할 세 가지 중요한 '인생과업'이며, 이 세 가지는 항상 상호 관련되어 있으며 그 해결방법은 생활양식에 달려있다고 주장한다(한성자 역, 2017).

아들러는 개인을 그의 일·우정·사랑과 결혼의 세 가지 주요 인생과업에 대한 태도와 행동에 따라 분류하는 생활양식 태도의 유형론(typology of life style attitude)을 제시했다. 이 분류는 '사회적 관심'이 한 차원이 되고 '활동 수준'이 또 다른 차원이 되는 2차원 모형이다. 사회적 관심은 개인의 이익보다 사회발전을 위해 다른 사람과 협력하는 것을 뜻하며, 활동수준은 인생문제를 해결하려는 개인의 움직임을 말한다. 아들러에 의하면 생활양식은 네 가지 유형이 있는데, 지배형, 의존형, 회피형, 사회적 공헌형이다.

① 지배형(ruling type)은 독단적이고 공격적이며 활동적이지만 사회적인 인식이나 관심이 거의 없는 사람들이다. 인생과업에 공격적이고 반사회적으로 대처하며 활동 수준은 높으나 사회적 관심은 낮은 형이다.

② 의존형(getting type)은 다른 사람에게 모든 것을 기대하고 그들로부터 대부분의 욕구를 충족하는 생활유형이다. 이들의 활동 수준은 중간 정도이며 사회적 관심의 정도는 낮은 수준이다.

③ 회피형(avoiding type)은 매사에 소극적이며 부정적인 특징을 가지고 있어서

적극적인 직면을 회피하는 형이다. 사회적 관심도 적고 활동도 하지 않는 유형으로 실패를 두려워하여 이들의 삶은 인생과업으로부터 도피하는 유형이다.

④ 사회적 공헌형(socially useful type)은 아들러 이론에서 심리적으로 건강한 사람의 표본이 된다. 사회적 관심과 활동 수준이 모두 높아서 자신과 타인의 욕구를 동시에 충족시키는 한편, 인생과업을 완수하기 위해 기꺼이 다른 사람들과 협력한다.

아들러의 생활양식 태도에 관한 2차원적 이론은 높은 사회적 관심과 낮은 활동 수준의 조합이 빠져 있는데 활동 정도가 낮은데 높은 사회적 관심을 갖는다는 것은 거의 불가능하기 때문이다(김미례 · 노안영 · 오명자, 2007).

〈표 9-1〉 아들러의 생활양식 유형

구 분	사회적 관심	활동 수준
지배형	↓(낮음)	↑(높음)
의존형	↓	↓(중간수준)
회피형	↓	↓
사회적 공헌형	↑	↑

4) 사회적 관심

아들러 이론에 있어 또 다른 핵심 개념은 사회적 관심(social interest)에 대한 것이다. 사회적 관심 개념은 인간이 사회적 동물이라는 아들러의 강한 신념을 반영하고 있으며, 'social'은 개인과 개인 간의 관계에 대한 관심(interest), 타인에 대한 관심이라는 점에 중점을 둔다(이 주 역, 2015). 아들러는 성공적인 삶과 건강한 성격의 기준은 개인이 자신의 삶과 생활과제에 접근하는 방식 속에서 얼마나 사회적 관심을 포함하고 있는지의 여부이다.

아들러는 사회적 관심을 세 가지 발달적 측면에서 기술했는데, 첫 번째 발달단계는 타고난 기질로서의 사회적 관심이다. 이는 다른 사람과의 관계를 추구하고 협동하는 기질적 측면을 의미하며 선천적인 개인차를 나타낼 수 있다. 두 번째 단계는 개인적 능력으로 타인을 이해하고 공감하며 협동과 기여를 할 수 있는 사회적 능력을 의미한다. 마지막으로 일반적인 태도로서 다른 사람과의 협동을 소중하게 여기고 사회적 이익을 위해 헌신하려는 의지를 의미한다(권석만, 2014).

아들러는 사회적 관심의 수준은 개인의 심적 건강을 측정하는 유용한 척도라고 주장한다. 사회적 관심의 수준이란 타인이나 사회적 환경과 조화를 이루기 위해 타협하고 협동하려는 노력과 사회적 이익과 발전을 위해서 자신을 희생하고 기여하려는 태도를 말한다. 즉, 개인적으로 매우 어려운 상황임에도 불구하고 사회나 타인을 위해 협동하고 헌신하려 하는가의 정도에 따라 평가될 수 있다.

5) 창조적 자아

창조적 자아(creative self)는 사람들을 스스로 자신의 삶을 만들어 가는 삶의 창조자로 보는 것이다. 인간을 스스로 자신의 삶을 만들어 가며 자신에게 적합하게 환경을 창조하는 존재로 보았다. 아들러는 개인의 창조적 힘에 의해 생활양식이 발달하며, 개인은 자신의 생활양식을 창조할 자유를 가지고 있다고 하였다. 즉, 창조력은 목표를 직시하고 결정하고 선택하고 개인의 목표와 가치관에 부합하는 모든 종류의 배려를 나타내는 능력을 의미한다.

6) 출생순위

아들러는 사회적 요인이 성격에 미치는 영향을 강조하면서 개인의 출생순위가 생활양식 형성에 영향을 준다고 했다. 가족 내에서의 출생순위가 상당히 중요하며, 특히 각 출생순위에 수반되는 상황에 대한 지각(perception)이 중요하다고 했다.

아들러는 가족구성원 사이의 상호작용을 아이들의 성격형성에 가장 중요한 요인으로 보고 각각의 아이들은 각자의 위치에서 커다란 차이가 있고, 다른 환경 속에서 자라가는 것으로 보았다. 즉, 부모가 같고 비슷한 가정환경 속에서 자란 아동들이지만 가족 내에서의 출생순위에 따라 또한 출생순위에 따른 상황을 아동이 어떻게 바라보느냐에 따라 서로 다른 환경을 갖는 것으로 본다. 가정환경에 영향을 미치는 요소로는 경제적 상황, 이사, 가족구성원의 변동, 사고, 죽음이나 부모의 이혼 등이 있다. 출생순위에 따른 성격적 특성은 다음과 같다.

(1) 맏이

맏이는 태어났을 때 혼자라는 상황을 경험한다. 주위의 많은 관심과 보호와 애정을 받으며 응석받이로 자랄 수 있다. 하지만 둘째가 태어나면서 자신의 지위를 빼앗기는 새로운 상황을 맞게 되는데(폐위된 왕), 이때 맏이는 아무런 준비 없이 이러한 상황을 맞이하게 된다. 맏이는 이러한 상황에서 부모의 관심을 끌기 위해 퇴행적인 행동을 하기도 한다. 그러나 부모가 맏이에게 자신들의 애정을 확인시켜 맏이가 자신의 위치에 대하여 확신을 갖게 하거나 동생을 받아들일 수 있는 훈련을 한다면 이러한 위기는 잘 극복할 수 있을 것이다. 또한 맏이의 이런 상황은 긍정적인 면으로도 표출되는데 동생을 사랑하라는 주위의 교육으로 인해 다른 사람을 보살피고 돕는 자세를 몸에 익히고, 자신의 동생들에 대해 아버지의 역할을 하면서 책임을 느끼게 되는 경우도 있다.

(2) 둘째

둘째는 맏이처럼 주목받는 상황에서 태어난 것이 아니기 때문에 부모의 관심에 대한 박탈감은 겪지 않는다. 하지만 먼저 태어난 맏이보다 연령이나 신체적 성숙에 있어서 뒤처져 있어 항상 따라가야 한다는 부담을 가지고 있다. 둘째는 맏이보다 월등해져야 부모의 사랑을 받는다고 생각하기 때문에 경주를 하듯 맏이를 추월하고 정복하려고 자신을 훈련시킨다. 이들은 성공의 가능성이 높은 편인

데 이는 유전적 요소보다는 성공 지향적이고 야망을 가지고 노력한 결과이다. 이들은 체제와 권위에 도전하고 새로운 길을 개척할 확률이 높으며 혁명가적 기질을 가지고 있다.

(3) 막내

막내는 가정 내에서 항상 아이의 위치이며 부모의 관심과 애정을 동생에게 빼앗겨 본 일이 없기 때문에 가족의 귀염둥이로 부모나 형제에 의해 응석받이로 자라게 된다. 그러나 부모가 경제적으로 넉넉하지 못하면 자기 것이라고는 아무것도 없이 늘 물려받아야 하는 '늘 귀찮게 붙어 다니는 아이'로 전락할 수도 있다. 또한 자기보다 크고 힘세고 특권이 있는 형제에게 둘러싸여 있어서 독립심이 부족하고 강한 열등감을 경험하기 쉽다. 막내는 사랑을 받기만 하기 때문에 자신의 노력에 의해 성공할 수 있다는 용기를 갖지 못하며 야심은 지나치게 높지만 그것을 실현할 희망이 보이지 않고 그것을 인정하려 하지 않을 경우 문제를 일으킨다.

(4) 외동아이

외동아이는 혼자뿐이기 때문에 독특한 생활양식을 가질 수 있지만 어머니에 의해서 사랑을 받고 어머니 역시 아이를 잃는 것을 두려워하기 때문에 자신의 곁에 항상 머무르도록 하여 응석받이가 되기 쉬운 위치이다. 이들은 자기중심적인 성격이 되기 쉽고, 동생이 생기는 것과 같이 자신이 사랑받고 있는 위치를 잃게 되는 상황을 매우 두려워하며, 자신이 주목의 대상에서 벗어나면 곤란함을 느끼게 된다.

7) 가상적 최종목표

아들러는 우리가 일생을 통해 하는 일은 우월성과 완전성을 위한 노력이라고 생각했다. 그는 우월을 향한 추구는 최상의 목표를 추구하는 형태로 드러나는데, 인간의 모든 행동은 구체적이든 포괄적이든 어떤 목표를 지향하고 있으며, 이러한 목표는 유전이나 환경의 산물이 아니라 자유롭고 창의적인 선택의 산물이다. 인간은 누구나 자신의 인생에서 실현하고자 하는 궁극적인 목표가 있는데, 이를 가상적 최종목표라고 한다(권석만, 2014). 가상적 최종목표는 자기 스스로 결정한 것이므로, 자신의 창조력에 의해 형성되고 각 개인마다 독특한 것이다. 따라서 한 개인의 가상적 최종목표를 이해하게 되면 그의 다른 행동이 지니는 의미를 알 수 있으며 생활양식도 이해할 수 있게 된다(권중돈, 2014).

그는 인간의 성격은 과거의 경험보다 가상적이고 또는 미래의 기대로부터 영향을 받으며, 우리의 행동은 가상적 목표에 대한 지각에 의해 결정된다고 하였다. 목표는 미래에 있는 것이 아니라 미래에 대한 현재의 지각에 있는 것이다. 그러므로 사람들은 진실에 의해서가 아니라 진실이라고 믿는 것에 의해 동기가 유발된다는 것이다. 가상적인 최종목표는 객관적 실체가 아님에도 불구하고 삶의 방향에 많은 영향을 주며, 개인의 열등감을 보상하는 기능을 지닌다. 아들러의 경우, 아동기에 설정한 목표는 훌륭한 의사가 되는 것이었는데, 이는 자신의 병약함과 무기력함을 보상하는 긍정적인 기능을 하였다.

3. 개인심리이론의 평가와 적용

1) 개인심리이론의 일반적 평가

개인심리이론은 정신분석이론만큼 포괄적 · 체계적이지는 않지만 성격발달에 있어 사회적 요인의 중요성과 행동의 목적성을 강조함으로써 생물학적 충동과 무의식적 갈등을 강조한 프로이트의 정신분석이론을 극복하였다. 특히 프로이트가 무시한 개인의 사회적 위치에 대한 고찰을 통해 성격발달에 대한 사회적 측면의 영향을 강조하고 있다. 또한 인간을 스스로 의식하지도 못하는 성적·공격적 욕구에 지배되는 존재가 아니라 개인적 우월의 목표를 추구하는 존재로 인식하고 있다.

클라이언트가 자신의 문제를 이야기하면 치료자는 거기서 클라이언트의 생활양식을 알 수 있게 되며, 클라이언트가 자신의 문제를 직시할 수 있게 해주기 위해 클라이언트를 지지하고 안심시킨다. 이것은 클라이언트가 자신의 문제에 직면할 수 있는 용기와 상식을 찾는 데 도움을 준다. 그러나 아들러의 초기 공식들은 기본 가설을 경험적으로 확인하기가 어렵게 되었고, 우월을 향한 노력, 자기의 창조적인 힘이나 열등감 등의 개념들이 명료하지 않다는 지적을 받고 있으며, 지나치게 간결하게 보았다는 비판을 받고 있는 것도 사실이다(김청자 · 정진선, 2007).

2) 사회복지실천에 대한 적용

사회복지실천은 전통적으로 환경 속의 인간이라는 관점을 유지하면서 인간과 환경의 상호작용을 강조하고 있다. 아들러는 인간을 통합된 전체로 보고 개인은 보다 큰 전체, 즉 가족, 종족, 공동체 또는 모든 문명사회와 관련된 것으로 보고 있다. 그는 인간의 주체성에 입각한 개인의 자기 결정의 능력과 자아통제 및 조정의 능력을 인정하는 전제 아래서 인간을 바라보고 있다. 이는 사회복지에서 인간을 기본적으로 자신의 삶을 스스로 창조해 갈 수 있는 능동적이고 적극적인 존재로 바라보는 것과 동일한 입장이라고 할 수 있다.

또한 아들러는 타인과 사회에 대한 동일시와 감정이입을 할 수 있는 인간의 사회적 관심은 선천적으로 타고나지만 계속 훈련되어야 한다고 주장하고 있는데, 이는 사회성 발달의 보다 높은 차원으로, 사회복지에서 추구하는 공익성 및 연대성과 동일한 맥락으로 볼 수 있다. 타고난 사회적 관심은 사회적 맥락에서 개발되는데, 첫 번째는 어머니와의 관계, 그 다음은 아버지와 가족성원이며 이후에는 학교와 보다 큰 공동체가 관여되어 사회적 관심이 발달하게 된다. 이와 같은 개념은 환경 속의 인간이라는 사회복지적 관점을 보여주며, 사회복지사들이 클라이언트의 사회적 기능의 회복, 유지, 발달을 원조하는 개념과 동일하다고도 볼 수 있다. 즉, 사회복지사들이 클라이언트의 잠재력을 개발하여 개인·가족·집단의 사회적 기능을 원조하는 데 유용한 관점이라고 볼 수 있다.

또한 아들러 이론은 현대의 임상심리학 및 성격 심리학 발달에 지대한 영향을 미쳤으며, 현대에 와서는 개별사회사업이나 정신의료사회사업 실천 분야의 주축을 이룬 클라이언트 중심 치료(client centered therapy)를 창조한 오토 랭크(Otto Rank)에게도 많은 영향을 주었다.

요약

- 열등감 : 누구나 태어나면서부터 가지며, 근본적으로 모든 인간의 성장추구에 대한 동기 유발의 근거
- 우월에 대한 추구 : 열등감에 대한 보상의 노력이며, 각 개인이 자신의 상황을 마이너스에서 플러스로, 미완성에서 완성으로 전환하고자 하는 긍정적인 자기성장의 원동력
- 생활양식 : 인생목표뿐 아니라 자아개념, 타인에 대한 감정, 세상에 대한 태도를 포함한 신념체계와 일상적인 생활을 이끌어 가는 특질, 감정과 행동방식을 포함한 독특한 삶의 방식으로 어린 시절 가족경험에 의해 발달하며, 부모와 형제자매 관계가 중요한 영향을 줌. 한 개인의 생활양식은 일, 우정, 사랑과 결혼에 관한 그의 태도와 행동에서 가장 잘 나타남
- 사회적 관심 : 인간이 사회적 동물이라는 강한 신념을 반영한 것으로 성공적인 삶과 건강한 성격의 기준이 됨
- 창조적 자아 : 스스로 자신의 삶을 만들어 가는 삶의 창조자이며, 생활양식은 창조적인 힘에 의해 발전된다고 가정

기출문제

01. 아들러(A. Adler)의 이론에 관한 설명으로 옳은 것을 모든 고른 것은?(제18회 기출문제)

가. 인간을 사회적 존재로 본다.
나. 인간의 성격발달 단계를 제시하였다.
다. 출생순위, 가족과 형제관계에서의 경험은 생활양식에 영향을 준다.

① 가 ② 나 ③ 다 ④ 가, 나 ⑤ 가, 다

02. 아들러(A. Adler)관한 설명으로 옳지 않은 것은?(제13회 기출문제)

① 인간행동의 객관성과 보편성을 강조한다.
② 인간을 하나의 통합된 유기체로 인식한다.
③ 출생순위는 생활양식 형성에 영향을 미친다.
④ 사회적 관심은 선천적이지만 의식적 개발을 필요로 한다.
⑤ 개인의 성장과 발달은 열등감을 극복하려는 시도에서 나온다.

03. 아들러가 제시한 개념에 관한 설명으로 옳은 것을 모두 고른 것은?(제9회 기출문제)

가. 우월에 대한 추구는 개인적·사회적 수준에서 나타난다.
나. 사회적 관심과 열등감에 기반하여 네 가지 생활양식 유형을 제안하였다.
다. 열등감은 보편적인 감정이며 인간의 모든 행동을 동기화하는 근원이다.
라. 창조적 자아는 생의 목표에 도달하기 위하여 설계한 좌표를 의미한다.

① 가, 나, 다 ② 가, 다 ③ 나, 라 ④ 라 ⑤ 가, 나, 다, 라

04. 아들러(A. Adler)의 이론에 관한 설명으로 옳은 것은?(제11회 기출문제)

① 우월의 목표에는 긍정적인 경향과 부정적인 경향 모두가 포함될 수 있다.
② 개인은 환경을 객관적으로 파악하고 객관적인 믿음에 따라 행동한다.
③ 치료목적은 증상의 경함이나 제거에 있다.
④ 기본적인 생활양식은 4~5세경에 형성되며, 그 이후 지속적으로 변화한다.
⑤ 인간은 자신의 삶을 스스로 만들어 나가기 어려운 의존적 존재이다.

05. 아들러(A. Adler)의 주장으로 맞는 것은?(제18회 기출문제)

① 열등감은 모든 사람에게 존재하는 것은 아니다.
② 유전, 환경적 요인이 성격에 미치는 영향을 인정하지 않는다.
③ 생활양식은 4~5세경에 형성되어 이후에도 지속적으로 변화한다.
④ 출생순위가 성격형성에 미치는 영향은 형제자매의 수와는 관련이 없다.
⑤ 창조적 자아는 개인 스스로 삶을 결정할 수 있음을 강조하는 개념이다.

정 답 1. ⑤ 2. ① 3. ② 4. ① 5. ⑤

제10장 심리사회이론

Erik H. Erikson
(1902~1994)

에릭 에릭슨(Erik H. Erikson)은 후기 정신분석학파를 대표하는 정신역동이론가 중 한 사람이다. 그는 고전적인 형태의 정신분석이론의 개념들을 현대적 의미로 확장하는 데 많은 공헌을 하였다는 점에서 '신(新)프로이트 학파(Neo-Freudians)'로 분류되고 있다. 하지만 에릭슨은 인간의 성격이 발달하는 과정을 설명할 때, 프로이트가 주장한 리비도(libido)의 역동성을 강조하기보다는 자아(ego)의 발달이 가장 중요한 성격발달의 근원이라고 생각했다.

평소 겸손한 삶의 자세로 일관했던 에릭슨의 삶과 학자로서의 성장에 큰 영향을 끼친 안나 프로이트(Anna Freud)의 학문적 영향과 교류는 그가 노년에 받은 '미국 인문과학을 위한 국립기금(National Endowment for the Humanities)'의 제퍼슨 강연자(Jefferson Lecturer) 수상소감에서도 잘 드러난다.

"저는 단지 거인 어깨 위의 조그만 난쟁이에 불과합니다. 제가 인간의 삶에 대해서 멀리 내다볼 수 있었던 것은 나의 스승인 프로이트라는 거인의 어깨 위에 올라앉아 있을 수 있었기 때문입니다."

에릭슨은 정규교육은 최종학력이 고등학교 졸업에 불과했지만, 하버드대학교 심리학과 교수로 임용되는 등 20세기 지성사를 빛낸 심리학의 거장(巨匠)으로 인정받았으나 그의 인생은 초기 유년기부터 순탄하지 못했다. 에릭슨의 인생 여정은 그의 삶과 학문활동에도 큰 영향을 끼쳤던 것으로 보이며, 자아정체성이라는 개념을 통해 여러 심리학, 교육, 사회, 문화 등의 학문에 지대한 영향력을 주었다.

1. 심리사회이론의 발생배경

1) 심리사회이론의 특징과 에릭슨의 인간관

에릭슨은 기본적으로 프로이트의 정신분석이론의 핵심 개념들을 수용하면서도 내용적 확장을 시도하였는데, 이것을 세 가지로 정리하면 다음과 같다.

첫째, 에릭슨은 성격발달의 본능적 측면과 심리사회적 측면을 동시에 강조하였다(노안영 · 강영신, 2005; Pervin & John, 2001; Schultz & Schultz, 1998). 프로이트가 인간의 성격발달이 인생 초반기에 결정된다는 정신결정론의 구조를 강조했던 것에 비해 에릭슨은 인간의 성격은 평생 발달(8단계)한다고 믿었다.

둘째, 에릭슨은 본능(id)보다 자아(ego)를 더 강조하였다. 에릭슨은 자아를 본능에 종속되거나 보조적인 것이 아니라 성격의 독립적인 부분으로 보았다. 그리고 개인의 자아는 부모와 사회적 환경의 영향을 받아 평생을 통해 성장하고 발달하는 것으로 믿었다.

셋째, 에릭슨은 성격형성에 있어서 과거뿐만 아니라 미래도 중요하다고 보았다. 즉, 에릭슨은 사람들이 자신의 과거를 어떻게 해석하는가와 더불어 미래에 대한 해석도 성격형성에 의미가 있다고 믿었다.

이처럼 에릭슨은 어떤 심리적 현상도 생물학적 · 행동적 · 경험적 · 사회적 요인들 간의 상호작용으로 이해해야 한다고 보았다. 이들 중에서는 특히 사회적 요인이 개인의 성격발달에 미치는 영향이 더 크다고 생각하여 자신의 이론을 심리사회이론(ego-psychology)이라고 이름 붙였다. 에릭슨은 인간의 발달은 전 생애에 걸쳐서 이루어진다고 보았고 인간발달과 관련하여 병리적인 것보다는 정상적이고 건강한 측면들을 더 강조하는 편이었다. 그래서 에릭슨은 자아의 건강성을 강조하려면 우선 자아정체감의 확립이 중요하다고 보았던 것이다(권중돈 · 김동배, 2005; Hjelle & Ziegler, 1976).

에릭슨의 심리사회이론과 프로이트의 정신분석이론의 차이점은 대체로 다음과 같이 다섯 가지로 구분할 수 있다(최순남, 2002 : 187-189).

① 프로이트가 인간행동의 동기를 본능(id)에 둔 것에 비해 에릭슨은 자아를 성격의 자율적 구조에서 찾으려 하였다.

② 프로이트는 아동의 성격발달에서 부모의 영향이 거의 절대적이라고 주장하였지만, 에릭슨은 자아가 형성되는 시기에 아동이 어떤 심리 · 역사적 환경에 놓여있었는지를 살피는 것이 중요하다고 보았다.

③ 프로이트는 초기 아동의 경험의 중요성을 강조하였다. 반면, 에릭슨은 인간의 전 생애 발달을 강조하고 특히 청소년기의 자아정체감 형성을 가장 중요하게 생각했다.

④ 프로이트는 인간의 정신생활의 무의식적 작용과 존재를 해명하고 인생 초반기의 외상(trauma)이 성인기에 어떻게 병리를 일으키는가를 설명하려고 했다. 그에 반해, 에릭슨은 발달과정에서 경험하는 심리사회적 위기를 감당해 낼 수 있는 인간의 능력과 자아의 특질을 더 강조했다.

⑤ 프로이트는 "만약 인간이 그의 본능적인 추구를 계속하도록 내버려 둔다면, 인류는 결국 멸망하고 말 것이다"라고 말하면서, 인간의 기본적인 심성에 대해 비관론적인 입장이었다. 그러나 에릭슨은 "인간은 근본적으로 선하다"는 인본주의 관점을 지향했다.

한편 에릭슨은 "인간은 매우 합리적이며 창조적인 존재"라는 인간관을 가졌다. 그래서 에릭슨은 인간을 제대로 이해하기 위해서는 생리 · 심리 · 사회적 측면을 모두 고려해야 한다고 보았다(권중돈 · 김동배, 2005; Hjelle & Ziegler, 1976). 그는 "인간 행동이 의식 수준에서 통제가 가능한 자아에 의해 동기화되는 것"이라고 보았으며, 생애발달의 단계마다 새롭게 나타나는 발달과업에 맞서서 환경에 대한 자아의 적응능력을 배가하는 치료전략을 주로 사용했다. 또한 모든 인간의 성격발달은 유전인자와 부모의 양육방식, 학교에서의 경험, 또래 집단의 경험, 그리고 사회적 관계망과의 관계 등 여러 체계 간의 상호작용과 같은 사회적 힘(social force)에 따라 결정된다는 견해를 가졌다.

이처럼, 심리사회이론은 인간의 정신병리가 생물학적 요인에 따라 생기는 것이 아니고, 인간이 환경의 요구에 적응하고 반응하는 가운데 나타나는 어려움을 극복하고 생의 의미를 추구해 갈 수 있는 존재로서의 인간을 바라볼 것을 강조했다는 점이 다른 성격이론들과 차별화되는 관점이다.

2) 에릭슨의 생애

에릭슨의 부모는 덴마크 사람이었으나 에릭슨이 태어나기 전에 이혼했다. 얼마 후 어머니가 독일로 이주하게 되어, 에릭슨은 1902년 독일 프랑크푸르트 근교에서 출생하였다. 에릭슨이 3살이었을 때 에릭슨의 어머니는 소아과 의사인 유대인 테오도르 홈부르거(Theodor Homburger)와 재혼하였다. 그런데 그의 어머니는 에릭슨에게 홈부르거가 친아버지가 아니라는 사실을 여러 해 동안 말해주지 않았다. 에릭슨은 훗날 이러한 어머니의 행위를 '사랑의 속임수'라고 표현했다. 에릭슨은 37살이 되기까지 홈부르거라는 성을 사용하였고 미국 시민이 된 1939년에 에릭슨으로 개명하였다. 이러한 사실을 보면, 에릭슨 자신이 성장 과정에서 자아정체성을 형성하는 데 많은 어려움을 가졌을 것을 추정할 수 있다(노안영 · 강영신, 2005 : 219-220).

에릭슨의 다른 정체감 위기는 학교생활에서 자신의 신체적 외모 특성 때문에 불거졌다. 어릴 적 에릭슨은 유전적으로 덴마크 혈통임에도 불구하고 자신을 독일인이라고 생각했다. 학교 친구들은 그의 아버지가 유대인이기 때문에 에릭슨을 가까이 하지 않았고, 유대인 친구들은 그가 유대인이 아니라며 에릭슨을 따돌렸다.[1] 청소년기에는 제1차 세계대전이 일어나 에릭슨은 독일에 대한 충성심과 덴마크인으로서의 정체성 사이에서 많은 정서적 갈등을 경험하게 된다. 실제로 에릭슨의 정체감을 획득하기 위한 몸부림은 오랜 방황의 시간에서도 잘 나타난다. 이러한 경험은 훗날 에릭슨이 정체감의 위기에 대한 예리한 통찰력을 획득하는 데 중요한 근거가 되어주었다. 이방인으로 불렸던 인종적 소외감과 유대인 양부(養父) 밑에서 성장할 수밖에 없었던 에릭슨의 가족배경 그리고 청년기 방황의 경험들이 자아정체감이나 심리사회적 유예기간과 같은 개념들을 정립하는 데 많은 영향을 준 것이다.

학창시절 에릭슨의 학교성적은 중간 정도였으나 예술적 재능은 매우 뛰어났다고 한다. 에릭슨은 의학을 공부하라는 아버지의 조언을 듣지 않고 예술가가 되려고 했으나 뜻대로 되지 않았다. 그래서 고등학교 졸업 후 집을 떠나 몇 년 동안 유럽여행을 하면서 방황하기도 했다. 잠시 예술학교에서 미술공부를 한 적도 있지만 그의 청년기 초반은 대부분 여행으로 시간을 보냈다. 이 시기를 두고 훗날 에릭슨은 "심리적 유예기간"이라고 표현했다(서봉연 · 이순형, 1983). 그러던 중 에릭슨은 여행차 오스트리아 빈에 가게 되고 거기서 안나 프로이트를 만나게 된다. 그것은 이후 그의 인생에서 가장 큰 전환점이 되어주었다.

1927년, 25세 청년 에릭슨은 안나 프로이트(Anna Freud)가 설립한 '어린이 연구소'에 참여하게 된다. 에릭슨은 거기서 이전에는 결코 알 수 없었던 아버지와의 관계를 탐구하기 시작하면서 정신분석이론에 큰 매력을 느끼게 되었다. 그 후 에

1) 이러한 사실에 대해 에릭슨은 "아주 오래전에 내 친구들은 나를 유대인이라고 말했지만, 유대인 집단에서는 나를 이방인으로 취급했다"라고 기술하였다. 그리고 에릭슨은 자신의 인생 초반기의 경험들을 회고하면서 "너무나 명백히 인생 초기에, 나는 심각한 정체감 위기를 겪었다"고 말하였다(Erikson, 1975 : 27).

릭슨은 1927년부터 1933년까지 안나 프로이트의 지도로 정신분석 훈련을 받게 된다. 1933년 정신분석 훈련을 마친 후 몬테소리 교사 자격증을 획득한 것과 안나 프로이트와 함께 한 정신분석 훈련이 그가 받았던 유일한 정규교육이었다고 알려져 있다.

이후 독일에서 유대인에 대한 탄압과 핍박이 거세지자 에릭슨은 1933년 미국의 보스턴으로 이주하여 정착하게 된다. 하버드대학교 심리학과 박사과정을 시작했지만, 획일적인 대학의 교육과정에 만족하지 못하고 몇 달 후 그만두기도 하였다. 그 후 예일대학교와 버클리대학교, 펜실베이니아대학교 등 많은 대학에 초빙되어 가르치고 연구하는 등 왕성한 활동을 수행했다. 1936년부터 1939년까지 인간관계연구소와 예일대학교 의과대학 정신과에서 일하기도 하였다. 그의 첫 번째 저서인 『아동기와 사회(Childhood and Society, 1950)』는 에릭슨이 거의 50세에 가까웠을 때 출판되었다. 에릭슨은 1960년에 하버드대학교에서 '인생주기(life cycle)'라는 과목을 가르치다가 1970년 은퇴하였다. 1994년 92세의 나이로 그가 사망했을 때 국내 신문에도 크게 보도될 정도로 20세기 가장 훌륭한 심리학자 중 한 명으로 기록되고 있다.

2. 주요 개념

1) 자아(ego)와 자아정체감

에릭슨은 자신의 이론이 프로이트의 심리성적 발달단계를 체계적으로 확장한 것에 불과하다는 겸손한 표현을 썼지만(노안영 · 강영신, 2005 : 221), 정신분석의 현대적 추세는 자아의 중요성을 강조하고 있다는 점에서 자아에 대한 그의 견해는 시대를 앞서가는 기발한 아이디어였다. 프로이트는 자아가 본능(id)과 초자아(superego)의 세력 중간에 있다고 보았으나, 에릭슨은 이 두 세력 사이에서 자아가 자율적으로 기능하는 것을 더 중요하게 생각했다. 이 차이는 근본적으로 인간의 성격이 어떻게 형성되는지에 관한 관점의 차이를 낳게 되었다. 예를 들면, 프로이트는 성격이 주로 본능이나 부모의 영향을 받는 것으로 생각했지만 에릭슨은 부모, 형제자매, 친지들을 포함한 모든 사회구성원의 영향을 받는다고 보았다. 이러한 에릭슨의 견해는 인간의 성격이란 생애 전반에 걸쳐서 발달한다고 보는 관점으로 발전하였다. 그래서 에릭슨은 자아를 인간이 일생에서 환경에 대처하고 적응하는 과정에서 형성되는 역동적인 힘으로 규정하고 자아가 형성되는 시기 아동의 발달환경을 강조했다.

에릭슨은 자아정체감(ego identity)이 두 측면을 가지고 있다고 주장하였다(이인정 · 최해경, 2002 : 179). 제1의 측면인 '내적 측면'은 시간적 자기동일성과 자기연속성의 인식이다. 이는 시간이 경과하면서 자기 자신을 이제까지의 자신과 같은 존재로 지각하고 수용하는 것을 의미한다. 제2의 측면인 '외적 측면'은 사회환경의 요구와 개인의 가치를 동일시하는 것과 관련된다. 에릭슨은 자아정체감이 없는 상태에서 자아정체감의 상태로 이동하는 인간발달을 '내적 · 외적 갈등의 과정'이라고 설명하였다. 따라서 에릭슨은 심리사회적 위기를 극복하고 우리 인간이 통합된 존재로 성장하고 환경의 위협들에 적절히 대처하기 위해서는 무엇보다 건강한 자아를 가지는 것이 가장 중요하다고 생각했다.

2) 점성적 원리

에릭슨의 인간발달단계 모델은 '점성적 모델(epigenetic model)'이라고 불린다. 점성적이라는 용어는 'epi(의존해서)'와 'genetic(유전)'을 합성한 말로서 발달이 유전에 의존한다는 뜻이다(노안영 · 강영신, 2005 : 221). 점성적 원리는 인간의 발달과정이 이전 발달단계에서의 발달과업을 성취한 정도나 이미 형성된 성격 특징을 바탕으로 나타나는 것을 의미한다. 모든 인간발달에는 기본 계획이 존재하고, 그 진행과정이 이전 시기와 무관하지 않다(김지영, 2005 : 28-30). 그리고 생애발달주기의 각 단계는 특정한 심리사회적 특질이 우세하게 출현하는 최적의 시간이 있고, 모든 단계가 계획대로 진행될 때 완전한 기능을 하는 성격이 형성될 수 있다고 풀이된다.

> "발달하는 모든 것은 생물학적으로 타고난 기본 계획(ground plan)과 같은 원래의 계획이 존재한다. 이 기본 계획을 바탕으로 강점과 약점들이 저마다 적절한 시기에 형성되며, 각 부분들은 전체적인 유기체적 기능을 수행할 수 있다"(Erikson, 1980 : 53).

3) 심리사회적 위기

에릭슨은 각각의 생애발달단계에서는 일정한 형태의 위기가 발생하는데, 이때의 위기는 개인에게 생리적 성숙과 사회적 요구로부터 발생하는 것으로서 인생의 전환점으로 작용할 수 있다고 보았다. 그는 8단계의 생애발달단계에는 특유한 발달과업이 있고 개인이 그 과정을 성공적으로 수행하지 못하게 될 때 심리사회적 갈등을 경험하고 위기감을 느끼게 된다고 설명하였다(Hjelle & Ziegler, 1976 : 190). 에릭슨은 이 위기를 재앙의 조짐이 아니라 인생의 전환점으로 파악했고, 어려운 상황에서 극복해야 할 생존의 원천이라고 생각하였다. 그래서 에릭슨은 심리사회적 위기는 개인 내부의 변화와 개인과 환경 간의 변화를 일으키는데, 한편으로는 개인이 자신과 세계에 대한 관점을 변화시켜 성장을 도모하기도 하나, 다른 한편에서는 개인의 성장과 성숙을 방해하기도 하는 등 양면성을 지닌다고 생각했다.

따라서 에릭슨은 발달단계별 위기의 해결책은 문화에 따라 다를 수 있고, 위기해결의 결과에 따라 성격이 달라질 수 있다고 보았기에, 이것의 해결은 이전 단계의 성패와도 관련된다(권중돈 · 김동배, 2005 : 275). 만약 성장과정에서 발생하는 심리사회적 위기를 만족스럽게 해결하게 되면 긍정적 자아특질(강점)이 강화될 것이다. 그것은 점차 성장 · 발달하는 자아 속에 스며들어 보다 건전한 발달로 이어질 것이다. 반대로, 갈등이 지속되거나 위기가 만족스럽게 해결되지 못하면, 자아발달은 손상되고 부정적 자아특질(병리)이 강화될 것이다. 그것은 개인의 성장과 성숙을 방해하는 요인으로 작용할 수 있다.

3. 심리사회적 발달단계

1) 심리사회적 발달단계의 특성과 원리

에릭슨의 이론은 프로이트의 정신분석이론에 바탕을 두고 있지만 성격발달의 관점에서 정신분석이론과 큰 차이점을 가진다. 프로이트는 성격발달이 사춘기 무렵에 종결된다고 보았던 반면, 에릭슨은 성격이 일생을 통하여 발달한다고 보았다. 그리고 프로이트는 사회제도가 인간의 공격성과 성적 관심이 표출되는 것을 억제하는 금지적 사회화 역할을 한다고 보았지만, 에릭슨은 사회제도가 개인적 효과성을 지지하거나 키워주지 못하였을 때, 개인의 발달이 부정적 영향을 받게 된다고 생각했다(노안영 · 강영신, 2005 : 222-223).

아울러 프로이트가 '심리성적 발달'을 강조했다면, 에릭슨은 '심리사회적 발달'을 강조하였다(이현림, 2008 : 20-21). 에릭슨은 사회적 상호작용에 근거한 심리사회적 발달은 성적(性的) · 공격적 욕구의 해결이 가능하다고 보았다. 그는 사회적 힘이 성격발달에 중요한 역할을 하며, 사회적 영역과 사회적 상호작용 영역의 확대가 개인의 성격발달을 견인한다고 보았다. 에릭슨은 건강한 성격이 성장할 수 있는 기회가 항상 존재하므로 각 생애발달단계의 성공과 사회제도의 지원은 개인의 성격발달에 긍정적인 영향을 줄 수 있다고 주장하였다. 그리고 에릭슨은 심리사회적 발달과정에서 개인이 신체 · 심리 · 사회적 측면의 갈등에 적절히 대처하지 못하면 정신병리가 발생한다고 보았다.

따라서 심리사회이론에서는 개인이 생애발달과정에서 나타나는 심리사회적 위기에 적절히 대처하지 못했다는 것을 깨달을 수 있도록 통찰력을 길러주는 것을 문제해결의 일차 목적이라고 말하였다. 통찰력은 개인이 환경과 적극적으로 상호작용할 수 있도록 돕고, 환경에 대한 자아의 지배력을 회복함으로써 고통스러운 증상에서 벗어날 수 있도록 해줄 수 있다는 점에서 매우 중요하다. 다음은 에릭슨이 제안한 심리사회적 발달단계의 특성과 원리이다.

① 성숙은 점성적 원리에 따라 일어난다.
② 각 단계마다 심리사회적 위기가 존재한다. 각 단계는 개인의 행동과 성격에 있어 어떤 변화를 위해 필요한 전환점이 되어줄 수도 있다.
③ 자아는 적절하거나 부적절한 적응방법을 통합해야 한다. 개인은 심리사회적 각 단계의 위기에 적응방식과 부적응 방식으로 반응할 수 있다.
④ 심리사회적 발달의 각 단계는 개인에게 기본적 강점 혹은 자아특질을 발달시킬 기회를 제공한다.

〈표 10-1〉 프로이트와 에릭슨 이론의 비교

프로이트	에릭슨
• 폐쇄체계에 근거하고 무의식을 강조하였다.	• 개방체계에 근거하고 사회적 힘을 강조하였다.
• 인간행동의 동기는 본능의 강한 성적 및 공격적 충동에 의해 추진된다.	• 인간행동의 동기는 약간의 성적 충동과 사회적 충동에 의해 추진된다.
• 인간을 본능에 의해 지배되는 존재로 보았다.	• 인간을 자아에 의해 재배되는 존재로 보았다.
• 불안이나 무의식적 욕구에 의해 위협을 받는다.	• 사회적 상호작용에 기반을 두고 발달한다.
• 충동은 개인의 통제권 밖에 있다.	• 사회에 긍정적인 기여를 할 수 있는 건강한 사회구성원을 양성하려 한다.
• 초기 아동기에서 형성되며, 초기 성인기에 끝난다.	• 전 생애를 통하여 발달한다.

출처 : Greene & Ephross(1991), p. 80.

2) 에릭슨의 심리사회적 발달단계

에릭슨은 심리사회적 위기가 일어나는 단계를 기준으로 생애발달단계를 구분하였다. 그 이유는 에릭슨이 인간발달이라는 것이 기본적으로 생물학적 성숙으로 인해 자극받기 때문에, 사회적 여건이 어떠한지에 따라서 개인의 성장과 잠재력 발산의 크기가 달라질 수 있다고 생각했기 때문이다. 충분한 사회적 지원과 환경의 조성은 각각의 생애발달에서 개인이 직면하는 위기를 극복하는 힘을 부여한다. 이것은 개인의 건전한 자아발달에 매우 중요한 역할을 한다(최옥채 외, 2007 : 46-47). 사회제도와 주변 사람들과의 관계가 개인의 발달에 긍정적인 지지를 제공하면, 건강한 성격을 지닌 성인들을 많이 길러낼 수 있고, 다수의 건강한 성인은 사회를 풍요롭게 만든다는 것이 에릭슨의 기본 생각이다.

그런데 개인의 성격발달과정마다 심리사회적 위기가 발생할 수 있다. 각 단계별 위기는 개인의 적응 및 부적응 방식에 따라 달라질 수 있다. 이 위기를 잘 극복하면 긍정적 자아특질(강점)을 얻게 되지만, 그렇지 못하면 병리가 나타날 수 있다. 자아의 고유한 심리사회적 발달법칙은 기본적으로 프로이트의 리비도(libido) 이론에 그 기초를 두고 있다(박아청, 2007). 에릭슨은 리비도 발달을 신체부위(zone)에 따라 표시되는 양태(mode)와 그 양태가 갖는 심리사회양식(modality)으로 나누었고, 이를 자아특질과 병리로 설명하였다(Maguire, 2002).

〈표 10-2〉 에릭슨의 심리사회적 발달단계

생활주기	연 령	심리사회적 위기 (적응 VS 부적응 방식)	긍정적 자아특질 (강점)	부정적 자아특질 (병리)	프로이트
Ⅰ 유아기	출생~2세	신뢰감 vs. 불신감	희망	위축	구강기
Ⅱ 초기 아동기	2~4세	자율성 vs. 수치감	의지	강박적 행동	항문기
Ⅲ 유희기	4~6세	주도성 vs. 죄의식	목적	억제	남근기
Ⅳ 학령기	6~12세	근면성 vs. 열등감	능력	무력함	잠재기
Ⅴ 청소년기	12~22세	자아정체성 vs. 정체성 혼란	성실	거부	생식기

생활주기	연 령	심리사회적 위기 (적응 VS 부적응 방식)	긍정적 자아특질 (강점)	부정적 자아특질 (병리)	프로이트
Ⅵ 성인 초기	22~34세	친밀감 vs. 고립감	사랑	배타	
Ⅶ 성인 후기	34~60세	생산성 vs. 침체	배려	거절	
Ⅷ 노년기	60세~사망	자아통합 vs. 절망	지혜	경멸	

출처 : Erikson(1980); 노안영・강영신(2005); 박아청(2003).

(1) 유아기(출생~2세) : 신뢰감 대 불신감

유아기의 심리사회적 위기는 '신뢰감 대 불신감(trust vs. mistrust)'으로서 프로이트의 구강기에 해당한다. 에릭슨은 이 시기에 유아가 평안하게 지낼 수 있고, 마음 놓고 영양을 섭취하고 편안하게 배설할 수 있어야 한다고 보았다. 이 시기에 유아는 생존과 안전 그리고 애정을 위해 일차적인 돌봄(caring)을 제공하는 엄마에게 전적으로 의존하게 되므로 신뢰감 형성은 엄마와의 관계의 질에 달려있다(박아청, 2007). 자신을 돌봐주는 부모의 배려를 받는 정도에 따라 유아의 타인에 대한 근본적인 태도와 성향이 결정된다.

유아기에 부모의 역할은 유아의 신체적・심리적 욕구와 필요를 적절히 충족시켜 주면서 유아를 일관성 있게 돌보아 주는 데 있다. 예를 들어, 아기는 오줌을 쌌거나 배가 고플 때 울음으로 자신의 의사를 표현하게 된다. 이를 알아차려 엄마가 곧바로 아이의 요구에 잘 응해주면, 이런 경험을 바탕으로 다음에 비슷한 상황이 생겨도 엄마가 곧바로 자신의 필요를 충족시켜 주거나 고통을 덜어줄 것이라고 기대하게 된다. 만약 엄마가 이러한 유아의 요구와 필요에 잘 응해주지 않으면 적절한 배려를 경험하지 못하게 되고 무시당하거나 배척당했다고 생각하게 되어 불신감이 형성될 수 있다. 그런 이유로 아이는 주변 세상에 대해 두려움과 상처를 갖게 되고 성인이 되어서도 편집증이나 불안정감을 보일 수도 있다(Erikson, 1980 : 53).

여기서 주목할 점은 에릭슨이 신뢰감만을 강조하고 불신감의 효용을 무시한 것이 아니라는 점이다. 인간의 참된 성장을 위해서는 어느 정도 불신감의 경험도 필요하다. 그렇더라도 인간의 긍정적인 성격발달을 위해서는 불신감보다 신뢰감을 더 많이 경험하는 것이 중요하다. 유아가 이 시기의 심리사회적 위기를 잘 극복하면, 유아는 기본적인 자아특질(ego quality)인 희망(hope)을 가지게 된다. 그렇지 못하면, 심리적으로 위축(withdrawal)되고 인생 후기에 낮은 자존감과 우울증을 경험하게 될 가능성이 높다.

(2) 초기 아동기(2~4세) : 자율성 대 수치심

초기 아동기 심리사회적 위기는 '자율성 대 수치심(autonomy vs. shame and doubt)'으로 프로이트의 항문기에 해당한다. 이 시기 아이들은 신체 및 인지 발달이 촉진되면서 자기통제와 주위 사람들로부터의 통제라는 두 가지 요구에 직면하게 된다. 이때 자존감을 상실하지 않고 자아통제를 잘 하거나 타인의 통제에 잘 적응할 수 있게 되면 자율성이 발달하게 된다. 이 시기 아동은 자기 발로 서서 걷게 되면서 사물을 관찰하고 소유하려고 한다. 주변 사람들과 효과적으로 의사소통하기 시작하며, 밥을 먹거나 옷을 입는 것도 혼자 하려고 한다. 새롭게 개발되는 기능과 능력들에 대한 자부심이 생기고 가능한 한 많은 것들을 스스로 하려고 한다(노안영 · 강영신, 2005; 박아청, 2003, 2007).

에릭슨은 이 단계가 대소변훈련 시에 유아가 갖는 선택권과 관련되어 있다고 보았다. 그는 초기 아동기의 심리사회적 위기를 어떻게 극복하느냐는 아동의 이러한 행동들을 자유롭게 조절하도록 허용하는 부모의 의지에 달려있다고 보았다. 부모가 아동에게 선택의 자유를 부여하면 아동의 자율성은 잘 발달하게 된다. 반면에 부모가 위협과 벌을 강조하게 되면 자신의 실패에 대한 두려움으로 유아는 수치심을 가지게 된다. 자신의 능력에 대해 의심을 하게 되고, 이후 성인이 되어서도 부정적인 자아개념과 함께 충동억제에 어려움을 겪을 수 있다(Good & Broohey, 1990 : 97).

자율성은 아이들이 사용하는 언어에서 많이 발견할 수 있다. 예를 들어, '안해' 혹은 '내 거' 등 적극적으로 자신의 의사를 표현하는 경우와 같이, 이 시기 아동들은 무엇이든 스스로 하려고 하고 소유하려는 욕구를 강하게 표현한다. 부모들은 이런 아동의 행동을 통제하려 드는데, 그 통제의 수준이 어느 정도이냐에 따라 수치심이나 회의감이 발달하기도 하고, 의지력(will)이 배양되기도 한다(최옥채 외, 2007 : 48). 에릭슨은 이 시기의 심리사회적 위기를 제대로 극복하지 못하게 되면 수치심이 내재화되어 자신의 결정을 믿지 못하고 불안해하는 강박적인 행동(obsession)이나 피해의식이 나타날 수 있다고 경고했다.

(3) 유희기(4~6세) : 주도성 대 죄의식

일명 학령전기로 분류되는 유희기의 심리사회적 위기는 '주도성 대 죄의식(initiative vs. guilt)'으로 프로이트의 남근기에 해당한다. 이 시기 아동들은 신체적 · 정신적 능력이 발달하여 경쟁적이며 호기심 많은 행동을 보이게 된다. 에릭슨은 이 시기 아동들은 성적 관심보다는 놀이와 자신이 선택한 활동에 더 많은 관심을 가지고 있다고 보았다. 이 시기 아동의 주된 활동은 놀이이며, 바람직한 성취는 놀이, 탐구, 시도 및 실패, 장난감을 사용한 연습 등의 결과에 달려있다고 알려져 있다(최순남, 2002 : 195).

이 시기에는 부모가 아동 스스로 자신을 둘러싼 환경을 탐구하고 스스로 행동할 수 있도록 격려하는 것이 중요하다. 부모가 일관된 자세로 따뜻한 지지와 긍정적인 피드백을 제공하면 아이의 주도성이 크게 발달하게 된다. 그 결과 아동은 새로운 도전을 두려워하지 않게 되며 자신의 삶을 적극적으로 개척해 나가는 힘을 가질 수 있다(Yount, 1996 : 117-119). 반면에 부모가 아동 스스로 어떤 일을 완수하도록 충분한 기회를 부여하지 않고 꾸지람을 하거나 아동의 행위를 인정하지 않는 등 칭찬에 인색하게 되면 아동은 죄의식을 느끼고 새로운 도전을 하는 것을 두려워하게 된다. 이러한 아동은 어른이 되어서도 자존감이 낮으며 어떤 사회적 역할에서도 주도적인 역할을 하기 어렵다.

이 단계의 심리사회적 위기를 성공적으로 극복하게 되면, 목적의식(purpose)이 발달하게 된다. 그러나 아동이 자신의 자율적인 행동을 수행하는 데 방해를 받으면 목표달성에 대한 의지와 용기가 부족하게 되고 생각과 표현의 자유를 방해하는 억제(inhibition)가 강하게 나타난다(권중돈 · 김동배, 2005 : 277). 이 단계의 위기를 성공적으로 극복한 사람은 세상의 다양한 일들에 열정적으로 관여하게 된다.

(4) 학령기(6~12세) : 근면성 대 열등감

학령기의 심리사회적 위기는 '근면성 대 열등감(industry vs. inferiority)'으로 프로이트의 잠재기에 해당한다. 이 시기 아동의 생활반경은 가정에서 이웃, 학교 등의 사회환경으로 확대된다. 교육을 통하여 문화에 대한 기초 기능을 배우고 정해진 놀이규칙에 따라 또래와 협동하고 어울릴 수 있는 능력뿐만 아니라 연역적 추리, 자기통제 등의 능력이 발달하게 된다. 이때 부모나 교사들이 아동의 발달수준과 능력에 맞는 활동을 교육하고 그 노력과 결과를 인정해 주면 아이의 근면성이 잘 발달할 수 있다. 반대로 실패의 경험이 누적되면 열등감이 생기게 된다(Yount, 1996). 이 시기 아동의 특성은 주어진 일을 완성함으로써 성취감을 얻거나 부모나 학교 선생님으로부터 인정을 받기 위해 부지런히 활동한다. 가정이나 학교에서 자신의 논리적 능력을 바탕으로 사물을 정교한 방식으로 이해하고 조작하기 시작한다. 놀이를 통해 학령기 아동들은 주의집중, 부지런함, 끈기가 발달하게 되고, 놀이가 아이들의 수리능력과 탐구능력의 향상에 도움이 되는 정도가 매우 크다.

이 단계의 심리사회적 위기를 잘 극복하게 되면, 아동은 능력(competence)이라는 자아특질을 얻게 되지만, 그렇지 못하면 생산적인 일을 하기 어렵고 무력감을 느끼게 된다(최옥채 외, 2007 : 49). 가령, 아동들이 자신의 능력이나 지위가 동료들과 비교하여 열등하다고 느끼면 공부에 흥미를 잃게 된다는지, 부모나 교사가 부과한 일들을 수행할 수 없을 때 열등감이 커질 수 있다.

(5) 청소년기(12~22세) : 자아정체성 대 정체성 혼란

청소년기의 심리사회적 위기는 '자아정체성 대 정체성 혼란(identity vs. identity

confusion)'으로 프로이트의 생식기에 해당한다. 청소년기는 아동기와 성인기 사이의 전환이 일어나는 시기이다. 에릭슨은 개인이 자신의 기본적인 자아정체성에 대한 의문을 가지고 심사숙고하는 시기라는 점에서 청소년기를 가장 중요하다고 보았다.

청소년들은 신체적 성숙과 동반하여, 성적 충동이 증대하여 자아에 커다란 위협을 느끼게 된다. "나는 누구인가?", "나는 어디로 가고 있는가?"에 관한 본질적인 물음에 사로잡히며, 자아정체성의 혼란을 느끼기도 한다(박아청, 2003). 에릭슨은 청소년기의 중심과제를 자아정체성의 확립이라고 주장했다. 자아정체성이란 자기 자신의 독특성에 대한 비교적 안정된 느낌으로 내가 누구인가를 아는 것과 타인이 나를 보는 방식에 있어서 일관된 생각들을 말한다. 이 시기의 청소년들은 자기 자신의 존재감에 대한 의문을 갖고 그에 대한 해답을 찾으려고 애쓰지만 그 해답은 쉽게 얻을 수 있는 것이 아니다. 그래서 청소년들은 고민하고 방황하며, 질풍노도의 시기를 경험하는 것이다. 에릭슨은 이 고민과 방황이 길어질 때 정체감의 혼란이 온다고 말하였다.

이 시기 청소년들은 자아정체감을 쉽게 획득하기가 어려우므로 동료집단에서 동일시 대상을 찾거나 혹은 존경하는 위인이나 영웅에게서 동일시의 대상을 찾으려 애쓴다. 자신을 시험해 보기 위해 여러 커뮤니티 활동이나 SNS 등 다양한 활동에 참여하기도 한다. 청소년들이 이 시기 발달위기를 잘 극복하게 되면, 성실한(fidelity) 자세를 가지게 되지만 그렇지 못하게 되면 자신의 불확실한 미래로 방황하게 되며, 성인이 되어서도 자신이 익숙하지 않은 역할과 가치를 거부하는(repudiation) 등 자아정체성의 혼란으로 힘들어할 수 있다.

(6) 성인 초기(22~34세) : 친밀감 대 고립감

성인 초기의 심리사회적 위기는 '친밀감 대 고립감(intimacy vs. isolation)'으로 표현되며 긍정적 자아특질은 사랑이다. 이 시기의 심리사회적 위기를 성공적으로 극복하지 못한 사람은 배타성을 발달시키게 되어 사회적으로 고립되며 타인과의 원만한 관계를 형성하기 어렵다(Newman & Newman, 1987). 가장 중요한 과업은 친밀감으로 사랑을 통해 확보될 수 있다. 초기에는 이성에 매료되어 사랑에 빠지기도 하지만 이성과 사귀는 동안에도 자신의 미래와 희망 그리고 미래에 대한 계획에 대한 탐색과 도전을 통해 진정한 자신의 모습을 찾기 위해 노력한다. 그 결과 성인 초기에 사람들은 부모에게서 독립하게 되고 책임감 있고 성숙한 성인으로서 기능하기 시작한다.

에릭슨은 이 시기의 친밀감을 성적인 것 이상의 우정과 인류애 그리고 사랑을 포함하는 개념으로 설명하였다. 이 단계의 위기를 만족스럽게 극복하지 못하면, 자아도취 상황이나 친밀한 사회적 관계를 회피하는 고립 상황에 놓일 수 있다. 예를 들어, 연애가 자신의 성공에 방해가 된다고 생각해서 이성교제를 피하는 등 타인을 배척하는 사람이 될 수도 있다(최옥채 외, 2007 : 51). 반면, 위기를 잘 극복하면 자아는 사랑이라는 자아특질을 가지게 된다.

(7) 성인 후기(34~60세) : 생산성 대 침체

이 단계에서는 '생산성 대 침체(generativity vs. self-stagnation)'의 심리사회적 위기가 나타난다. 에릭슨은 이 단계에서 자녀를 양육하는 것을 가장 중요한 과업으로 보았다. 생산성에는 자녀를 출산하고 양육하는 것 외에, 학생, 동료나 친구를 잘 보호하고, 직업이나 여가활동에 참여함으로써 얻게 되는 창조성이 포함되며, 다음 세대로 사상을 전수하는 것까지도 포함한다(권중돈 · 김동배, 2005 : 279-280).

생산성은 다음 세대가 일하며 살아갈 사회적인 지침을 확립하는 데 관심을 나타냄으로써 생긴다. 생산성으로 말미암아 인간은 후세대를 양육하고 가르치며 지도 감독하는 활동을 수행하고 이전 세대의 문화와 의식이 후세내로 연결될 수 있도록 만든다. 배려는 이 단계에서 나타나는 긍정적 자아특질이며, 도움이 필요한 사람들을 돌봐주고 그들에게 지식과 경험 등을 나누어 주는 것을 포함한다. 에릭슨은 "인간은 어떤 직업에서 일하든지 남을 가르치고자 하는 천성적 욕망이 있다"라고 표현하였다. 가르친다는 것은 인간에게 성취감을 줄 뿐 아니라 자신의 존재가치를 확인하고 이타적인 행동을 가능하게 만들어 준다(최순남, 2002 : 201; Hall & Lindzey, 1978).

이 시기의 심리사회적 위기를 성공적으로 극복한 성인은 타인을 보호할 수 있는 능력과 배려하는 태도를 보이게 된다. 이 시기의 위기를 극복하지 못한 사람들은 부정적인 자아특질인 거부 또는 권위주의에 빠지게 될 수 있다. 생산성이 결여된 사람들은 자기중심성(ego-centric)이 강하다. 자신의 욕구와 만족에 완전히 빠져버리기 때문에 인간관계는 협소하고 타인에게 충분한 관심을 표현하지 못하는 거절을 경험하는 경우가 많다.

(8) 노년기(60세~사망) : 자아통합 대 절망

노년기에서는 '자아통합 대 절망(integrity vs. despair)'의 심리사회적 위기가 나타난다. 노년기는 노인들이 신체적인 노쇠와 직업으로부터의 은퇴, 친한 친구나 배우자의 죽음 등으로 인하여 인생에 대한 무력감을 느끼게 되는 일이 많다. 이 시기의 성패는 신체적·사회적 퇴보를 어떻게 받아들이는가에 달려있다. 이 단계의 특징은 새로운 심리·사회적 위기의 출현보다는 오히려 자아발달의 전 7단계의 통합과 평가로 나타난다. 노년기에 어떤 이는 자신의 성취에 기뻐하고 행복해하지만, 또 어떤 이는 너무도 짧은 인생에서 못다한 일들에 후회하고 불평하기도 한다(Vander Zanden, 1989).

이 시기 긍정적 자아특질인 자아통합은 자신의 인생을 돌이켜 보면서 자신의 인생을 수용하고, 지나간 인생에 대해 '나는 만족한다'라고 확신하는 것을 의미한다. 이와는 반대로, 자신의 인생을 실패의 연속이라고 생각한다면, 이들은 인생의 황혼기에서 지나온 생애를 후회하고 절망감을 느낄 수 있다. 노년기의 이런 절망감과 후회는 노인성 정신병, 우울증 등으로 이어지며, 과대망상의 증상으로 나타날 수 있다. 이 시기 위기를 잘 극복하면 자아는 삶에 대한 적극적인 관심과 지혜를 얻게 되지만, 그렇지 못하면 나약함과 자신에 대한 경멸감을 경험하게 된다.

4. 심리사회이론의 평가와 적용

1) 심리사회이론의 일반적 평가

인간의 정신발달의 수많은 측면을 자아정체성이라는 용어로 설명한 에릭슨은 현대의 성격이론에 지대한 영향을 주었다. 심리사회이론은 프로이트 이후 정신분석학을 초월하여 현대의 사회과학 및 인간과학 전반에 걸쳐서 광범위하게 영향을 미치고 있다(박아청, 1984 : 12). 특별히 에릭슨의 심리사회이론은 인간의 생애주기를 통한 변화와 사회적·역사적 요인을 배경으로 한 인간의 성격을 이해하는 것을 중요하게 생각했다. 인간행동의 근원을 본능(id)이라고 주장한 프로이트와 자아(ego)의 자율적인 기능을 강조한 에릭슨의 이야기 중 어느 것이 더 타당한지 생각해 볼 문제이다. 또한 에릭슨이 프로이트의 심리성적 발달단계를 8단계로 확대하였다는 점은 인간발달을 연구하는 인문학에 진일보한 지식과 이해력을 제공하였다는 긍정적인 평가도 있다.

하지만 에릭슨의 인간관이 지나치게 낙관적이었다는 비판을 받기도 하였다. 에릭슨은 프로이트의 본능, 무의식적이고 비합리적인 것 대신에 자아, 의식적이고 합리적인 것을 강조함으로써 이론적 차별성을 두었다. 하지만 심리사회 발단단계의 여러 측면들을 프로이트의 심리성적 발달단계와 무리하게 연결하려 했던 점은 지금도 비판의 대상이 되고 있다(최순남, 2002 : 203-204). 심리사회이론은 노년기에도 인간의 성격발달이 가능하다는 새로운 통찰을 제시하여 주기도 했지만, 노년기가 어떻게 성숙하는 발달과정의 일부분이 될 수 있는지에 대한 명확한 설명은 여전히 부족하다(Crain, 1983). 그러데도 에릭슨은 자아의 학습 및 행동능력에 초점을 두고 정신건강과 적응을 설명하고, 본능(id) 대신 환경에 대한 자아의 대처능력 및 지배능력과 관련한 행동을 중시하는 등 개인의 감정이나 행동유형 및 병리를 일으키는 원인이 무엇인지를 찾아낼 수 있는 실마리를 다양하게 제공해 주고 있다.

2) 사회복지실천 적용 과제

에릭슨의 심리사회이론은 개인, 가족, 집단의 내담자 체계와 직접 대면하여 서비스를 제공하는 사회복지의 직접적인 실천방법론에 큰 영향을 미쳤다고 볼 수 있다. 특히 에릭슨의 자율적 자아 기능에 관한 견해는 사회복지실천의 방법론에 지대한 영향을 미쳤다. 개인의 자아를 강화하고 클라이언트를 둘러싼 환경적 조건을 향상함으로써 문제해결이 가능하다는 관점은 현대적인 사회복지실천의 방법론의 핵심적 시각이다. 그래서 인간의 성격발달에 대한 에릭슨의 접근방법은 사회복지실천의 철학과도 일치한다. 아울러, 사회제도가 어떻게 인간발달을 촉진하는지에 대한 사회복지사의 인식을 확장하는 데 많은 도움을 주고 있다.

특히 1940년대에 사회복지실천이 단선적인 '의료모델(medical model)'로부터 변화를 시도할 때 에릭슨의 심리사회이론은 사회복지실천의 지식 기반을 제공한 것으로 평가되고 있다(Newman & Newman, 1987). 사회복지실천에서 클라이언트의 문제 개입과정은 일반적으로 조사 진단, 계획수립, 계획에 대한 수행, 평가와 종결로 이루어진다. 에릭슨의 심리사회이론은 클라이언트 문제개입과정에서 인간의 성격과 발달단계에 대한 사정의 도구로서 적절한 실천의 지침을 제공해 준다. 문제에 대한 정확한 조사와 진단은 클라이언트 문제를 효과적으로 개입하고 도움을 주는 데 필요한 도구인 만큼, 이 이론은 클라이언트의 문제를 이해할 수 있는 이론적 도구가 되어준다.

심리사회이론의 인간에 대한 관점은 인간을 하나의 총체적 존재로 바라보고, 인간의 심리문제나 병리는 인간의 사회화 과정에서 발생한다고 본다. 이러한 심리사회이론의 특성은 '환경 속의 인간' 관점과 맥을 같이한다. 심리사회이론은 기존의 성격이론들과 달리, 인간의 발달과정에서 나타나는 여러 가지 심리사회 문제들을 사회와 연관하여 설명하고 있다는 점에서 사회복지실천에 시사해 주는 바가 크다.

심리사회이론이 사회복지실천에서 유용하게 활용될 수 있는 또 다른 이유는 인간에 대한 관점이 긍정적이라는 점이다. 심리사회이론은 인간을 통제할 수 없는 무의식적인 힘에 따라 지배되는 것으로 보는 것이 아니라 직면하는 갈등이나 문제를 합리적이고 창조적으로 해결해 나갈 수 있는 존재로 본다. 그리고 각 발달 단계에서 직면하는 위기 상황은 개인에게 갈등과 불안을 야기하는 반면, 동시에 하나의 전환점으로서 자아가 성장하고 발달해 나갈 수 있다는 점에서 클라이언트의 강점과 역량을 향상시키려는 사회복지실천의 '강점관점(strength perspective)'과 이론적 맥락을 같이 한다.

요약

- 자아의 발견과 자아정체감의 중요성 강조 : 자아는 일생 동안 발달하며, 외부환경에 적응하는 과정에서 형성되는 역동적인 힘으로 규정
- 점성설의 원리 : 인생주기의 각 단계는 이 단계가 우세하게 출현하는 최적의 시간이 있고, 모든 단계가 계획대로 진행될 때 완전한 기능을 하는 성격이 형성
- 심리사회적 위기 : 성장과정에서 발생하는 심리적 위기를 만족스럽게 해결하게 되면 긍정적 자아특질이 강화되고 점차 성장·발달하는 자아 속에 스며들어 보다 건전한 발달이 이루어짐. 그러나 반대로 갈등이 지속되거나 위기가 만족스럽게 해결되지 못하면, 자아발달은 손상을 받게 되고 부정적 자아특질은 강화됨
- 심리사회적 발달 8단계와 심리사회적 위기
  ① 유아기(출생~2세) : 신뢰감 대 불신감
  ② 초기 아동기(2~4세) : 자율성 대 수치감
  ③ 유희기(4~6세) : 주도성 대 죄의식
  ④ 학령기(6~12세) : 근면성 대 열등감
  ⑤ 청소년기(12~22세) : 자아정체감 대 정체감 혼란
  ⑥ 성인 초기(22~34세) : 친밀감 대 고립감
  ⑦ 성인 후기(34~60세) : 생산성 대 침체
  ⑧ 노년기(60세~사망) : 자아통합 대 절망

기출문제

01. 에릭슨(E. Erikson)과 프로이트(S. Freud)의 발달단계의 연결로 옳은 것은?(제14회 기출문제)

① 근면성 대 열등감-구강기(oral stage)
② 친밀감 대 고립감-잠복기(latency stage)
③ 주도성 대 죄의식-생식기(genital stage)
④ 자율성 대 수치와 의심-항문기(anal stage)
⑤ 정체감 대 정체감 혼란-남근기(phallic stage)

02. 에릭슨(E. Erikson)의 심리사회적 이론의 기본 가정에 관한 설명으로 옳지 않은 것은?(제13회 기출문제)

① 발달은 점성원칙을 따른다.
② 인간의 공격성과 성적 충동의 영향력을 강조한다.
③ 인간을 합리적이고, 이성적이며, 창조적인 존재로 간주한다.
④ 인간행동은 의식 수준에서 통제 가능한 자아(ego)에 의해 동기화된다.
⑤ 발달단계에서 외부환경에 대처하고 적응하는 과정을 중요하게 다룬다.

03. 에릭슨(E. Erikson) 이론의 주요 개념과 그에 관한 설명으로 옳은 것은?(제14회 기출문제)

① 전이-치료자가 클라이언트의 문제를 자신에게 투사하는 것이다.
② 창조적 자기-개인이 인생의 목표를 직시하고 결정하는 능력이다.
③ 페르소나-자아의 가면으로 개인이 외부세계에 내보이는 이미지이다.
④ 집단 무의식-모든 개인의 정신이 공통으로 가지고 있는 하부구조를 일컫는다.
⑤ 점성원칙-인간발달은 최적의 시기가 있고, 모든 단계는 예정된 계획대로 전개된다.

04. 에릭슨(E. Erikson)의 이론에서 심리사회적 위기와 이를 성공적으로 해결하여 얻게 되는 심리사회적 능력의 연결이 옳은 것은?(제9회 기출문제)

① 자아통합 대 절망－배려
② 주도성 대 죄의식－의지
③ 근면성 대 열등감－능력
④ 생산성 대 침체－목적
⑤ 자율성 대 수치와 의심－희망

05. 에릭슨(E. Erikson)의 관점으로 맞는 것은?(제4회 기출문제)

① 전 생애에 걸친 발달을 주장한다.
② 초기 아동기 때 심리적 건강을 확립한다.
③ 인간은 본능에 의존한다.
④ 인간행동의 동기를 원초아(id)에 둔다.
⑤ 사고능력 발달을 위해 공통적인 과정을 거친다.

정 답 1. ④ 2. ② 3. ⑤ 4. ③ 5. ①

제11장

행동주의 및 사회학습이론

Ivan P. Pavlov
(1849~1936)

행동주의자들은 밖으로 드러난 인간의 행동에 관심을 가지며 행동의 결정인자는 사람의 외적 환경에서 발견되는 것으로 내적 삶에 있는 것이 아니라고 주장한다. 즉, 인간행동의 대부분은 학습되거나 학습에 의해 수정 및 변화될 수 있다고 본다.

초기 행동주의이론에서는 인지, 감각, 의지, 본능과 같은 개념은 내성적(內省的)이며 관념적인 것들로서 과학적 연구의 대상이 될 수 없기 때문에 자극과 반응에 의해 학습 또는 수정되는 직접 관찰 가능한 인간행동이 연구의 초점이 되어야 한다고 보았다. 그러나 사회학습이론은 인간의 내적 과정을 중요시하며, 학습된 행동은 사고, 기대, 정서에 의해 전달되고, 관찰 가능한 학습이나 모델링의 중요성을 강조한다.

또한 인간의 행동은 점성원칙에 따른 인생단계에 의하는 것이 아니라 인간을 둘러싼 환경이 계속적으로 행동을 정한다고 주장한다. 행동주의 이론은 다른 어떤 이론보다도 인간을 환경 속에서 보려고 하고 개인과 환경 사이에서 일어나는 거래를 향상시키며 클라이언트의 생활기술을 증진시키고 환경을 변화시키기 위하여 계획된 직접적 개입활동에 초점을 두고 있다(임상사회사업연구회 역, 1991).

행동주의 이론은 파블로프(Pavlov)의 고전적 조건화(classical conditioning), 스키너의 조작적 조건화(operant conditioning), 반두라(Bandura)의 사회학습이론(social learning theory)라는 세 가지 접근방법으로 분류된다.

1. 파블로프의 고전적 조건형성(Classical Conditioning)

파블로프는 개의 타액분위에 관한 실험을 하는 과정에서 고전적 조건형성을 발견하였다. 실험은 개에게 고기를 주면서 종소리를 들려주기를 반복한 결과, 개는 종소리를 듣고 침을 흘리는 반응을 습득하였다. 이처럼 개가 종소리에 침을 흘리는 과정을 학습하게 되는 과정을 다음과 같이 설명한다.

개는 고기를 주면 무조건 침을 흘린다. 이 경우 고기처럼 무조건 침을 흘리게 하는 자극을 무조건 자극이라고 하고, 이러한 자극에 대해서 자동적으로 유발되는 반응을 무조건 반응이라고 한다. 처음에는 침을 흘리게 하지 못했지만 고기와 함께 짝지어 제시됨으로써 개로 하여금 침을 흘리는 반응이 나타나게 한 자극(종소리)을 조건 자극이라고 하며, 이러한 조건 자극에 의해 유발된 반응을 조건 반응이라고 한다.

〈표 11-1〉 파블로프의 고전적 조건화 사례

조건형성 전 (개에게 음식물을 주면 침을 흘린다)	고기(무조건 자극) > 침을 흘림(무조건 반응) 종소리(중립자극) > 침을 흘리지 않음
조건형성 시행 (종소리를 울리고 고기를 주는 일을 여러 차례 반복)	고기(무조건 자극) + 종소리(조건 자극) > 침을 흘림
조건형성 후 (종소리만 울려도 개가 침을 흘린다)	종소리(조건 자극) > 침을 흘림(조건 반응)

출처 : 권석만(2014), p. 167 재구성.

2. 스키너의 행동주의 이론

1) 스키너의 행동주의 이론의 발생배경

Burrhus Frederic Skinner
(1904~1990)

스키너(Skinner)에 의해 창시된 조작적 조건형성이론에서는 행동의 학습은 어떤 강화가 없으면 일어나지 않는다고 보고 있다. 스키너는 자율적 인간이란 존재할 수 없다고 주장하면서 인간의 자기결정과 자유의 가능성을 완전히 배제하였다. 즉, 환경적 요인에 의해 인간의 본성이 결정된다는 기계론적인 환경결정론의 입장을 취하고 있다.

또한 인간행동을 객관적인 자극-반응의 관계에서만 설명할 수 있다고 보고 인간 본성에 대해 강한 객관적 관점을 갖고 있으며(Allen, 2003), 인간의 행동을 불러일으키는 요인은 환경적 자극이라고 주장한다. 즉, 스키너는 강화속성을 변화시킴으로써 인간행동은 얼마든지 변화시킬 수 있다고 보고 있다.

행동주의 이론에서 성격이란 각 개인이 지니고 있는 행동유형들의 집합이며, 한 개인의 행동과 그에 따르는 강화 사이의 관계유형이라고 본다. 자극-반응이라는 학습원칙은 누구에게나 동일하게 적용되지만 각자의 유전적 배경과 독특한 환경적 조건이 개인 특유의 행동유형을 형성하므로 모든 사람들의 행동발달 유형은 모두 다르다고 본다(사회복지교육연구센터, 2009 : 125).

즉, 개개인의 독특함에 대해서 인정하였는데, 이는 인간에게 영향을 미치는 외부환경이 사람마다 다르다고 여겼기 때문이다. 그는 인간의 행동은 개인과 그들의 환경 사이의 지속적인 상호작용과 관련된다고 보았으며, 모든 행동이 앞서 발생된 일의 결과에 의해 결정된다고 보았다.

스키너는 인간의 행동은 환경적 자극에 의해 동기화되며, 행동에 따르는 강화에 의해 전적으로 결정된다고 보았다. 이러한 스키너의 인간행동에 대한 기본 가정을 ABC 패러다임이라고 하는데 이를 도식화하면 다음과 같다.

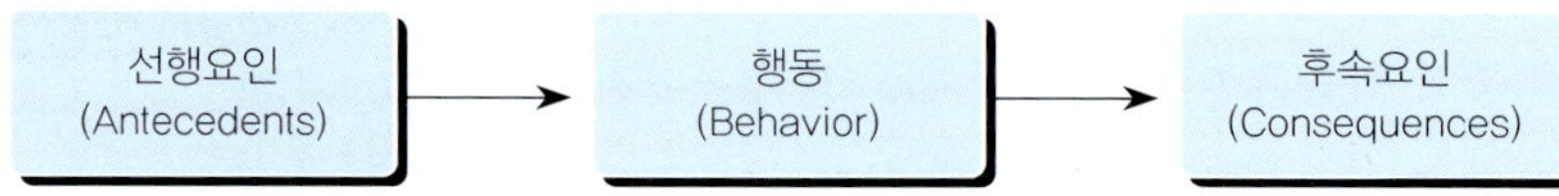

|그림 11-1| 스키너의 인간행동에 대한 패러다임

선행요인은 행동 이전에 일어나는 사건으로 이 사건은 일어날 행동의 단계를 설정하게 된다. 행동은 관찰 가능하고 측정 가능한 반응 혹은 행동으로 때로는 인지, 심리생리적 반응, 감정 등을 포함하는 넓은 의미이다. 결과는 특정 행동의 결과인 그 무엇을 말하는 것으로 결과를 가장 잘 설명하는 용어는 강화와 벌이다.

2) 스키너의 생애와 행동주의 이론

스키너는 1904년 3월 20일 미국 펜실베이니아 주의 북동쪽에 자리 잡고 있는 철로도시 서스퀴애나에서 태어났다. 그의 아버지는 변호사였고 그는 자신의 어린 시절을 포근하고 안정된 환경으로 학습이 존중되고 훈육이 잦고 행위에 상당하는 보상이 적절히 주어진 것으로 기억한다. 소년 시절 스키너는 물건을 디자인하고 만드는 데 많은 시간을 보냈으며, 이러한 기계의 발명에 대한 흥미는 후에 그가 관찰 가능한 행동을 변형시키는 데 대한 관심을 갖게 만들었다.

그는 1928년 하버드 대학의 심리학과 대학원에 입학하여 동물행동을 전공하였으며, 1931년 박사학위를 받았다. 스키너는 이후 미네소타 대학교, 인디애나 대학교 등에서 교수로 재직하면서 이전의 고전행동주의자(파블로프와 손다이크)의 조건화이론을 고전적 조건화 또는 도구적 조건화로 분류하고 이 두 이론을 체계화시켜 자신을 행동주의 심리학의 선구자적 위치에 올려놓았다. 그는 실험심리학학회로부터의 워렌상(Warren Medal)과 미국 심리학회의 특별과학 공로상을 비롯하여 심리학 분야에서 여러 상을 수상하였다.

스키너가 가장 관심을 가진 영역은 행동의 경험적 분석으로, 처음에는 쥐나 비둘기 등 하위동물을 연구한 후 그 원리를 성인의 정신분석 및 자폐성 어린이연구, 인간 언어의 분석 등 다른 상황에 적용시켰다. 또한 스키너 상자로 알려진 장치를 동물의 조작적 행동(operant behavior)을 연구하는 데 사용하였다. 스키너의 다양한 업적으로 볼 때 그는 현대 심리학에 있어 매우 중요한 인물임에 틀림없다.

3) 주요 개념

(1) 조작행동

조작적 조건화는 1911년 손다이크(Thorndike)가 실시한 도구적 조건화(instrumental conditioning)의 실험[1)]에서 유래되었다. 이 실험에서 모든 행동의 효과는 그 행동을 실행하는 유기체가 앞으로 취할 행동의 원인이 된다는 것이다. 즉, 특정 행동에 따르는 결과가 다음 행동의 원인이 되며, 행동은 결과, 즉 보상과 벌에 의해 유지 또는 통제된다는 것이다.

스키너는 인간의 행동을 반응행동과 조작적 행동으로 구분하였다. 반응행동은 뜨거운 것이 손에 닿았을 때 손을 움츠리는 것과 같이 자극에 대해 반사적으로 나오는 행동이며, 조작적 행동은 도구적 조건화 또는 조작적 조건화에 의해 습득된 행동을 의미한다.

스키너는 조작적 조건화를 증명하기 위해 **'스키너 상자'**라 불리는 실험 장치를 고안하였는데, 지렛대가 장치되어 있는 스키너 상자에 굶수린 흰 쥐를 넣어 지렛

1) 누름판을 누르면 문이 열리는 장치가 되어있는 실험상자 안에 배고픈 고양이를 집어넣고 실험상자 밖에 음식을 놓아두었다. 고양이는 이런 문제 상황에서 음식을 먹기 위해 상자 밖으로 나가려고 여러 가지 행동을 하다가 우연히 누름판을 누르자 문이 열리고 음식을 먹을 수 있었다. 이 고양이를 다시 실험상사 안에 집어넣자 곧 누름판을 눌러 상자 밖으로 나와 음식을 먹었다. 손다이크는 보상이 주어지는 행동은 학습되고 처벌이 주어지는 행동은 회피된다고 주장하였다(권석만, 2014).

대를 누르면 먹이(결과)가 나오도록 하였더니 점차로 지렛대를 누르는 속도가 빨라졌다. 이 실험에서 지렛대를 누르는 행위는 먹이에 의해 강화된 것인데 만일 지렛대를 눌렀을 때 먹이가 주어지지 않았다면 지렛대를 누르는 속도가 빨라지지 않았을 것이다. 이렇게 의식적으로 어떤 결과를 일으키게 조작하는 행동을 조작적 행동이라 부르고 이러한 행동을 통하여 형성되는 조건을 조작적 조건화라 하였다. 이러한 실험을 통해 스키너는 특정한 행동이 강화물을 제시하는 시간간격과 방법에 따라 어떻게 학습되고 소거되는지를 정교하게 밝혔고, 이는 인간의 행동을 긍정적으로 변화시킬 뿐만 아니라 효과적인 교육과 사회적 변화에 활용하고 있다(권석만, 2014).

(2) 강화

스키너의 조작적 조건형성의 핵심 원리는 강화(reinforcement)이다. 조작적 조건화의 기본 전제는 행동이 그 결과에 의해 통제된다는 것이다. 어떤 결과가 행동이 다시 일어날 가능성을 증가시켜 줄 때 이를 강화라고 한다. 강화의 형태에는 일차적 강화물과 이차적 강화물(조건적 강화물)이 있다. 일차적 강화물은 강화속성을 가진 사건이나 대상으로 유기체에 주는 보상이며, 그 자체로 생리적 만족을 줄 수 있는 강화물로 학습과는 무관하다. 예를 들어, 배고픈 사람에게 음식을 주는 것은 음식 그 자체가 강화물이 될 수 있다. 이차적 강화물은 일차적 강화물과 연결됨으로써 강화력을 가지게 되는 자극을 말한다. 배고픈 아이에게 음식을 주면서 보여주는 엄마의 웃음 또는 지원의 표시는 이차적 강화물에 해당된다.

강화에는 두 가지 종류가 포함되어 있다. 즐거운 결과를 제공하는 정적 강화(positive reinforcement)와 혐오적 결과를 제거하는 부적 강화(negative reinforcement)가 포함되며, 이 두 가지 강화는 모두 행동의 빈도를 증가시킨다. 정적 강화는 아이가 바람직한 행동을 하면 원하는 것을 사주는 등의 긍정적 보상을 통해 그 행동을 지속시키고 증가시키는 것을 말한다. 이러한 강화에 사용되는 정적 강화물은 다시 사회적 강화와 물질적 강화로 나눌 수 있다. 사회적 강화는 칭찬, 미소, 껴안아 주기, 토닥거려 주기 등이 있으며, 물질적 강화는 선물, 장난감, 토큰, 음식 등이다. 인간은 물질적 강화물보다는 사회적 강화물을 보다 선호하는 경향이 있다.

반면 부적 강화는 학교에서 바람직한 행동을 하면 화장실 청소를 면제시켜 주는 등 그 사람이 싫어하는 어떤 것을 제거하여 바람직한 행동을 지속시키는 방법이다. 부적 강화물은 어떤 행동이 일어난 직후에 제거했을 때 그 행동이 일어날 가능성이 보다 높다.

스키너는 부적 강화보다는 정적 강화를 더 선호했는데, 어떤 상황을 회피하기 위해 행동을 하는 경우보다는 행동을 한 결과로 어떤 것을 획득할 수 있는 것이 더 바람직하다고 생각했기 때문이다.

정적 강화와 부적 강화 모두 특정한(대체적으로는 바람직한 혹은 기대되는) 행동을 증가시키는 것을 목적으로 제공되지만 정적 강화는 긍정적 강화물을 제시하여 특정 행동을 강화시키는 것이고 부적 강화는 부정적 강화물을 제거하여 특정 행동의 빈도를 증가시킨다는 차이점이 있다.

(3) 벌

어떤 결과가 행동이 재현될 가능성을 낮추는 것을 벌(punishment)이라고 하는데, 벌에도 두 가지 유형이 있다. 하나는 혐오적 자극을 제시하는 것이고 또 다른 하나는 유쾌한 자극을 철회하는 것이다. 혐오적 자극을 제시하는 것은 바람직하지 못한 행동을 한 아동에게 매를 드는 방법이고, 유쾌한 자극을 철회하는 것은 바람직하지 못한 행동을 했을 경우 아동이 좋아하는 컴퓨터를 못하게 하는 방법을 사용하는 것이다.

그러나 이러한 벌을 가하는 것은 신중히 고려해야 하는데, 벌은 부적절한 행동을 제거하기보다 일시적으로 부적절한 행동을 억압하는 경우가 많기 때문이다.

이것은 또한 때로 벌하는 사람을 공격적으로 만들고 처벌받는 사람에게는 공포를 유발할 수 있다. 따라서 스키너는 벌보다는 소거가 효과적이라고 주장한다. 벌이 효과적으로 활용되기 위해서는 벌을 받아야 할 특정한 행동이 일어날 때마다 반드시 주어져야 하며, 행동이 발생한 즉시 주어져야 하고, 벌을 받는 행동과 비슷한 시기에 보상을 받아서는 안 된다. 또한 벌의 효과가 오래 지속되려면 벌이 아주 강한 것이어야 한다.

(4) 강화 계획

조작적 조건화의 중요성은 모든 다른 조건이 동일하다면 강화된 행동은 반복되는 경향이 있으며, 반면 비강화되거나 처벌받은 행동은 반복되지 않거나 소멸되는 경향이 있다는 사실에 근거한다. 강화계획은 강화가 전달되는 조건을 말하는데 연속적 강화와 간헐적 강화로 나눌 수 있다. 어떤 행동이 발생할 때마다

강화를 받는 것을 연속적 강화라고 하는데 연속적 강화계획으로 유지된 행동은 더 이상 강화가 제공되지 않을 때 매우 빨리 사라지는 경향이 있다.

간헐적 강화계획은 크게 시간간격 강화와 반응비율 강화의 방법이 있다. 시간간격 강화의 방법은 고정간격계획과 가변간격계획으로 분류되며 반응비율 강화는 고정비율계획과 가변비율계획으로 나뉘며 구체적인 내용은 다음과 같다.

① 고정간격계획

고정간격계획(fixed-interval schedule)은 정해진 시간간격으로 강화를 하는 방법이며 이 강화 스케줄에 따르는 반응률은 시간이 지나면서 증대되나 강화를 얻은 바로 직후에는 반응률이 낮다. 만약 고정적으로 정해진 시간에 따라서 강화를 준다면 유기체는 단지 강화를 얻기 위해 반응을 보일 가능성이 높다. 예를 들면, 일당, 월급 등이 있다.

② 가변간격계획

가변간격계획(variable-interval schedule)은 예측할 수 없는 시간간격으로 강화를 하는 것이다. 일반적으로 시간간격이 긴 경우보다 짧은 경우에 상대적으로 높은 반응률을 보인다.

③ 고정비율계획

고정비율계획(fixed-ratio schedule)은 일정한 횟수의 행동을 한 다음 강화시키는 방법이며 높은 수준의 조작적 반응을 야기한다. 예를 들어, 판매량에 따른 보수, 경작면적에 따른 보수 지급 등이 있다.

④ 가변비율계획

가변비율계획(variable-ratio schedule)은 평균적으로 정해진 어떤 수의 반응이 일어난 후 강화를 하는 것으로, 예를 들어 평균 15번에 한 번씩 강화를 하지만 어떤 때는 10번에 한 번 혹은 20번에 한 번씩 강화를 하는 방법이다.

바람직한 행동이 습관화되어 고정된 후에는 간헐적 강화가 연속적 강화보다 행동을 유지하는 데 효과적이다. 일반적으로 높은 비율의 반응을 발생시키는 강화계획은 가변비율계획, 고정비율계획, 가변간격계획, 고정간격계획의 순이다.

(5) 변별과 일반화

변별이란 한 자극을 제시했을 때 반응하는 행동은 강화해 주고 반응하지 않으면 강화를 하지 않는 것을 말한다. 예를 들어, 쥐는 전구의 불빛이라는 변별자극을 학습하여 지렛대 누르는 행동을 해야 할 때와 그렇지 않을 때를 구분하게 된다. 이처럼 변별자극은 여러 다른 사회적 상황에서 어떤 특수한 조작적 반응을 하는 경우 초래되는 결과를 예측할 수 있다.

일반화(generalization)는 특정 자극상황에서 강화된 행동이 처음의 자극과 비슷한 다른 자극을 받았을 때 다시 발생하게 되는 것을 의미한다. 즉, 강화된 행위가 다양한 관련 상황으로 확상되는 것이다.

(6) 소거

소거는 이전에 강화되었던 행동이 더 이상 이전과 같은 결과를 가져오지 않는 것이다. 보상받지 못하는 행동은 발생의 기본적인 수준으로 감소하며 그 행동은 결국 소거된다. 주어진 상황에서 개인이 이전에 강화된 행동을 취하였을 때 더 이상 그러한 반응이 강화되지 않으면 다시 같은 반응을 하지 않을 가능성이 높아진다.

(7) 행동조성

인간행동의 대부분은 점진적으로 학습되는데 이를 행동에 대한 점진적 접근이라 하며, 그 대표적인 개념이 행동조성(shaping)이다. 행동조성은 복잡한 행동이나 기술을 학습시키는 과정이라 할 수 있다. 조성이라는 용어는 유사한 반응에 대해 연속적으로 차별적 강화를 하는 과정을 의미한다. 행동조성은 원하는 행동에 접근할 때마다 강화가 주어지기 때문에 행동에 대한 점진적 접근이라고도 한다.

조작적 조건형성 과정에서 원하는 행동이 일어났을 때 강화를 제공함으로써 학습이 이루어지지만 학습시키기를 원하는 행동이 자발적으로 일어날 가능성이 적은 경우가 많다. 이러한 문제를 해결하기 위해서는 조건형성하고자 하는 행동에 가장 가까운 행동부터 점진적으로 접근하여 강화하는 방법인 행동조성이 필요하다. 즉, 의도한 반응에 근접한 반응을 해야 계속 강화를 받을 수 있다. 복합적인 행동을 학습하기 위해서는 구체적이고 세분화된 행동의 단계로 구분하여 접근하는 것이 효과적이다.

4) 행동주의 이론의 평가와 적용

(1) 행동주의 이론의 일반적 평가

조작적 행동주의는 고전적 행동주의적 사고를 더욱 확장하였으며, 인간행동은 내적인 충동보다는 외적 자극에 의해 이루어진다고 보았기 때문에 욕구, 동기,

갈등 등에 관한 추측을 회피하였다. 그는 행동주의 이론을 발전시키는 데 공헌을 하였으나 다음과 같은 한계도 지니고 있다. 인간행동을 결정함에 있어 고도의 정신과정이 중요함에도 불구하고 스키너는 인지의 창조적인 면을 염두에 두지 않았다. 또한 인간의 모든 행동은 조작을 통하여 변화할 수 있다는 주장에 대해서도 전적으로 받아들이기에는 힘든 제한점을 지니고 있으며, 인간행동은 보상과 처벌에 의해서만 유지되며 인간의 모든 행동은 예측이 가능하고 통제될 수 있다고 보아 자율적인 인간의 성격, 계획이나 목적, 심리 상태 등을 부정하였다. 그리고 스키너의 연구는 실제상황에서가 아니라 주로 실험상황에서 이루어지므로 행동변화를 실제생활에서 발생하는 다양한 문제들과 관련된 실제상황으로까지 일반화시키기 어렵다는 한계를 지니고 있으며, 행동주의에서의 처벌원칙은 비인간적인 면을 정당화시킨다는 점에서 비판을 받고 있다.

그러나 이러한 한계 및 비판에도 불구하고 스키너는 사람들이 서로 처벌하는 입장에 있기보다는 서로 격려하고 칭찬하면서 살도록 하기 위하여 부적응적이고 비성공적인 행동유형을 재조정하는 데에 깊은 관심을 가지고 연구하였다. 또한 치료기법의 효과성을 중시하고 발전시킨 점, 치료기법에 대한 정밀한 측정을 강조한 점, 비교적 짧은 시간 내에 개입의 효과를 기대할 수 있다는 점에서 긍정적인 평가를 받고 있다.

(2) 사회복지실천에 대한 적용

행동주의 학습이론은 사회복지사에게 구체적인 인간행동의 개념, 사정과 행동수정 기법 및 실천에서 과정적 지침을 제공했으며 효과적이고 효율적으로 클라이언트를 원조하게 하였다(Tomas, 1970 : 191-195).

스키너는 경험적 실증을 통하여 인간행동을 설명하고자 다양한 실험을 하였다. 또한 인간을 이해하는 데 환경의 중요성을 부각시켰으며 상당수 사회복지전문직으로 하여금 원조의 초점을 정신 내적 갈등에서 외현적 행동으로 이동시키도록 하였고, 신체적 · 심리적 발달에 환경이 얼마나 중요한가를 입증하였다.

행동주의 이론은 사회복지실천에 있어 다른 이론들보다 치료적인 면에서나 임상적으로 더욱 효과적이라는 연구보고들이 있다(Fishef & Gohros, 1975). 행동을 변화시키기 위한 시도로 보상이나 인센티브를 사용하는 것은 행동주의 이론에서 나온 개념이며, 인지행동적 치료는 사회복지 영역에서 널리 사용되고 있다.

특히 행동 강화는 구체적인 행동수정을 목표로 문제행동을 지속시키는 선행조건과 강화요인이 무엇인지를 사정하고, 문제행동의 빈도와 강도를 측정하여 치료를 통한 문제행동의 해결 정도와 목표의 달성 정도를 지속적으로 평가할 수 있게 함으로써 사회복지실천의 효과성을 보여줄 수 있는 객관적 이론으로 인식되고 있다.

그러나 행동주의 이론에서는 인간행동이 외부 환경에 의해서만 결정된다고 보며 인간 자체에 관심을 갖지 않음으로써 인간의 본성과 인간 자체에 많은 가치를 두고 있는 사회복지실천에의 적용에는 어느 정도 한계가 존재하게 된다.

3. 반두라의 사회학습이론

반두라(Bandura)의 사회학습이론의 관점에서는 심리적 기능은 행동적·인지적 그리고 환경적 영향력 사이의 끊임없는 상호작용이라는 견지에서 가장 잘 이해될 수 있다고 한다. 이것은 행동, 개인적 요인, 사회적 영향력들 모두가 서로 맞물려서 결정요인으로 작용한다는 것을 의미한다. 즉, 행동은 환경에 의해 영향을 받지만 인간 역시 사회적 환경과 그들의 일상적인 사건에서 발생하는 다른 상황을 창조하는 역할도 수행한다는 것을 의미한다.

Albert Bandura
(1925~2021)

사회학습이론의 가장 두드러진 특징은 대부분의 우리 행동이 다른 사람을 관찰하고, 그 관찰한 사람을 본보기로 삼아 행동을 수행함으로써 학습된다고 믿는 데 있다. 사회학습이론은 학습과정에서 관찰학습에 초점을 둔다. 관찰학습이란 직접적 보상 없이 타인의 행동을 관찰함으로써 행동을 습득하는 것이며 이때 행동을 보여주는 대상을 모델이라고 한다.

반두라의 사회학습이론에서는 사람들의 행동 대부분이 강화에 의해서 학습되는 것은 물론 예상된 강화에 의해서도 결정된다고 보았다. 또한 대부분의 인간의 행동은 다른 사람들을 관찰하고 그 관찰한 사람들을 본보기로 삼아 행동을 수행함으로써 학습된다고 주장한다.

1) 사회학습이론의 발생배경

(1) 사회학습이론의 인간관 및 기본 가정

반두라는 인간은 단지 사회문화적 조건의 산물은 아니며 그 자신의 환경을 산출해 내는 주체자라고 보고 있다. 즉, 인간행동은 인지 특성, 행동 및 환경이 서로 상호작용한 결과라고 보는 상호결정론적 입장에 근거하여 인간의 본성을 설명한다.

반두라는 인간의 행동이 환경의 영향을 받기는 하지만 인간은 자신의 인지적 능력을 활용하여 사려 깊고 창조적인 사고를 함으로써 합리적 행동을 계획할 수 있는 능력이 있다고 본다. 또한 환경으로부터의 객관적 자극에 반응할 때 인간내면의 주관적인 인지적 요소가 관여한다고 보고 있기 때문에 인간에 대한 주관적 관점과 객관적 관점을 동시에 지니고 있다.

인간행동에 대한 환경결정론적인 스키너의 기본 가정과 달리 반두라는 인간행동이 학습된다는 점에서는 스키너에 동의하였지만 외적 환경의 자극과 인간 내적 사건이 상호작용하여 결정된다고 보고 있다. 즉, 인간행동의 이해를 사회와의 복합적인 상호작용에까지 확대시키고 있다. 이러한 반두라의 인간행동에 대한 기본 가정을 도식화하면 다음과 같다.

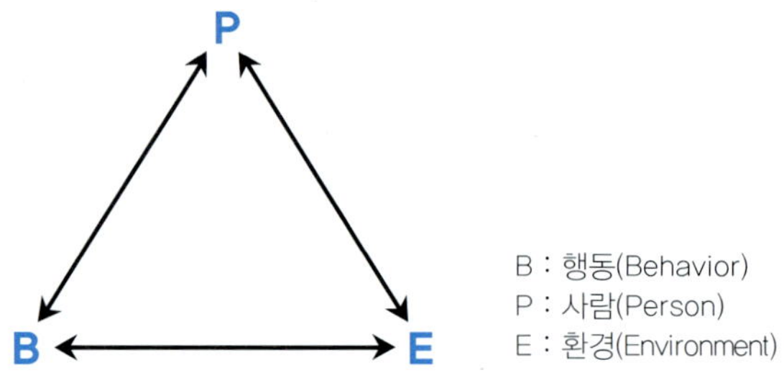

|그림 11-2| 반두라의 상호결정론

반두라는 대부분의 학습이 다른 사람의 행동을 모방한 결과로 일어난다고 생각하면서, 행동은 이를 보는 사람과 연관이 있으며, 또한 자신의 목표를 이루어내기 위한 행위의 결과물이라고 설명한다.

(2) 반두라의 생애와 사회학습이론

반두라는 1925년 12월 4일에 캐나다 앨버타 지방의 멀다에서 폴란드계 밀농사꾼의 아들로 태어났다. 그는 2명의 교사와 20명의 학생밖에 없는 고등학교에 다녔다. 이 시기에는 주로 독학으로 공부했는데, 반두라는 독학이 모든 졸업생들이 성공적인 직업경력을 쌓는 데 도움이 되었다고 회상한다. 그는 아이오와대학에서 1952년에 심리학 박사학위를 받았으며 이듬해 스탠포드 대학 심리학과 교수로 임용되어 재직하였다.

그의 초기연구 초점은 심리치료 과정, 가족 상황에서의 아동의 공격성 등에 있었는데, 특히 그는 아동이 사회 상황에서 모방을 통해 많은 것을 학습한다고 주장하여 모방학습의 이해에 관심을 고조시켰다. 학습이론가인 스펜스(Spence)의 영향을 받았으며 행동수정, 모델링, 관찰학습, 자기조정, 자기효능 등에 관해 연구하였다.

이후 반두라는 심리학에 끼친 공로를 인정받아서 1972년에 미국심리학회로부터 우수과학자상을 수상하였고 1973년에는 캘리포니아 심리학회로부터 우수과

학업적상을 받았다. 오늘날 반두라는 사회학습이론의 주요 인물로서, 행동수정의 개척자로서, 또한 공격성 이론의 학자로서 인정받고 있다. 특히 인간이 환경과의 접촉을 통하여 행동유형을 어떻게 발전시켜 나가는가 하는 이론을 발전시킨 학자이다.

2) 주요 개념

(1) 관찰학습

모든 인간의 삶은 학습과정으로 평생 무엇인가 배우면서 살아가게 된다. 반두라는 행동을 학습하는 것이 자신의 직접적 경험에서뿐만 아니라 '관찰학습'을 통해서도 이루어진다고 보았다. 관찰학습은 유용한 모델이 하는 행동을 따라 함으로써 학습이 되는 것으로 이것은 수동적인 행동의 모방만을 의미하는 것이 아니며, 학습된 행동을 모두 수행하는 것도 아니다. 즉, 관찰학습은 자극이라고 하는 단순한 외적 요인 외에 인간 내적인 여러 조건이 동시에 구비되어야 하는데 관찰학습은 다음의 네 단계를 거쳐서 이루어진다.

❶ 주의집중단계

관찰학습의 첫 단계로서 모방하려는 모델의 행위에 주의를 집중하는 단계이다. 모델에 대한 주의집중이 없다면 모방할 수 없기 때문에 학습자는 모델에 주의를 기울여야 한다. 모델링에 영향을 주는 주의집중의 결정 요인들은 자기 자신과 쉽게 교제하고 상호작용이 용이한 사람들 중에서 지각되고 선택된다.

❷ 기억과정

이 단계는 관찰된 내용이 기억되는 단계이다. 관찰에서 얻은 정보가 유용하기 위해서는 그것이 기억되어야 한다. 반두라는 정보는 심상적 방법과 언어적 방법의 두 가지 방법으로 상징적 기호의 형태로 저장된다고 한다.

③ 운동재생단계

이 단계는 기억을 행동으로 전환하는 것이다. 모델행동의 상징적 표상을 주의 깊게 형성하고 기억하고 연습을 하여도 정확한 행동수행을 못할 수도 있다. 관찰을 통해 새로운 반응형태는 알 수 있지만 이를 수행할 신체적 능력을 얻지 못할 수도 있다. 그러므로 행동을 정확하게 재생하려면 필요한 운동 기술을 갖추어야 한다.

이때 관찰자는 모델링에서 획득한 기억을 자기의 행동과 비교해 보는 연습과정을 거치며 자기 행동과 모델의 행동에 대한 기억 사이에 괴리가 있음을 알게 되면 교정한다. 이러한 과정은 관찰자의 행동과 모델행동이 서로 수용되어 합치될 때 까지 반복된다.

④ 동기화단계

반두라는 아무리 사람이 모델행동에 주의를 기울이고 그것을 기억한다고 할지라도, 또 아무리 행동을 수행할 수 있는 능력을 가지고 있다고 하더라도 충분한 자극이나 동기가 없이는 행동을 수행하지 않을 것이라고 주장한다. 모델링이나 관찰학습은 긍정적 자극이 주어질 때 빠르게 동기화되고 또 행동으로 전환될 수 있다.

(2) 모델과 모델링

모델은 관찰자를 위해 어떤 행동을 수행하고 그 행동이 어떻게 행해지며 그것으로부터 어떠한 이익이 생기는가를 보여주는 사람을 말한다. 모델링은 다른 사람의 행동을 관찰한 후 그 행동을 학습하여 따라 하는 것을 의미한다. 모델링은 관찰학습이라고도 하는데, 이는 어떤 사람의 행동을 관찰만 해도 행동할 수 있으며 이러한 모델링은 타인과의 관계 내에서 생활해야 하는 인간의 행동에 많은 영향을 미치게 된다. 모델링은 관찰자와 모델이 유사하거나 관찰자보다 지위나 신분이 높을 때 더 많이 모방하는 경향이 있다.

(3) 자기조정 · 자기규제

자기조정 · 자기규제는 자신의 행동을 감독하고 스스로 자부심을 가지는 것, 즉 자신의 행동에 영향력을 행사할 수 있는 개인의 능력을 의미한다. 인간의 행동은 외부로부터의 보상이나 처벌에 따라서 영향을 받기도 하지만 내적인 표준의 지배를 받기도 한다. 자기조정 · 자기규제는 개인이 자신의 성과를 어떻게 평가할 것인지 개인적인 기준에 따라서 좌우되며 자기평가적 반응과 관련이 있다(최옥채 외, 2007 : 122). 자기행동의 적절성에 대한 판단기준은 타인들의 성과와 비교함으로써 찾기도 하나 자기 자신의 과거의 행동과 현재의 행동성과를 비교함으로써 합리적인 기준을 찾게 된다.

(4) 자기강화 및 자기효능감

반두라는 인간의 행위가 외적 통제, 즉 직접 강화와 대리 강화에 의해서만 규제된다고 생각하지 않았으며, 자신에 대하여 생각하고 인식하는 내적 요인, 즉 스스로를 중재하는 행동이 가능하다고 보았다. 이렇게 자신의 행동을 모니터하는 과정을 '자기강화(self-reinforcement)'라고 한다.

외적인 보상이나 벌에 의해 인간행동이 학습된다는 급진적 행동주의자와 달리 반두라는 인간이란 감정, 사고, 행동을 통제할 수 있는 자기반영적인 능력을 지니고 있다고 보았다. 가장 강력한 자기조절과정의 하나는 자기효능감(self-efficacy)이다. 자기효능감은 어떤 행동을 수행할 수 있다는 자신의 능력에 대한 신념으로, 한 사람이 행동을 시도하는 것뿐만 아니라 시도한 행동의 질을 결정하는 데 영향을 준다. 즉, 아동이 경험을 통해 자신의 능력과 재능에 대한 신념인 자기효능감을 갖게 된다고 주장한다. 예를 들어, 한 아동이 자신의 운동 신경이 부족하다고 여긴다면 르브론 제임스(유명 농구선수)가 분명 재능 있고 인기가 많음을 안다 하더라도 그의 덩크 동작을 모방하려고 애쓰지는 않는다. 그러나 아동은 자신이 농구에 재능이 있다고 믿기 때문에 르브론 제임스를 모방하려고 한다(권민균 외 공역, 2016).

반두라는 이러한 자기효능감이 다음의 네 가지 요인을 통해 형성된다고 보았다.

첫째, 성취경험이다. 즉, 어떤 사람이 목표를 달성하기 위하여 시도한 결과성공과 실패를 얼마나 했느냐에 따라 자기효능감이 달라질 수 있다고 한다.

둘째, 대리경험이다. 즉, 타인의 성공과 실패를 얼마나 그리고 절실하게 목격했느냐 하는 대리경험에 의해 자기효능감이 영향을 받는다는 것이다.

셋째, 언어적 설득이다. 타인으로부터 무엇인가를 잘해낼 수 있다는 말을 얼마나 자주 듣느냐에 따라 자기효능감이 달라질 수 있다는 것이다.

넷째, 정서적 각성이다. 즉, 인간은 불안, 좌절 등과 같은 정서적 반응 그리고 그것을 적절히 조절하는 능력에 의해서 자기효능감이 달라진다는 것이다.

3) 사회학습이론의 평가와 적용

(1) 사회학습이론의 일반적 평가

반두라는 스키너의 조작적 조건화에 입각하여 결과는 조작될 수 있기 때문에 바람직한 행동은 강화되고 바람직하지 않은 행동은 처벌될 수 있다는 이론에 동의하였다. 하지만 단지 자극-반응이라는 유형을 넘어서서 복합적인 사회적 상호작용의 중요성을 강조하였다. 즉, 인간의 행동은 사람과 환경 간의 상호작용에 의해서 형성되며, 또한 그 환경에서 일어나는 사건에 대한 인지적 평가에 의해 행동이 형성된다고 믿었다. 즉, 개인의 인지(사고나 신념)를 강조하고 있다는 점이 다른 행동주의 이론과의 차이점이다.

반두라의 이론은 인지가 행동의 원인이 될 수 없다고 주장하는 행동주의자에 의해서 비판을 받거나, 정신역동이론에 비해서 인간의 행동을 잘 예견하지 못한다는 비판을 받기도 하였다. 이러한 비판에도 불구하고 사회학습이론은 오늘날 인간을 돕는 현장에서 매우 유용하게 활용되고 있으며, 인간을 더욱 낙관적으로 바라보고 있다. 반두라는 사회학습이론을 자극-반응 모델의 패러다임 그 이상의 것으로 전개시키면서 이상행동에 초점을 두는 정신분석이론을 근본적으로 거부하였으며 학습을 매개하는 중요한 요소인 인지과정을 강조하여 성격이론의 발달에 있어서 중요한 분기점을 나타내었다. 이러한 노력의 결과로 사회학습이론은 원조 전략의 발전뿐 아니라 장래의 사회심리적 사고의 발달을 위해서 큰 공헌을 하였다(최옥채 외, 2007).

(2) 사회복지실천에 대한 적용

사회학습이론에서는 부적응 행동은 기능장애적 학습의 결과로 직접경험에 의한 학습이거나 바람직하지 못한 모델에 노출된 학습으로 간주한다. 즉, 행동이란 관찰학습을 통해 학습되고 직접적이고 대리적인 강화물에 의해 유지되는 경향이 있다. 그러므로 사회복지사들은 모델링을 체계적으로 사용하여야 하며, 모델링을 사용하여 교육자 역할을 최대한 수행해야 한다.

사회학습이론이 자기강화와 자기효능감에 강조를 두고 있다는 것은 임파워먼트 이론과 맥을 같이하고 있기 때문에 클라이언트의 참여를 극대화하고 그들의 장점 및 잠재력을 활성화하고자 하는 최근의 사회복지실천의 경향과 일치한다고 할 수 있을 것이다.

특히 개인의 인지와 외부 환경의 상호작용에 초점을 맞춘 반두라의 이론은 사회복지실천에 적용이 보다 용이할 것이다. 반두라의 이론을 잘 활용하기 위해서는 이 이론이 어떠한 사람에게 자극을 주어 보상이나 제재를 가했을 때 효과가 있을지를 먼저 숙지해야 할 것이다.

요약

1. 행동주의 이론

- 조작행동 : 도구적 조건화 또는 조작적 조건화에 의해 습득된 행동으로 행동이 그 결과에 의해 통제됨
- 강화와 벌 : 어떤 결과가 행동이 다시 일어날 가능성을 증가시켜 줄 때 이를 강화라 하고 어떤 결과가 행동이 재현될 가능성을 낮추는 것을 벌이라고 함
- 소거 : 이전에 강화되었던 행동이 더 이상 이전과 같은 결과를 가져오지 않는 것으로 보상받지 못하는 행동은 결국 소거됨
- 강화계획 : 모든 다른 조건이 동일하다면 강화된 행동은 반복되는 경향이 있는데 강화가 전달되는 조건이 강화계획임

2. 사회학습이론

- 관찰학습 : 유용한 모델이 하는 행동을 따라 함으로써 학습이 되는 것으로 수동적인 모방만을 의미하는 것이 아니며, 학습된 행동을 모두 수행하는 것도 아님
- 모델과 모델링 : 모델은 관찰자를 위해 행동이 어떻게 행해지며 그것으로부터 어떠한 이익이 생기는가를 보여주는 사람으로, 모델링은 관찰학습이라고도 하며 어떤 사람의 행동을 관찰하는 것만으로도 행동이 이루어질 수 있음
- 자기강화 및 자기효능감 : 자신에 대해 생각하고 인식하는 내적요인으로 자신의 행동을 모니터링하는 과정이 자기 강화이며, 자기효능감은 어떤 행동을 수행할 수 있다는 자신의 능력에 대한 신념을 의미함

기출문제

01. 스키너(B. F. Skinner) 이론에 관한 설명으로 옳은 것은?(제14회 기출문제)

① 인간행동은 내적인 동기에 의해서 강화된다.
② 조작적 행동보다 반응적 행동을 중요시한다.
③ 인간행동에 대한 환경의 결정력을 강조한다.
④ 자기효율성을 성취하기 위해 행동을 규제한다.
⑤ 인간은 자신의 행동을 통제할 수 있는 힘을 가지고 있다.

02. 스키너(B. F. Skinner) 이론에 관한 설명으로 옳지 않은 것을 모두 고른 것은?
(제13회 기출문제)

가. 인간의 자유의지를 강조한다.
나. 인간행동은 예측과 통제가 불가능하다고 보았다.
다. 부적 강화는 특정 행동을 제거하는 데 목적이 있다.
라. 고정간격 스케줄은 특정한 반응이 나타날 때마다 강화를 주는 것이다.

① 가, 나, 다 ② 가, 다 ③ 나, 라 ④ 라 ⑤ 가, 나, 다, 라

03. 행동주의이론의 주요 개념에 관한 설명으로 옳은 것을 모두 고른 것은?(제18회 기출문제)

가. 인간의 행동은 환경적 자극에 의해 동기화된다.
나. 변별자극은 어떤 반응이 보상될 것이라는 단서 혹은 신호로 작용하는 자극이다.
다. 강화에는 즐거운 결과를 의미하는 정적 강화와 혐오적 결과를 제거하는 부적강화가 있고, 이 두 가지는 모두 행동의 빈도를 증가시킨다.

① 가 ② 나 ③ 가, 나 ④ 나, 다 ⑤ 가, 나, 다

04. 다음 사례와 관계 있는 개념은?(제18회 기출문제)

> 철수는 친구가 학교규칙을 위반해 벌을 서는 것을 목격하고, 학교규칙을 준수하게 되었다.

① 소거 ② 대리학습 ③ 자기강화
④ 조작적 조건화 ⑤ 고전적 조건화

05. 반두라(A. Bandura)가 설명한 자기효능감의 형성요인이 아닌 것은?(제17회 기출문제)

① 대리경험 ② 언어적 설득 ③ 정서적 각성
④ 행동조성 ⑤ 성취경험

정답 1. ③ 2. ⑤ 3. ⑤ 4. ② 5. ④

제12장 인지이론

Jean Piaget
(1896~1980)

인지(cognition)란 일반적으로 사고의 능력을 의미하는데 넓은 의미로는 사고 외에 지각, 기억, 지능, 언어 등을 포함하는 정신과정으로 보기도 한다. 따라서 인지발달이란 다양한 인지기능의 복합적인 발달과정으로 볼 수 있다(한덕웅, 2001 : 195). 인지이론이란 인간의 지적인 능력뿐만 아니라 인간의 사고, 태도, 동기 등의 비지적(非知的) 능력 발달의 수정을 다루는 피아제의 인지발달이론과 클라이언트의 왜곡된 인지구조를 변화시켜 재구조화하고 문제해결을 돕는 아론 벡 등의 인지치료이론으로 대표되는 성격발달이론이다.

인지이론에서는 인간을 매우 주관적인 존재로 규정하고 있다. 즉, 이 세상에는 객관적인 현실이란 존재하지 않으며 각 개인이 나름대로 의미를 부여하는 주관적 현실만이 존재한다고 본다. 인지이론에 의하면 객관적이고 외적 현실은 개인의 독특한 방식에 따라 구성되어 모든 사람들에게 획일적이고 표준화된 영향을 미치지는 못하므로(권중돈 · 김동배, 1999 : 360) 개인의 행동이나 사고를 이해하기 위해서는 그 개인의 주관적 현실을 이해하여야 한다.

인지이론의 인간관은 무의식을 강조한 정신분석이론에 비해 긍정적이고 환경에 인간이 능동적으로 적응한다는 측면에서 인간의 성장 가능성을 시사하고 있다. 무의식에 초점을 두고 인간을 다분히 충동적 존재로 보는 정신역동이론과 달리 인지이론에서는 인간의 의식에 초점을 두고 인간을 합리적으로 사고하는 존재로 인식한다. 또한 정신역동이론에서는 인간과 환경과의 관계를, 무의식 속성을 가진 인간이 환경에 어떻게 대처해 나가는가를 중시하지만 인지이론에서는 환경적 원인이 인간에 의해서 지각되고 인식되는가에 더 큰 중점을 두고 있다(전병재, 1991 : 204).

1. 인지이론의 발생배경

1900년대에 피아제(Piaget)는 인간발달의 관점에서 인지의 발달에 관심을 가지고 연구를 시작하였다. 특히 아동의 사고에 대한 연구를 통해 인지발달이 세분화하였다. 이후 콜버그(Kohlberg)의 도덕성 발달 등 다양한 영역에서 이루어졌다.

20세기 심리치료 영역에서 정신분석치료와 행동치료가 활발하게 적용되었는데, 1950년 그 한계에 직면하며 다양한 치료방법들이 개발되었다. 그중 1950년 들어 인간의 인지적 구조와 과정을 측정하는 연구방법론이 개발되었다. 또한 정신장애를 유발하는 인지적 요인을 정교하게 설명하고 효과적으로 개입하며 행동치료의 기법을 활용하기 시작하였다. 특히 아론 벡(Aaron Beck)은 정신분석과 행동치료로 잘 치료되지 않던 우울증에 대한 새로운 치료법으로 인지치료를 개발하였다. 현재 인지치료는 불안장애, 성격장애, 섭식장애 등 거의 심리치료방법으로 확장하고 있고, 마음챙김, 수용전념치료 등 다양한 형태로 발전하고 있다.

2. 피아제의 인지달발이론

1) 피아제의 생애와 인지발달이론

피아제는 1896년 스위스의 뉴샤텔(Neuchatel)에서 태어났다. 10세 때 공원에서 본 알비노 스페로우라는 새에 관한 논문을 학술지에 게재하였으며 15세에 뉴샤텔 박물관장의 연구를 도와 '연체동물에 관한 연구'를 동물 학술지에 발표하였다. 이에 대한 학문적 업적을 인정받아, 초등학교 학생인 줄 모르고 스위스 한 대학에서 교수로 초빙까지 하는 해프닝이 있을 정도의 천재성과 뛰어난 관찰력으로 21세에 생물학 박사학위를 받았다.

박사학위를 받고 알프레드 비네(Alfred Binet, 최초의 지능검사를 만든 심리학자)의 연구실에서 아동용 지능검사를 만드는 일을 하게 되었다. 아동의 지능검사 시 틀린 답이 일관성 있는 유형을 나타낸다는 것을 발견하고, 아동의 사고가 성인과 다르게 독특한 특성을 가지고 있음을 알아냈으며, 아동이 어떤 사고를 하는가에 연구의 초점을 두고 아동의 꿈, 도덕성, 흥미 등의 주제를 연구 목표로 삼아 아동들의 공통적 오류를 통해 발달상 각 연령에 맞는 인지발달 수준이 있음을 이때 처음으로 깨달았다.

그의 업적을 전기, 중기, 후기로 나누어 1921~1925년 사이 전기에는 유아의 언어, 판단과 추리, 세계관, 도덕관에 대해서, 1926~1955년 중기에는 유아의 행동관찰과 유아의 개념 형성에 대한 연구를 하였다. 자신의 세 자녀를 통해 인지발달이론과 4단계를 체계화하게 된다.

1956년 이후 후기에는 제네바 대학에 정착하여 수학, 물리학, 생물학 등의 과학적 인식을 과학사와 발달심리학 등의 실증적 자료를 근거로 발달이라는 관점에서 인식론적 철학사상을 발표하게 되는데, 구조주의 철학사조에 해당하는 발생적 인식론(genetic epistemology, 인지발달에 있어 유전적 특성이 환경과 관련되어 나타나는 과정)을 강조하여 리겔(Riegel)의 변증법적 심리학에도 영향을 미치게 된다.

2) 주요 개념

(1) **순응과정**(adaptational process)

인간의 인지를 유기체가 환경에 적응하는 한 형태로 보고 인간은 감각에 주어지는 환경의 정보를 수동적으로 받아들이기보다 능동적으로 선택하고 해석하여 자신의 지식을 구성한다고 보았다. 즉, 인지발달은 환경과 상호작용하는 순응과정을 통하여 이루어진다고 하였다.

순응과정은 동화(assimilation)와 조절(accommodation) 두 가지 과정으로 이루어진다. 동화는 무엇을 먹거나 소화시킬 때처럼 새로운 정보를 흡수하여 통합하는 과정이다. 조절은 대상이 기존의 틀로서 이해되지 않을 때 그 틀을 변화시키는 것으로 이를 통해 외부세계에 대처하는 방법을 정교하게 구성할 수 있다. 이러한 동화와 조절 과정을 통하여 인간의 인지가 점점 발달한다고 보았는데, 안정적인 이해를 생성하기 위해 동화와 조절 사이의 균형을 맞추어 가는 과정이 평형이다.

(2) **도식**(schema)

도식은 유기체가 외부의 사물을 인지하고 대응하는 데 사용하는 지각의 틀 또는 반응의 틀이라고 할 수 있다. 즉, 보기, 쥐기, 때리기, 차기와 같이 외부환경에 대처하기 위해 인간이 반복하는 행동과 경험을 말한다.

3) 인지발달단계

인지능력의 발달은 아동과 그를 둘러싼 환경의 상호작용에 의해 단계적으로 성취되며 발달단계의 순서는 불변한다. 속도의 차이는 있으나 어른으로부터 학습이나 유전적 요인에 결정되는 것이 아니라 환경과의 상호작용으로 아동 스스로가 구성한다고 보았다. 아울러 각 단계는 주요 행동양식으로 설명될 수 있는 전체적인 심리구조이다. 각 단계는 심리적 구조가 통합되며, 다음 단계의 심리적 구조에 통합될 준비과정이기도 하다. 또한 각 단계의 사고과정은 서로 다르며 시간이 경과함에 따라 더욱 복잡하고 객관적이며 타인의 관점을 생각하는 방향으로 발전하게 된다는 것을 뜻한다.

(1) 감각운동기(sensory-motor period : 0~2세)

이 시기 유아는 감각과 운동을 사용하여 지각한 활동으로 세상을 이해할 수 있다. 사고가 행위로부터 발달한다는 것이다. 영아는 출생 직후 반사적으로 엄마의 젖을 빨고, 쥐기, 때리기와 같은 여러 가지 운동반응을 가지고 있다. 이러한 기초능력으로 인해 영아들은 세상에 대한 지식을 얻게 되고, 세상에 대한 가설을 수립하게 되는데, 이 시기를 감각운동기라 한다(윤여진, 2014; 정명숙 외 공역, 2010).

피아제는 감각운동기 내에 6단계로 발달한다고 하였다. 이때 행동양식은 대부분 자극에 대한 반응으로 기억이나 미래에 대한 계획이 아닌 감각운동에 기초하여 행동하는 6단계로 나누며 간단한 지각능력이나 운동능력이 이때 발달한다.

첫째, 반사의 수정이다. 예를 들어, 아기는 엄마의 젖꼭지 모양에 맞추어 빨기 반사를 수정하는 것을 학습할 수 있다. 점점 더 많은 물체들을 빨며 배를 부르게 하는 물체와 그렇지 않은 물체를 구별할 수 있게 된다.

둘째, 일차 순환반응이다. 순환반응이란 반복적 행동으로, 이러한 반복이 인지적 가치를 지닌다고 피아제는 주장하였다. 첫 번째 반복행동은 자신에 대한 것으로 이런 행동을 '일차적'이라고 불렀으며, 그 예로는 손가락 빨기이다.

셋째, 이차 순환반응이다. 이차 반복행동은 외부세계를 향한다. 예를 들어, 아기는 물체를 떨어뜨리는 것과 같은 흥미로운 사건을 재현하려고 한다.

넷째, 순환반응의 협응이다. 이때 영아는 목표를 달성하기 위해 일련의 행동을 협응하는 능력을 발달시킬 수 있게 된다. 즉, 담요를 당겨서 그 위에 놓인 장난감을 자신이 잡을 수 있는 위치로 옮기는 게 가능해진다.

다섯째, 삼차 순환반응이다. 외부세계에 있는 사건을 재현하려는 능력이 더 발달하는데, 어떤 행위의 결과를 알아보기 위해 다양한 시행착오적 탐색을 수행한다. 예를 들어, 아기는 다양한 방식으로 물건을 떨어뜨리면서 그 물체가 떨어지는 다양한 궤도를 살펴볼 수 있다. 이때 초점은 물건을 떨어뜨리는 행동 자체가 아니라 이러한 궤도의 변화를 살펴보는 것이다.

여섯째, 도식의 내재화이다. 이때 아기는 특정한 행위의 결과를 예측할 수 있게 되어서 시행착오를 하지 않고 그 결과를 머릿속으로 생각해 볼 수 있다. 이와 같은 도식의 내재화는 행위와 그 결과에 대한 인지적 표상을 의미한다. 피아제에 의하면 감각운동기 인지발달 6단계에서 개념적 사고가 시작된다(정명숙 외 공역, 2010).

피아제는 감각운동적 정보가 개념적 사고의 발달을 유도한다고 하였는데, 그와 관련한 개념이 대상영속성이다. 영아들은 4~5개월경이 되면 숨겨진 물체를 정확하게 찾기 시작한다. 그러나 물체를 꺼내려면 그 물체의 일부가 보여야 한다. 9개월경에는 완전히 숨겨진 물체도 찾을 수 있게 된다. 12개월경에는 A-not-B 오류[1]가 사라진다. 영아들은 물체가 새로운 장소에 숨겨지는 것을 보기만 한다면 어떤 장소에서든지 그 물건을 꺼낼 수 있게 된다. 완전한 대상 개념은 18개월경 눈에 보이지 않는 물체의 이동을 해결할 수 있을 때 나타난다. 즉, 영아는 어디에 물체를 숨겨도 찾을 수 있다(송길연 외 공역, 2019; 정명숙 외 공역, 2010). 즉, 감각운동기 전반에 걸쳐 대상영속성이 발달하는데, 대상영속성이란 어떤 대상이 시야에서 사라졌다 해도 그 존재가 소멸되지 않고 존재한다는 것을 아는 것이다.

(2) 전조작기(pre-operational period : 2~7세)

이 시기 인지발달단계를 전조작기라고 한다. 아동은 아직 조작능력이 충분히 발달하지는 않았지만, 정신적 표상에 의한 사고가 가능해진다. 전체적인 파악보

1) A-not-B 오류란 어떤 장소 A에 숨겨진 사물을 여러 번 찾았던 8~12개월의 영아들은 사물을 다른 장소 B에 숨기는 것을 보고도 다시 A를 탐색하는 경향이 있다는 것으로 사물에 대한 초기의 표상이 취약하다는 사실을 알 수 있다.

다는 특수한 부분적 상황에 관심을 두는 경향이 있고 편협한 사고를 한다. 언어를 사용하게 되면서 사물이나 사건을 기억하고 표현하는 능력이 가능해져 상상력이 풍부해져서 가상적 놀이가 가능하고, 상징적인 형태로 사고하기 시작한다. 그러나 보존능력이나 가역능력 등이 부족하고 모든 사고가 자기중심성을 벗어나지 못한다. 또한 생명이 없는 사물에 생명이 있는 것처럼 생각하는 물활론적 사고를 한다(권민균 외 공역, 2016; 안범희 외, 1998, 윤여진, 2014 재인용).

전조작기의 특징을 요약하면, 상징적 표상이고 가장 주목할 만한 한계는 자기중심성과 중심화라 할 수 있다. 이 시기는 상징적 표상이 발달하는 시기인데, 학령전기 아동이 나무 막대기로 총을 대신하는 것이다. 즉, 상징적 표상은 하나의 사물을 나타내기 위해 다른 사물, 단어 또는 사고를 사용하는 능력을 연습하는 방법 중 하나이다.

전조작 아동의 사고의 한계 중 하나는 자신의 관점으로만 세상을 지각한다는 것이다. 즉, 자기중심성의 한 예는 학령기전 아동이 타인의 관점을 고려하지 못한다는 것이다. 종종 상대방의 말을 잊어버린 듯 자신이 말하는 내용에만 집중하여 서로 이해하지 못하고 이야기한다. 또한 이 시기 아동은 사건이나 사물에서 더 중요하지만 덜 눈에 띄는 특징을 제외하고 지각적으로 눈에 띄는 한 가지 특징에 집중한다(중심화). 피아제가 실험한 보존의 이해는 중심화의 좋은 예이다. 보존개념은 단순히 사물의 외관이나 배열만 바꾸는 것은 물질의 양과 같은 중요한 물질을 반드시 변화시키지는 않는다는 생각이다. 5~8세 아동을 대상으로 액체의 양 보존, 고체의 양 보존, 수의 보존에 대한 이해를 측정하였다. 다음 그림과 같이 가늘고 긴 잔에 오렌지 주스가 더 많이 들었다고 대답하고, 짧고 두꺼운 찰흙 덩어리보다 길고 가는 찰흙 덩이리에 찰흙이 더 많다고 대답한다. 이와 같은 한계는 구체적 조작기에서 극복한다(송길연 외 공역, 2019).

〈표 12-1〉 액체의 보존, 고체의 양, 수의 보존을 검사하기 위해 사용되는 절차

	1단계	2단계	3단계
액체의 양 보존	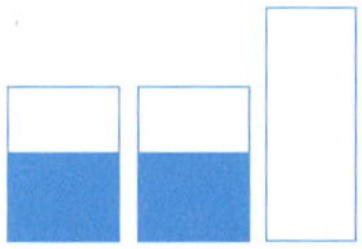 "두 잔에 있는 오렌지 주스의 양이 같니 아니면 다르니?"	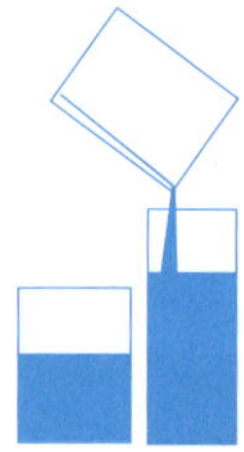 "이제 내가 하는 것을 잘 봐" (한 유리잔의 내용물을 붓는다)	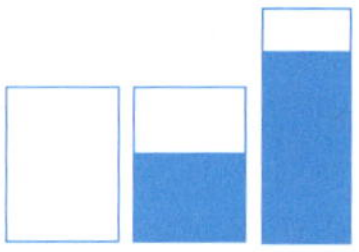 "이제 두 잔에 있는 오렌지 주스의 양이 같니 아니면 다르니?"
고체의 양 보존	 "두 찰흙의 양이 같니 아니면 다르니?"	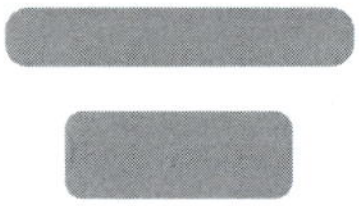 "이제 내가 하는 것을 잘 봐" (한쪽 찰흙 덩어리를 길게 편다)	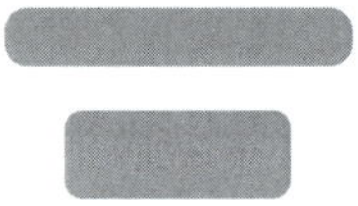 "이제 두 찰흙의 양이 같니 아니면 다르니?"
수의 보존	 "두 줄의 수가 같니 아니면 다르니?"	 "이제 내가 하는 것을 잘 봐" (한 줄을 길게 늘어놓는다)	 "이제 두 줄의 수가 같니 아니면 다르니?"

출처 : 송길연 외 공역(2019), p. 147.

(3) 구체적 조작기(concrete operational period : 7~12세)

이 시기 아동은 세상의 구체적인 특징에 대해 논리적으로 사고하기 시작한다. 즉, 문제를 해결하거나 이유를 생각하는 데 있어서 최초로 정신적 조작을 할 수 있다. 정신적 조작이란 문제를 해결하거나 이유를 추론하는 과정에서 좀 더 체계적이며 효율적인 책략과 규칙을 사용하는 것을 의미한다(권민균 외 공역, 2016). 자신의 관점 외에 여러 관점을 고려할 수 있게 되며 상황의 두 가지 측면을 동시에 고려할 수 있게 된다. 자기중심성에서 벗어나게 되며, 가역성의 원리를 터득하여 보존개념을 획득한다. 즉, 이 시기에 모든 조작은 다시 원래의 상태로 되돌릴 수 있다는 사실을 기억할 수 있게 되는데 3 더하기는 5는 8이며, 8에서 3을 빼면

5가 된다는 사실을 이해한다. 또한 앞서 그림처럼 다른 잔에 주스를 부어서 한 잔의 높이가 높아 주스의 양이 많아 보일지라도 이를 다시 원래의 잔에 주스를 옮겨 부으면 두 잔에 담겨 있는 주스의 부피가 같다는 가역적 사고를 할 수 있다. 따라서 역사를 시대 순으로 나열하는 식의 서열조작이 가능해지고, 공간, 속도 등의 개념도 형성된다(송명자, 1995; 윤여진, 2014).

(4) 형식적 조작기(formal operational period : 12세 이상)

이 시기는 직접적으로 경험하지 않아도 추상적으로 사고하고 추론을 통해 가설을 세워 검증할 수 있는 형식적 사고가 가능하다. 조합적 사고(combination thinking)를 통해 여러 가능성을 생각하고 가설을 검증할 수 있게 된다. 이처럼 결과에 미치는 변수를 고려하게 되고 여러 가지 가능성을 탐색할 수 있게 되면서 문제해결능력과 분석능력이 발달하게 된다.

형식적 조작기의 청소년들은 미래, 사회의 본질 등에 대해 생각하면서 추상적 사고가 가능해져 이상주의와 유토피아와 같은 현재와 다른 사회를 상상하고 이를 현실적으로 검증해 보지 않고 관념적인 세상의 변혁을 기도한다. 전조작기와 다른 자아중심성으로 인해 독특한 종교와 현실적이지 못한 이데올로기에 심취할 수도 있으며 점차 성인 역할을 수행하면서 탈중심화가 이루어진다.

피아제에 의하면 이전 세 단계와 달리 형식적 조작기는 보편적이지 않다. 즉, 모든 청소년(혹은 성인)이 형식적 조작기에 도달하는 것은 아니지만 형식조작적 사고는 그들의 지적 세계를 확장하고 풍요롭게 한다(송길연 외 공역, 2019).

3. 콜버그의 도덕성 발달이론

도덕성 발달이론은 콜버그가 피아제의 인지발달 이론을 도덕성 발달에 적용시켜 제시한 인간의 도덕성 발달 단계이다(박찬진 · 안성진 · 정진옥, 2010). 콜버그는 인간행동에서 도덕적 판단상황에 처했을 때, 어떻게 행동할 것인가를 판단하는 도덕성 수준은 인지발달 수준에 따라 그 단계가 결정된다고 보았다.

1) 콜버그의 생애

Lawrence Kohlberg
(1927∼1987)

콜버그는 피아제의 전통을 이은 학자로서, 도덕성 발달단계 이론을 수립하였다. 1927년에 태어나서 미국 뉴욕에서 성장한 그는 앤도버 아카데미(Andover Academy)라는 매사추세츠의 명문 사립 고등학교를 졸업한 뒤 대학에 진학하지 않고 이스라엘 건국운동에 참여하여, 유럽에서 오는 귀환하는 유대인을 태우는 수송기의 부조종사로 일했다. 이후 1948년 시카고 대학에 입학한 그는 1년 만에 학사학위를 받아 동대학원 심리학과에 진학하는 우수함을 보였다. 처음엔 임상심리학에 관심이 있었지만, 곧 피아제의 이론에 관심을 갖고 아동과 청소년의 도덕적 사고에 대한 연구를 하여 박사학위를 받았다. 이 박사학위 논문에 쓰인 것이 새로운 도덕성 발달단계 이론이다.

2) 주요 개념

콜버그는 피아제의 이론에 대한 관심에서 출발하여 도덕적 사고에 초점을 두었다. 콜버그는 아동의 도덕판단이 일정한 단계를 거치면서 발달한다는 피아제의 주장에 동의하면서 각 단계를 세분화하였으며 연구방법론의 문제점을 보완하였다.

그는 '하인즈 이야기'와 같은 가상적인 도덕적 딜레마 상황을 제시하고 피험자들은 도덕적 갈등(딜레마) 상황에 대한 질문을 받게 된다. 하인즈는 약을 훔쳐야만 했는가? 훔치는 것은 옳은 일인가? 나쁜 일인가? 왜 그러한가? 만약 다른 방법이 없다면 아내를 위해 약을 훔치는 것이 남편의 의무라고 생각하는가? 좋은 남편이라면 이 경우 약을 훔쳐야만 하는가? 약사는 가격의 상한선이 없다고 해서 그렇게 많은 약값을 받을 권리가 있는가? 있다면 왜 그러한가? 이와 같이 콜버그는 연령별로 문제에 대해 어떻게 행동할 것인가를 묻는 방법으로 연구하였다(정 은, 2010 : 129).

콜버그는 문화나 사회마다 도덕적 신념이나 가치의 내용이 다양하기 때문에 도덕성의 내용보다는 도덕성의 사고구조에 중점을 두었다. 그는 도덕적 딜레마를 해결함에 있어서 옳고 그른 내용보다는 도덕적 판단을 내리게 된 사고의 틀이나 그 추리양상에 따라 도덕발달 단계가 결정지어질 수 있다고 보았다. 콜버그 이론의 가장 큰 특징은 도덕성 발달은 인지발달 수준에 따라 그 단계가 결정되며, 도덕성 발달도 인지발달처럼 낮은 수준의 발달이 이루어져야 순차적으로 다음 단계의 발달로 이루어질 수 있다는 것이다. 또한 도덕성 발달에는 성별로 차이가 존재하며 남성이 여성에 비해 높은 수준의 도덕성 발달단계에 이를 수 있다는 것이다(이근홍, 2007 : 274).

〈표 12-2〉 하인즈 이야기

하인즈 이야기	질 문
하인즈의 부인은 암에 걸려 죽어가고 있었는데, 그 부인을 살릴 수 있는 약이 발명되었다. 그것을 같은 마을에 사는 어느 약사가 발명했는데 그 약사는 그 약으로 돈을 벌고자 했다. 약의 원가는 200달러였으나 약사는 2,000달러를 요구했다. 하인즈는 돈을 구하려는 모든 노력을 다하였으나, 약값의 절반인 1,000달러밖에 구할 수가 없었다. 하인즈는 약사에게 자기 부인이 죽기 직전에 있다는 것을 설명하고 그 약을 싸게 팔거나 아니면 일단 외상으로라도 자기에게 팔아달라고 간청했다. 그러나 약사는 거절했다. 결국 그는 부인을 위하여 약을 훔쳤다.	• 하인즈는 약을 훔쳐야만 했는가? • 약을 훔치는 것은 옳은 일인가, 나쁜 일인가? 왜 그런가? • 만약 다른 방법이 전혀 없다면 아내를 위해 약을 훔치는 것이 남편의 의무라고 생각하는가? • 좋은 남편이라면 의무라고 생각하는가? • 약사는 가격 상한선이 없다고 해서 약값을 그렇게 많이 받을 권리가 있는 것인가? 있다면 그 이유는 무엇인가?

출처 : 권민균 외(2014), p. 309.

3) 도덕발달단계

피아제는 아동의 도덕발달을 세 단계로 보았는데, 즉 1단계는 전 도덕적 단계로 도덕이나 규칙의 존재를 모르는 단계이다. 2단계는 타율적 도덕 단계로 행위의 옳고 그름이 외적인 준거와 행위의 결과에 의해 판단된다고 본다. 3단계는 자율적 도덕 단계로 행위의 결과와 더불어 의도를 함께 고려하여 판단한다. 콜버그는 이러한 피아제의 이론을 확장시켜 도덕적 갈등상황(도덕적 딜레마)에서 개인이 어떻게 판단하고 그 판단을 어떻게 추론하는가를 분석하여 도덕발달 단계를 6단계로 구체화하였다.

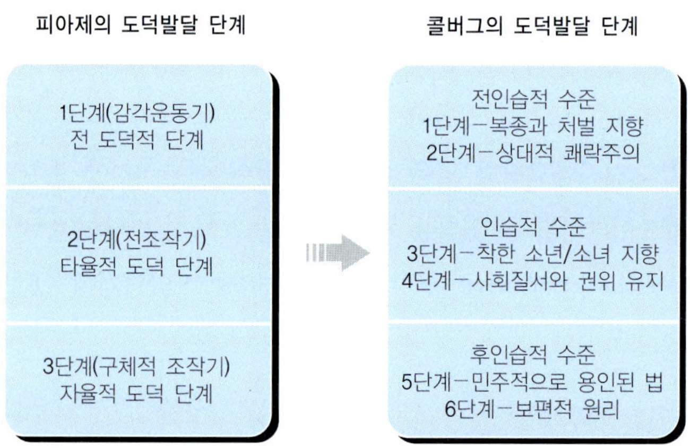

|그림 12-1| 피아제와 콜버그의 도덕발달 단계

콜버그는 여러 갈등상황에서 각 연령층의 아동이 어떻게 판단하는가에 따라 도덕발달 수준을 전인습적 수준(3~11세), 인습적 수준(12~25세), 후인습적 수준(25세 이상)으로 나누고 각 수준을 2단계씩 모두 6단계로 나누어 설명하였다. 전인습적 수준은 자기중심적이며, 보상을 얻고 처벌을 피하는 것에 초점을 둔다. 인습적 수준은 사회적 관계에 집중되어 있다. 사회적 의무와 법에 대한 순응에 초점을 둔다. 후인습적 수준은 이상에 집중되어 있는데, 도덕적 원칙에 초점을 둔다. 각

수준은 다음과 같다(송길연 외 공역, 2019).

(1) 전인습적 수준(pre-conventional level)

전인습적 수준은 처벌과 복종지향과 도구적 및 교환 지향 두 단계로 나눌 수 있다.

1단계 처벌과 복종지향 단계는 어른들이 무엇이 옳고 그른지 알고 있다고 믿기 때문에 처벌을 피하기 위해 어른들이 옳다고 말하는 대로 한다. 이 단계의 사람은 법에 어긋나기 때문에 하인즈가 약을 훔쳐서는 안 된다고 논쟁할 수도 있다(권민균 외 공역, 2016; 송길연 외 공역, 2019).

2단계인 도구적 및 교환 지향 단계에서 사람들은 자신의 욕구를 추구하며, 미래에 돌아올 호의를 기대하기 때문에 타인에게 잘한다. 이 단계의 사람은 하인즈 부인이 나중에 그에게 잘할 수도 있기 때문에 훔치는 것이 잘한 것이라고 말할지도 모른다(권민균 외 공역, 2016; 송길연 외 공역, 2019).

(2) 인습적 수준(conventional level)

인습적 수준은 대인관계에서 서로 좋은 사람으로 인정받기 기대하는 3단계와 법과 같은 사회적 체계에 따라 움직이려는 4단계로 구분한다.

3단계에서 좋은 행동은 타인의 기대 혹은 주어진 역할(예 좋은 아들, 좋은 딸)에 따라 행동한다. 그 목표는 '착한 사람'같이 행동함으로써 타인의 칭찬을 얻기 위함이다. 이 단계 사람은 하인즈가 약을 훔쳐서는 안 되며, 그래야 법에 복종하는 착한 시민이 되는 것이라고 할 것이다.

4단계의 사람은 사회적 규칙과 기대, 법은 사회의 질서를 유지하기 위한 것이고 모든 사람에게 이로움을 증진시킨다고 여긴다. 남편은 부인의 생명을 살리기 위해 가능한 모든 일을 해야 하기 때문에 하인즈가 약을 훔칠 수도 있다고 추론할 수도 있다. 혹은 훔치는 것은 법을 위반하는 것이고 사회는 도둑질을 금해야 하므로 약을 훔치지 말아야 한다고 할 수도 있다(권민균 외 공역, 2016; 송길연 외 공역, 2019).

(3) 후인습적 수준(post-conventional level)

후인습적 수준은 사회적 계획 혹은 개인적 권리를 지향하는 5단계와 보편적 원칙을 지향하는 6단계로 구분한다.

5단계에서 도덕적 행동은 집단에게 최선의 이득이 되는 규칙을 따르는 것이며(최대 다수를 위한 최대 선), 공정하고 집단이 동의한 것이다. 그러나 생명, 자유, 기본인권과 같은 가치와 권리는 보편적으로 옳으며, 다수의 의견과 상관없이 어느 사회에서나 따라야 한다(송길연 외 공역, 2019). 즉, 소유권에 관한 사회적 규칙이 더 이상 개인의 복지에 이득을 주지 않기 때문에 하인즈는 약을 훔칠 수 있다고 생각할 수 있다(권민균 외 공역, 2016).

6단계에서 도덕적 행동은 정의의 보편적 원칙을 반영한 것으로 자신이 선택한 윤리적 원칙들에 대한 헌신이다(예 인권 평등, 개인의 존엄에 대한 존중). 법이 이런 원칙을 어길 때, 개인은 법보다 보편적 원칙에 따라 행동한다. 생명보존은 다른 모든 권리보다 우위에 있기 때문에 하인즈는 약을 훔칠 수 있다고 논쟁할 수도 있다(권민균 외 공역, 2016; 송길연 외 공역, 2019).

〈표 12-3〉 콜버그 도덕발달단계

구분	단계		내용
전인습적 수준	1단계	처벌과 복종 지향 (3~7세)	벌을 피하려고 규칙을 지킨다. 행동의 동기나 의도보다는 그것이 가져오는 결과로써 판단한다. 처벌을 받지 않기 위해 규칙에 복종하며 권위 있는 사람에게 맹목적으로 순종한다. 하인즈가 약을 훔치는 것은 처벌을 받게 되므로 잘못된 행동이라 판단한다.
	2단계	쾌락주의 지향 (8~11세)	칭찬이나 보상 등의 쾌락(욕구)을 얻기 위하여 도덕적 행동을 결정한다. 즉, 자신이 원하는 것을 얻기 위해 규범을 준수한다. 하인즈 사례에서 약을 훔쳐서라도 아내의 생명을 구해야 한다고 판단한다.

구 분	단 계		내 용
인습적 수준	3단계	착한 아이 지향 (12~17세)	타인으로부터 인정을 받고 사회규범을 동조하는 것을 선한 행동으로 여긴다. 신의 충성, 감사를 중요한 도덕적 가치로 여긴다. 다른 사람의 관점을 이해하고 배려할 수 있게 된다. 하인즈가 약을 훔치는 행동은 약사에게 피해를 준 행동이기 때문에 옳지 못하다고 판단한다.
	4단계	법과 질서 지향 (18~25세)	규칙이 사회적 질서 내에 고정된 것으로 간주한다. 선한 행동은 사회가 정한 규칙이나 역할을 그대로 따르는 것이다. 하인즈는 법을 어겼기 때문에 옳지 못하다고 판단한다.
후인습적 수준	5단계	사회계약 지향 (25세 이상)	최대 다수의 최대 행복에 근거한 사회 계약이나 규칙을 존중하면서 삶, 자유, 행복의 추구를 인간의 기본 권리로 간주한다. 하인즈는 아내의 생명을 구하기 위해 한 행동이므로 용서받을 수 있다고 판단한다.
	6단계	보편적 원리 지향	자신이 선택한 보편적 원리를 따르는 것이 최고의 선이다. 보편적 원리는 인간의 존엄성, 평등 정의 등을 의미한다.

출처 : 박찬진 · 안성진 · 정진옥(2010), pp. 179-180 재구성; 권민균 외(2014), p. 311.

4) 콜버그 이론에 대한 비판

콜버그의 이론은 인지과정이 도덕적 행동에 영향을 미치는 방식을 이해하는 데 유용하였다. 그러나 도덕적 문제와 사회적 관습의 문제를 충분히 구분하지 않았고, 대상 아동의 면담을 기초로 도덕적 추론 단계의 개념을 발전시켰기 때문에 편파적이라는 비판 등이 제시되고 있다. 길리건(Gilligan)에 따르면 남성은 정의와 권리의 원칙에 가치를 두는 반면 여성은 배려, 타인에 대한 책임감 및 타인들을 착취하거나 해치는 것을 피하는 것에 가치를 둔다. 이런 차이로 인하여 도덕적 지향에서 남성이 여성보다 하인즈의 딜레마에 더 높은 점수를 받는다고 주장한다.

또한 콜버그는 도덕적 추론이 비연속적이라고 주장한다. 즉, 각 단계는 이전 단계보다 더 발전된 것이기 때문에, 일단 새로운 단계에 도달하면 더 낮은 단계의 추론을 거의 하지 않는다고 주장했다. 그러나 아동이나 청소년이 더 높은 단계의 도덕적 추론 기술을 점진적으로 습득할 수 있지만, 특정한 상황에서 목표, 동기, 신념과 일치할 때 더 낮은 단계의 추론을 할 수도 있다. 예를 들어, 4단계 추론을 할 수 있는 청소년들은 개인적 이득을 위해 규칙을 어긴 결정을 타당화하기 위해 2단계 추론을 할 수 있다. 즉, 도덕적 추론의 발달이 전적으로 비연속적인지는 불분명하다(권민균 외 공역, 2016; 송길연 외 공역, 2019).

4. 인지치료이론

1) 벡의 인지치료이론

Aaron Beck
(1921~2021)

벡의 인지치료는 초기에는 주로 우울증의 치료에 적용되어 오다가 최근에는 다양한 정신장애의 치료로 확대 적용되고 있다. 인지치료는 개인이 가지고 있는 자신과 세계에 대한 지각이 정서적・행동적 문제를 만든다는 전제를 가지고 인지적 왜곡을 수정하여 정서, 행동상의 문제를 해결하고자 하는 매우 적극적이고, 직접적이며, 시간 제한적이고, 구조화된 접근방법이다.

벡은 러시아계 유대인 미국 이민자 가정의 막내아들로 태어났으며, 어머니는 외동딸의 사망으로 우울증을 경험하게 되었다. 벡 자신은 부러진 팔이 감염되어 완치되지 않아 평생을 고생하게 되고 어릴 때 경험이 이후의 이론과 치료기법에 이용되었다. 1954년 펜실베이니아 대학 정신과 교수로 재직하며 정신분석학회로부터 정신분석 훈련, 대학 내 인지치료연구소를 설립하여 우울, 자살, 불안, 공황장애, 물질남용, 결혼문제, 성격장애 등에 대한 연구를 하였다.

벡은 사건이 감정을 유발하는 것이 아니라 그 사건에 대한 해석과 반응방식이 감정을 결정한다고 하였다. 이것은 인지행동치료의 기본적인 원칙 중 하나이다.

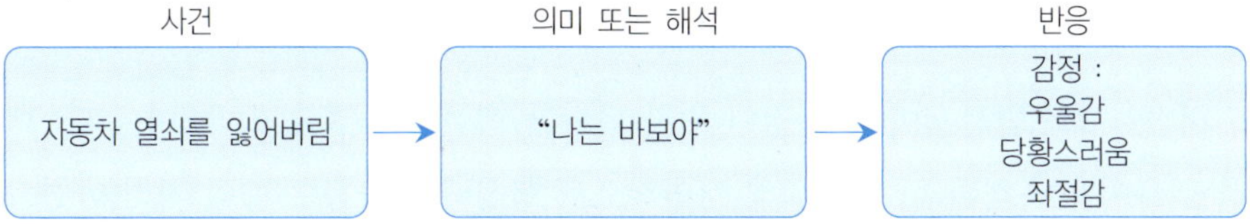

|그림 12-2| 사건이 감정을 일으키는 것이 아니다

출처 : 김선욱 외 공역(2015), pp. 27-28.

(1) 주요 개념

❶ 자동적 사고

벡은 원하지 않는 감정을 일으키는 대부분의 생각들은 의도적이지 않다는 점을 강조하기 위해 부정적 자동적 사고(negative automatic thoughts)라는 용어를 만들었다. 자동적 사고란 정서적 반응으로 이끄는 특별한 사건을 경험하였을 때, 개인의 노력 혹은 선택 없이 자발적으로 일어난다.

자동적 사고는 경험을 통해 만들어지기도 하는데, 예를 들어 아이가 한 번 난로에 손을 데고 나면 다시는 난로에 손을 대려 하지 않는다. 이 경험을 통해 아이는 앞으로 난로뿐만 아니라 난로처럼 생긴 물건까지도 조심하게 될 수 있다. 이처럼 사람들은 자신의 경험을 일반화해 미래에 무슨 일이 일어날지 예측한다. 심리적 장애를 지닌 이의 자동적 사고는 왜곡이 있고 극단적이며 부정확하다(김선욱 외 공역, 2015).

❷ 중간 믿음

중간 믿음(혹은 역기능적 가정)은 부정적 자동적 사고의 바로 아래층에 있는데, 우리를 불쾌하게 만드는 완고하고 편협한 가성을 말한다(예 '나는 모든 것을 완벽하게 해야만 사랑받는 거야', '나는 항상 다른 사람을 배려해야 해'). 사람의 자동적 사고를 형성하는 극단적이고 절대적인 규칙과 태도를 반영하며 핵심 믿음에 영향을 받고 자동적 사고에 영향을 미친다.

③ 핵심 믿음

시간이 흐르면서 경험과 가정이 점차 단단한 핵심 믿음(혹은 스키마)이 된다. 핵심 믿음이란 축적된 학습에 의해 자연적으로 형성되어 마음속 깊이 자리를 잡고 있는 기본적인 생각을 말한다. 암묵적이기 때문에 자동적 사고보다 찾기가 힘들 수도 있다. 따라서 자신과 타인 및 자신을 둘러싼 세상에 관한 가장 일반화된 가정들을 통해서만 드러난다. 핵심 믿음은 세상에 대한 내적 작동모델[2)]에 의해 기초하기 때문에 쉽게 변화하지 않는다(김선욱 외 공역, 2015).

(2) 흔한 사고의 오류(인지왜곡)

생각에 있어 체계적인 오류를 의미한다. 정보처리가 부정확하거나 비효과적일 때 나타나며 비현실적인 세계관을 나타내거나 비논리적 추론과 관련이 있다. 대표적인 사고의 오류를 소개하면 다음과 같다(차익종 외 공역, 2015).

① 전부가 아니면 전무라는 생각(극단적 사고, 경직된 사고)

사물과 일을 흑과 백 두 범주로 나누어 바라본다. 자신의 성과가 완전하지 않았을 때 자신을 완전한 실패자로 여긴다. 극단적이고 경직된 사고는 종종 강한 도덕적 판단 및 자기평가를 동반하는데, 이는 불필요하게 커다란 정신적 고통을 초래할 수 있다. 인종주의, 사회적 편견, 성차별, 정치적 극단주가 극단적 사고의 한 예가 될 수 있다. 경직된 사고를 하는 사람은 흔히 자신뿐만 아니라 다른 사람에게도 불필요한 압박감을 주기도 한다.

② 지나친 일반화

한 번의 불쾌했던 경험이나 부분적인 정보를 확대하여 영원히 되풀이될 것이라는 보편적인 결론을 내리는 것을 일반화 오류라고 한다. 예를 들어, 뉴스에서

2) 내적작동모델이란 '나를 움직이게 하는 보이지 않는 힘'이다. 부모 혹은 주된 양육자와의 애착관계로부터 유래하며, 자신과 타인에 대한 자각, 기억, 감정, 기대, 행동 등을 조절하는 시스템이다.

강도에 관한 소식을 듣고 '요즘 세상은 온통 위험해…' 하는 것이다. 일반화 오류를 범하는 사람은 '결코', '항상', '누구든', '어디 누구도' 등의 용어를 자주 사용하는 경향이 있다.

❸ 여과 또는 과장

여과는 말 그대로 우리가 가지고 있는 선입견에 부합하는 정보만 취하고 타당하더라도 자신의 고정관념에 반대되는 정보는 무시해 버리는 것을 말한다. 과장은 기존 믿음에 부합되는 일에 대해서는 그 중요도나 빈도를 부풀리는 것을 말한다. 이는 잉크 한 방울이 비커에 떨어져 그 안의 물 전체를 까맣게 물들이는 것과 같다.

❹ 지나친 비약으로 결론 내리기

자신의 결론을 지지하는 확실한 근거가 없는데도 부정적으로 해석한다.

① 독심술의 오류 : '그녀는 나를 바보로 생각하고 있어'와 같이 누군가 자신에 대해 부정적인 반응을 보일 것이라고 멋대로 결론 내릴 뿐 아니라, 이를 확인해 볼 생각도 하지 않는다.

② 점쟁이 오류 : 사정이 더욱 나빠질 것이라고 예상할 뿐 아니라, 이런 예상이 이미 확고한 사실이 되었다고 믿는다.

❺ 긍정적인 것 인정하지 않기

긍정적인 경험을 이런저런 이유를 들어 별것 아니라고 주장하면서 애써 부정한다. 이렇게 함으로써 자신의 실제 경험과 어긋나는 부정적 신념을 유지한다.

❻ 감정적 추론

자기의 부정석 삼정이 실제 현실을 반드시 반영한다고 가정한다. '난 죄책감이 들어… 난 뭔가 끔찍한 일을 저지른 게 틀림없어'와 같이 가정한다. 우리의 감정이 생각을 불러일으킬 수 있다. 때로 어떤 강렬한 감정이 자신의 부정적 사고가 진실이라는 증거로 받아들여질 수 있다.

사례
'재가 날 완전 약 올려!' 이는 우리 집에서 자주 듣는 불평이다. 이 말은 한 아이가 또 다른 아이로부터 스트레스를 받고 좌절당했다는 것인데, 자기 눈에는 상대가 이런 기분이 들라고 고의로 그랬다는 걸 뜻하는 말이었다. 그러나 이는 대부분 사실이 아니다. 그러라고 한 행동이 아니다. 하지만 피해자는 너무 짜증이 나있다 보니 아무리 결백하다고 설명해 봤자 소용이 없다. 우리는 각자 느끼는 감정을 자신의 믿음이 진실하다는 증거로 삼지 않도록 각별히 유의해야 한다.

출처 : 차익종 외 공역(2015), p. 51.

7 '해야 한다'식 사고

'해야 한다' 또는 '해서는 안 된다'는 말로 스스로에게 동기부여를 한다. 자신은 채찍질을 당하거나 혼이 나야 어떤 일을 할 수 있다고 여기는 것과 같다. 게다가 '의무'와 '필수'는 감정을 해치는 요소이기도 하다. 그로 인해 초래되는 정서적 결과물은 죄의식이다. '해야 한다'를 다른 사람에게 적용할 때 스스로도 화, 좌절, 분개심을 느끼게 된다.

8 낙인찍기·엉뚱한 낙인찍기

지나친 일반화의 극단적 형태이다. 자기결점을 있는 그대로 바라보는 대신 부정적 낙인을 스스로 찍어버린다. '나는 실패자야.' 타인의 행동이 거슬리면 그 사람에게도 부정적 낙인을 찍는다. '저 녀석은 한심한 낙오자야.' 엉뚱한 낙인찍기는 편견과 감정이 잔뜩 실린 말로 어떤 사건을 규정하는 것이다.

9 개인화

자신과 무관하게 발생한 부정적 사건에 대해, 실제로는 자신의 책임이 별로 없는데도 자기가 원인이라고 생각한다.

10 비난하기

'이것은 다 당신 잘못이야'와 같이 벌어진 일에 대한 책임을 누군가에게 전가하기 시작하며 문제를 해결하려 하기보다 점점 더 책임전가에 몰두하게 된다. 비난은 인지적으로 막혔을 때 도달하는 막다른 골목이고 억울함, 비통함, 분노감, 적개심 등의 모든 파괴적인 감정을 촉발하는 확실한 도화선이다. 강박증을 가진 사람들은 자기비난을 하는 경향이 있다.

(3) 치료 방법

벡은 클라이언트가 보다 건설적, 목표 지향적 활동에 참여해 자신의 능력에 대한 부정적이고 파괴적인 추론을 변화시키는 것을 인지치료의 목표로 본다. 치료 초기 자동적 사고에 초점을 두고, 자동적 사고를 식별하고 평가하여 수정하도록 돕는다. 역기능적 사고에 잠재되어 있는 중간 신념과 핵심 신념의 치료가 초점이 된다.

2) 엘리스의 합리정서행동치료

Albert Ellis
(1913~2007)

합리정서치료(REBT : Rational-Emotive Behavior Therapy)는 엘리스(A. Ellis)에 의해 고안된 기법이다. 엘리스는 인간을 스스로 사고와 정서, 행동을 변화시킬 능력이 있는 성장 지향적인 존재로 보면서 인간의 사고, 행동, 감정이 매우 밀접하게 상호작용한다고 보았다. 그는 인간의 문제가 외부적인 사건에 의해 만들어지는 것이 아니라 인간 스스로 만들어 낸 잘못된 혹은 비합리적인 신념에 의해 야기된다는 독특한 개념을 만들었다. 벡이 자신과 세계에 관한 개인의 정보처리과정에 나타나는 오류와 왜곡을 문제의 핵심으로 가정한 것에 비해 엘리스는 비합리적인 신념이 문제의 핵심이라고 가정하였다(최옥채 외, 2007).

엘리스는 1913년 미국 피츠버그의 브롱크스의 거리에서 자랐으며 자칭 '반고아'(부모의 양육태만)로 성장하였다. 수줍음을 많이 타고 내성적이었으며, 백만장자에 대한 꿈을 꾸기도 하였고, 영문학을 전공해 소설을 쓰기도 하였다.

콜롬비아 대학에서 석・박사학위를 받고 정신분석가로서 비공식적 훈련을 받았지만 1955년 인지를 강조하는 인지치료를 소개하고, 정서를 무시한다는 비판을 받아 인지정서치료로 접근법을 수정하게 된다. 1991년 인지, 정서, 행동치료로 이름을 고치고 인간을 성장 지향적 존재라고 보았으며 인간의 문제는 외부사건에 의해서가 아니라 인간 스스로의 잘못, 즉 비합리적인 신념에 의한다고 생각했다(반면 벡은 문제의 핵심을 정보처리과정의 오류와 왜곡이라고 보았다).

(1) REBT의 주요 개념

❶ REBT의 기본 가정

엘리스에 따르면 인간은 합리성과 비합리성의 양면적 본능을 지닌 존재이며, 심리적 장애는 인간의 비합리성에 의해 파생되는 비현실적이고 논리적인 사고방식의 결과로 보았다.

또한 인간의 비합리적 사고성향은 사회적 환경에 의한 것이기도 하지만 더 근본적으로 강력한 생물학적 근원에 의한 것임을 강조한다. 인간에게는 사용되지 않은 거대한 성장 자원이 있지만 동시에 이를 파괴하고 깨트릴 수 있는 경향성도 지니고 있다고 보았다. 인간은 생득적인 자기파괴 방식으로 자신을 파괴한다고 보았다.

인간의 사고체계는 어린 시절의 문화 및 환경의 영향을 받으며 스스로 반복적으로 주입해서 형성되는 경향이 있다. 이러한 경험으로 비합리적 사고가 활성화되어 심리적 장애를 일으킨다고 본다. 그러나 인간은 자신이 장애를 일으키는 비합리적 생각을 갖고 있다는 사실을 이해하는 능력이 있으며, 이 생각들을 변화시킴으로써 행동 및 정서상태도 변화시킬 수 있다고 한다.

❷ ABC이론

엘리스는 신념체계를 합리적인 것, 비합리적인 것으로 구분하였으며, 인간의 정서적・행동적 결과의 원인으로 사건보다는 신념체계를 더 중요하게 생각하였다.

합리적 신념체계는 바람직한 정서적·행동적 결과를 초래한다. 반면 비합리적 신념체계는 바람직하지 못한 정서적·행동적 결과를 초래한다. 즉, 인간의 비합리성은 개인을 정서적 고통과 혼란에 빠지게 하는 취약성의 바탕이 되면, 비합리적 사고와 신념은 고통과 혼란을 유발하는 직접적인 원인이 되기도 한다. 이러한 인간의 감정과 행동을 설명하는 합리적 정서행동치료의 핵심이 ABC이론이다.

선행사건(A) → 생각, 신념(B) → 정서적/행동적 결과(C)

|그림 12-3| ABC 모델

A는 생활환경에서 일어나는 촉발사건(예 시험에 떨어졌다)이다. B는 이러한 사건의 의미를 해석하고 평가하는 데 사용하는 신념이다. C는 촉발사건에 대한 반응으로 개인이 나타내는 정서적 또는 행동적 결과를 의미한다.

③ 비합리적 사고

비합리적인 사고가 지속이 되면 정서장애의 원인이 된다. 비합리적 사고는 자신, 타인, 그리고 세상에 대한 비현실적인 기대와 요구를 한다. 또한 이와 관련한 당위적 사고를 하는데, 과장성, 자기비하성, 낮은 인내심과 같은 세 가지 요소를 가지고 있으며 결과적으로 자기파괴적 행동을 하고, 건설적인 목표달성을 방해한다.

합리적 사고와 비합리적 사고의 차이를 논리성, 현실성, 실용성, 융통성, 파급효과 등의 특성을 고려하여 살펴보면 <표 12-4>와 같다.

〈표 12-4〉 합리적 사고와 비합리적 사고의 차이

	합리적 사고	비합리적 사고
논리성	논리적으로 모순이 없다.	논리적으로 모순이 많다.
현실성	경험적 현실과 일치한다.	경험적 현실과 일치하지 않는다.
실용성	삶의 목적 달성에 도움이 된다.	삶의 목적 달성에 방해가 된다.
융통성	융통성이 있다.	절대적/극단적/경직되고 있다.
파급효과	적절한 정서와 적응적 행동에 영향을 준다.	부적절한 정서와 부적응적 행동을 유도한다.

출처 : 박경애(2012). 인지행동치료전문과정-초급과정 자료집 중.

(2) 치료방법

합리적 정서행동치료의 치료목표는 내담자가 정서적 고통과 자기패배적인 행동을 줄여서 자신의 잠재능력을 효율적으로 발휘하고 나아가 더 행복한 존재가 되도록 돕는 것이다. |그림 12-4|와 같이 ABCDEF 치료 모델이다. 이는 치료자는 내담자로 하여금 부정적 감정과 행동(C)을 경험하게 하는 비합리적 신념(B)을 찾아내어 논박(D, Disputing)을 함으로써 합리적인 신념에 근거한 효과적인 철학(E : Effective philosophy)을 갖게 하여 좀 더 적응적인 새로운 감정과 행동(F : new Feeling and behaviors)을 경험하도록 변화시킨다.

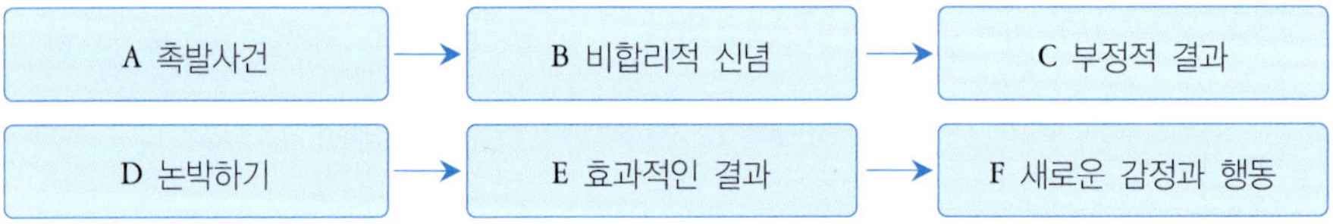

|그림 12-4| 합리적 정서행동치료의 ABCDEF 치료 모델

출처 : 권석만(2015), pp. 224-217.

5. 인지이론의 평가와 적용

벡과 엘리스의 인지치료이론은 잘못된 인지적 왜곡이나 비합리적 신념을 바꿈으로써 문제가 되는 정서와 행동을 통제할 수 있다고 가정한다. 벡의 인지치료와 엘리스의 합리적 정서행동치료를 실천현장에서 많이 활용하고 있다. 우울증, 공황장애, 불안장애 등의 치료 매뉴얼의 기본적인 근거가 되고 있다. 더불어 언급된 인지행동치료 이외에도 마음챙김과 수용전념치료 등도 최신 인지행동치료에 해당하며 통증관리와 같은 신체적 고통에도 활용되는 등 적용 영역이 점차 확대되고 있다.

요약

- **피아제의 인지발달이론**

발단단계 : 감각운동기, 전조작기, 구체적 조작기, 형식적 조작기

① 감각운동기(0~2세) : 감각과 운동을 사용하는 지각한 활동으로 세상을 이해한다.
② 전조작기(2~7세) : 조작능력이 충분히 발달하지는 않았지만 정신적 표상에 의한 사고가 가능한 단계로, 자신만의 관점으로 세상을 지각하는 한계가 있다.
③ 구체적 조작기(7~12세) : 세상의 구체적인 특징에 대해 논리적으로 사고하기 시작한다. 즉, 문제를 해결하거나 이유를 추론하는 능력이 가능하다.
④ 형식적 조작기(12세 이상) : 직접적으로 경험하지 않아도 추상적으로 사고하고 추론하고, 가설을 세워 검증할 수 있다.

- **콜버그의 도덕발달단계**

문화나 사회마다 도덕적 신념이나 가치의 내용이 다양하기 때문에 도덕성의 내용보다는 도덕성의 사고과정에 중점을 둔다.

① 전인습적 수준 : 복종과 처벌 지향, 상대적 쾌락주의
② 인습적 수준 : 착한 소년·소녀 지향, 사회질서와 권위유지
③ 후인습적 수준 : 민주적으로 용인된 법, 보편적 원리

- **벡의 인지치료이론**

① 자동적 사고 : 정서적 반응으로 이끄는 특별한 사건을 경험하였을 때, 개인의 선택 없이 자발적으로 일어나는 사고
② 중간믿음 : 부정적 자동적 사고 바로 아래층에 있으며, 우리를 불쾌하게 만드는 완고하고 편협한 가정
③ 핵심믿음 : 경험에 의해 자연스럽게 형성되어 마음속 깊이 자리를 잡고 있는 기본적인 생각

- **엘리스의 합리정서행동치료**

① ABC 이론 : 선행사건(A)에 대한 합리적 혹은 비합리적 신념체계(B)에 따라 정서적·행동적 결과를 초래한다.
② 비합리적 사고 : 비합리적 사고의 지속은 정서장애의 원인이 되며, 자신, 타인, 세상에 대한 비현실적인 기대와 요구를 한다.
③ 합리적 사고와 비합리적 사고의 차이는 논리성, 현실성, 실용성, 융통성, 파급효과 등에 따라 구분할 수 있다.

기출문제

01. 피아제(J. Piaget)가 주장한 전조작기의 특징으로 옳지 않은 것은?(제9회 기출문제)

① 언어발달이 왕성한 시기이다.
② 대상영속성이 발달되는 시기이다.
③ 자기중심적 사고가 나타나는 시기이다.
④ 상위개념과 하위개념의 구분이 완전하지 못한 시기이다.
⑤ 상징개념을 획득하는 시기이다.

02. 피아제(J. Piaget)의 인지이론에 대한 설명으로 옳은 것은?(제18회 기출문제)

① 구체적 조작기에는 추상적으로 사고하고 추론을 통해 가설을 검증할 수 있다.
② 인지능력의 발달은 아동과 환경 간의 상호작용에 의해 단계적으로 성취되며 발달단계의 순서는 변하지 않는다.
③ 인간의 무의식에 초점을 둔다.
④ 도덕발달단계를 1단계에서 6단계로 제시한다.
⑤ 보전개념은 전조작기에 획득된다.

03. 피아제(J. Piaget)의 감각운동기의 발달 특성에 관한 설명으로 옳은 것은?(제15회 기출문제)

① 대상을 특징에 따라 분류한다.
② 대상을 연속적인 순서에 따라 배열한다.
③ 대상의 질량 혹은 무게가 형태 및 위치에 따라 변하여도 보존될 수 있다고 생각한다.
④ 대상영속성을 획득한다.
⑤ 조합기술을 획득한다.

04. 콜버그(L. Kohlberg)의 후인습적 수준의 도덕성에 관한 설명으로 옳은 것은?(제17회 기출문제)

① 일반윤리에 의해 자신의 이익에 따라 행동을 판단한다.
② 개인 상호 간 대인관계의 조화를 바탕으로 행동한다.
③ 인간의 존엄성과 양심에 따라 자율적이고 독립적 판단이 가능하다.
④ 타인 중심에서 벗어나 개인이 욕구충족을 위해 행동한다.
⑤ 도덕적으로 옳고 법적으로 타당할 때 충족된다.

05. 피아제(J. Piaget)의 인지발달 이론 중 다음에서 설명하는 개념은?(제12회 기출문제)

> 보존의 개념을 획득하게 되어 역조작성의 논리를 사용할 수 있다.
> 유목화가 가능하여 동물과 식물이 생물보다 하위개념임을 안다.
> 탈중심화로 인해 또래들과의 관계 속에서 의사소통이 활발하게 이루어지는 시기이다.

① 반사기　② 전조작기　③ 구체적 조작기
④ 형식적 조작기　⑤ 감각운동기

06. 인지이론의 주요 개념에 관한 설명으로 옳은 것을 모두 고른 것은?(제13회 기출문제)

> 가. 동화 - 새로운 정보를 접했을 때 기존의 도식을 변경하는 것
> 나. 도식 - 사물이나 사건에 대한 전체적인 윤곽이나 개념
> 다. 조절 - 기존의 도식을 활용하여 새로운 자극을 이해하는 것
> 라. 평형화 - 동화와 조절을 통해 균형 상태를 이루는 것

① 가, 나, 다　② 가, 다　③ 나, 라
④ 라　⑤ 가, 나, 다, 라

정답 1. ② 2. ② 3. ④ 4. ③ 5. ③ 6. ③

제13장 인본주의 이론

인본주의 이론은 1940년대에 칼 로저스(Carl Rogers)가 개발한 상담이론으로서 내담자의 변화와 성장을 존중하며, 일치성, 공감 및 긍정적 존중의 태도 그리고 실현경향성을 강조하는 이론이다. 이 중 인간의 실현 경향성은 "인간이란 자신을 유지하거나 성장시키는 데 도움이 되는 방향으로 자신의 모든 능력을 개발하려는 선천적인 경향성을 가진다"는 것을 의미한다. 인본주의 이론에서는 인간의 실현 경향성이 실현되지 않으면 부적응의 문제가 나타난다고 본다.

예를 들어, 아동은 선천적으로 인간의 욕구와 재능 그리고 독특한 행동양식을 가지고 태어나는데, 부모나 어른들이 이런 아동의 성향을 충분히 수용하지 못하면, 성장과정에서 아동들은 부모가 요구하는 가치의 조건을 내면화하고 부모가 부여한 자기개념을 갖게 된다. 그 결과 아동은 자신의 경험을 진실하게 수용하지 못하고 자기개념을 왜곡하여 심한 불안과 부적응 상태가 나타나게 된다(권석만, 2014).

인본주의에 근거한 상담자가 지녀야 할 세 가지 태도는 진실성과 일치성, 공감적 이해 및 무조건적인 긍정적 존중을 들 수 있다. 인본주의 상담가들이 이러한 태도로 내담자와 만나게 되면, 내담자는 그동안 왜곡되고 부인해 왔던 자신의 진정한 모습을 자각하고 수용함으로써 자기개념과의 통합을 이룰 수 있도록 돕는다.

1. 칼 로저스의 인간중심 상담이론

1) 칼 로저스의 생애

Carl Rogers
(1902~1987)

칼 로저스(Carl Rogers, 1902~1987)는 인본주의 이론의 가장 대표적인 학자로서, 미국 시카고 근교에서 5남 1녀 중 넷째로 태어났다. 유년 시절 로저스는 친밀하고 따뜻했지만, 종교적 규범이 강한 엄격한 집안에서 자랐다. 그래서 그의 부모는 유년의 로저스에게 카드놀이와 같은 사교생활을 허용하지 않았고 청교도 윤리를 강조했다. 로저스의 가족은 그의 나이 12살 때 농장이 있는 농촌으로 이사했다. 그 이유는 로저스의 아버지가 사춘기에 접어든 자녀들이 도시의 유혹들에 빠지지 않도록 하기 위한 것이었다. 유년 시절 로저스의 건강은 좋지 못했으며 가족을 벗어나 친구를 사귈 기회가 거의 없었다고 한다.

스무 살 무렵 로저스는 1922년 중국에서 개최되는 국제기독학생연합회에 참여하였고 6개월간 그곳에 머물며 새로운 경험을 쌓았다. 이때의 경험으로 로저스는 자신의 인생관을 보다 자유롭게 다시 정립할 수 있는 심리적 독립을 이루게 된다. 이후 로저스는 1928년부터 1939년까지 로체스터 대학에 있는 '아동폭력방지협회(Child Study Department)'에서 일하였다. 이곳에서 일하면서 그는 정신역동이론의 관점을 가진 사람들을 자주 만나게 된다. 하지만 그는 이 접근법에 동의하기 어려웠던 것으로 보인다. 이후 로저스는 이곳에서 아동을 대상으로 상담하는 일을 배웠고 차츰 자신의 이론과 견해를 정립시켜 나갔다.

다양한 아동상담의 경험들을 통해, 로저스는 심리치료에서 인본주의 운동을 처음으로 시도하고 관련 연구를 선도했으며 심리학과 관련된 모든 영역에 많은 영향력을 끼침으로써 세계적 명성을 얻게 된다. 생애 마지막 15년 동안 로저스는 갈등집단을 지도하고 훈련함으로써 정치에 인간중심적 접근을 적용하기도 하였다. 그가 가장 힘썼던 분야는 인종 간의 긴장완화와 세계평화였다. 이러한 업적으로 인해 그는 죽기 바로 얼마 전 노벨 평화상 후보에 지목되기도 하였다.

2) 주요 개념

(1) 긍정성을 지향하는 존재의 경향성

로저스는 인간을 가능하고 실천적인 경향을 가진 존재로 규정하였고, 현상학적 이론의 관점에서 인간이란 존재의 의미를 파악하려 노력했다. 인간은 하나의 통합된 유기체로 이해되어야 한다. 로저스는 인간 유기체란 분화, 자기책임감, 협동과 성숙의 방향으로 나아가는 선천적인 경향성을 가지고 있고, 긍정적으로 지향하는 경향성이 있다는 사실을 강조했다. 그의 견해에 따르면, 인간 유기체는 신체적 기능과 심리적 기능이 통합된 개체로서 환경과 상호작용하는 존재라고 말할 수 있다(권석만, 2014). 그래서 인간은 합목적적이며 건설적이고 현실적인 존재로서, 어떤 힘에 의해 이끌려 가는 수동적인 존재가 아니라 미래의 목적과 자기지시적인 목적의 방향으로 에너지를 지향시킬 수 있는 활동적이고 긍정성을 지향하는 존재라고 할 수 있다(최옥채 외, 2003).

(2) 자아실현의 경향성

로저스는 인간은 선천적으로 자신의 생존을 유지하고 더 높은 곳을 향해 나아가고자 하는 등 자아실현의 경향성을 지니고 있다고 보았다. 로저스는 모든 사람은 근본적으로 활동적이고 자아실현을 추구하는 경향을 가지고 있고, 인간에게는 생물학적 잠재력과 심리적 잠재력이 있다고 설명하였다. 이것이 유기체적 평가과정이다. 유기체적 평가과정을 통해 인간은 자기를 유지하고 자기능력을 향상시키는 경험을 통해 자신을 긍정적으로 평가한다. 반대로 자아보존이나 증진을 반대하는 것은 부정적으로 평가하고 회피하게 된다.

(3) 현상학적 장

현상학적 장은 매 순간 개인이 의식하고 지각하며 경험하는 모든 것을 의미한다. 경험과 행동 간의 관계를 이해하는 것은 현상학적 이론의 중요한 주제이다. 로저스는 인간은 자신이 사건에 대하여 어떤 인식을 갖느냐에 따라서 서로 다른 행동을 하게 된다고 보았다. 인간의 행위를 지배하는 것은 외부자극에 대한 주관적인 해석과 개인적 의미이다. 현재의 행동에 영향을 끼치는 것은 과거의 경험이 아니라 과거 경험에 대한 현재의 해석이다. 따라서 인본주의 이론에서는 내담자의 내적 경험세계를 이해하는 것을 매우 중요하게 생각한다. 그래서 인본주의자들은 객관적인 상황 자체보다 주관적으로 그것을 어떻게 받아들이는지를 이해하는 것이 더 중요하며, 인간의 행동이나 성격을 '현재－미래'의 틀 속에서 이해하고 공감하는 것을 특히 강조한다.

(4) 긍정적 관심에 대한 욕구 – 자기와 자기개념

로저스는 유아는 자신의 내부에서 지각하는 자기 경험과 외부에서 지각하는 타인과의 경험을 구별하기 시작하면서 자기 존재에 대한 인식을 발달시킨다고 보았다. 자기존재에 대한 개념은 자기(self) 또는 자기개념(self-concept)과 관련된 개념이다. 자기는 개인의 경험세계로부터 분화된 것으로서 자신에 대하여 의식적으로 지각한 것과 자신이 소중히 여기는 가치를 포함한다. 반면 자기개념은 현재 자신이 어떤 사람인지에 대한 개인의 인식, 즉 자아상을 의미한다(권석만, 2014). 아동은 자기에 대한 인식이 생기면서, 타인으로부터 긍정적인 존중을 받고 싶은 욕구도 함께 발달하게 된다. 자기개념은 현재 자기 모습을 반영하는, '현실 자아(real self)'와 긍정적인 존중을 받기를 추구하는 '이상적인 자아(ideal self)'를 설명한다. 이상적인 자아는 다른 사람으로부터 긍정적으로 평가받기 위한 가치의 조건을 반영한다.

(5) 무조건적인 긍정적 존중

무조건적인 긍정적 존중은 어떤 개인에 대하여 조건 없이 있는 그대로 그 사람을 수용하거나 존경하는 것을 의미한다. 로저스는 개인이 경험하는 가치의 조건을 줄이기 위해서는 타인으로부터 무조건적인 긍정적 존중이 필요하며 이를 통하여 자아존중감이 증진될 수 있다고 보았다.

(6) 완전히 기능하는 사람

개인의 모든 경험이 무조건적으로 긍정적인 존중을 받게 되면, 자신의 경험을 충분히 수용하여 자기구조로 통합시킬 뿐만 아니라 내면적 자원을 발휘하는 완전히 기능하는 사람으로 성장하게 된다(권석만, 2014). '완전히 기능한다'는 것은 자신의 잠재력을 인정하고 능력과 자질을 발휘하여 자신에 대한 완벽한 이해와 경험을 풍부하게 하는 방향으로 이동해 나가는 것이다. 로저스는 완전히 기능하는 사람의 다섯 가지 중요한 성격 특질을 다음과 같이 언급하였다.

① 자기경험에 대하여 개방적이다.
경험을 개방하는 사람은 감정에 민감하되 충분히 합리적으로 자신의 감정을 인식하며 사리 판단을 한 뒤 상황에 적절하게 반응한다.

② 실존의 삶을 사는 사람이다.
실존의 삶이란 인간이 존재의 매 순간을 충분히 만끽하며 사는 것을 뜻한다. 실존의 삶을 살아가는 과정에서 자신의 경험구조를 발견하며, 유동적이고 적응적이며 관용적이고 자발적이다.

③ 자신의 의지에 따라 해야 할 것과 하지 말 것을 가려서 결정한다.
대부분의 사람들은 사회적 규범에 의존하며 타인의 판단이나 과거 자신이 익숙했던 방법들에 의존하여 행동한다. 그러나 완전히 기능하는 사람은 자신의 유기체적 경험을 통하여 자신이 해야 할 것과 하지 말아야 할 것을 따져서 행동방향을 결정한다.

④ 경험적 자유를 지니고 있다.

경험적 자유는 자신의 행동과 그 결과에 책임을 지는 것은 자신뿐이라는 의미를 내포하고 있다. 완전히 기능하는 사람은 자신이 원하는 것이 어떤 것이든지 실제로 실행할 자유를 가진다.

⑤ 창조성을 지니고 있다.

완전히 기능하는 사람은 창조적인 사람이며, 그들은 문화 내에서 건설적으로 살아가는 경향이 있다. 이들은 자신의 깊은 곳에 있는 욕구를 만족시키며, 사회와 어울려 살아가지만 사회적 표준에 얽매여서 살아가지는 않는다.

3) 성격에 대한 이해

(1) 성격의 구조

로저스는 인간의 성격을 크게 세 가지 핵심적인 요소, 즉 유기체, 현상학적 장, 자기로 구분하였다. 첫째, 유기체란 한 개인의 전체(신체, 지성, 정서)를 의미한다. 우리 인간은 경험에 대하여 유기체적으로 반응한다.

둘째, 현상학적 장이란 인간이 경험하는 모든 것을 말한다. 이것은 끊임없이 변화하는 경험의 세계이다. 그리고 경험은 개인의 외적인 세계뿐만 아니라 내적인 것까지 포함된다. 여기서 개인에게 중요한 것은 어떤 실제적인 사실이 아니라 현상학적 장 속에서 개인이 그것을 어떻게 지각하는가 하는 점이다.

셋째, 로저스의 성격이론에서 가장 중요한 것은 바로 자기에 대한 개념이다. 자기는 전체적인 현상학적 장으로부터 분화된 부분으로 '나'에 대한 일련의 인식과 가치로 이루어진다. 자기는 성격 구조의 중심이며 성격이 발전하는 핵심이다. 그리고 자기는 유기체 행동의 일관성을 유지하는 데 중요한 역할을 한다. 자기개념과 일치되는 경험들은 통합되며, 불일치되는 경험들은 위협으로 지각된다. 자기개념은 언제나 과정 중에 있다. 즉, 현상학적 장과의 계속되는 상호작용 속에서 성장하고 변화되어 간다.

(2) 성격의 발달

인본주의 이론은 프로이트의 유전적 성격이론과는 달리 현상이론에 가깝다. 개인의 발달에 영향을 미치는 힘들은 개인을 둘러싼 환경, 즉 개인의 내부 역동보다는 대인 간의 관계 속에 있다고 보았다. 일단 성격이론을 이해하기 위해서는 먼저 출생 시의 유아기부터 시작해야 한다. 유아에게 있어서 존재하는 유일한 세계는 그의 경험세계이다. 이것만을 실제로 볼 수 있다. 또한 모든 인간은 태어날 때부터 자아실현의 경향 동기를 가지고 태어난다. 이에 따라 유아는 자기의 유기체를 고양시키는 것으로 자각되는 경험을 긍정적으로 평가하고, 자기의 유기체에 해가 되는 것으로 인식되는 경험을 부정적으로 평가하는 선천적인 유기체적 가치화 과정 능력을 갖게 된다.

유아는 성장함에 따라 '내가 아닌 것'과 '나'를 인식하게 되고 시일이 지남에 따라 정확히 구별해 내게 된다. 점차 자기 것과 남의 것을 가려내게 되고 이러한 일련의 과정을 통해서 자기개념이 발달하게 된다. 자기에 대한 각성이 생기면 긍정적인 관심에 대한 욕구가 생기게 된다. 이는 온정과 애정의 욕구인데 선천적으로 모든 인간 내부에 존재하고 있다. 그러나 불행히도 이 긍정적인 관심에 대한 욕구는 오직 타인들에 의해서만 충족될 수 있다. 아이는 주위의 의미 있는 타인들이 자기에게 주는 관심에 근거하여 학습된 자기 존중감을 발달시키게 된다. 따라서 긍정적인 관심에 대한 욕구는 유기체의 가치화 과정에 영향을 미치게 되므로 매우 중요하다.

(3) 부적응 행동의 발달

아동은 성장하면서 발달하게 된 가치의 조건 때문에 다른 사람의 기순에 따라 살아가려는 자신의 자아개념과 유기체적 경험 간의 불일치를 경험하게 된다. 이때 아동에게는 타인에게서 인정받으려고 하는 욕구 또는 자기존중의 욕구 때문에 경험과 자기개념 간에 불일치는 커지게 되고, 그 결과 불안을 경험할 수 있다.

인본주의 이론에서는 이것을 '심리적 부적응 상태'라고 말한다. 부적응 상태는 개인에게는 하나의 위협으로 작용한다. 어떤 경험이 보통 이상으로 자기구조와 불일치하거나 부조화의 경험이 자주 발생하면 그는 분명히 공격적인 수준의 불안을 경험하게 되고 일상생활에서 심각한 파괴를 가져올 수 있는데 이러한 부조화 상태를 신경증이라고 한다. 그리고 그 이상으로 자기개념이 산산조각 나고, 자기가 위협적인 경험으로부터 자신을 방어하지 못할 때 정신병리가 발생한다.

4) 로저스의 인간중심 상담

(1) 인간중심 상담의 목적과 목표

인간중심 상담은 개인의 독립과 통합을 목표로, '완전히 기능하는 사람'이 되도록 돕는 것이다. 인간의 문제에 초점이 있는 것이 아니라 인간 자체에 초점을 둔다. 로저스는 내담자들이 현재 직면하고 있는 문제들과 앞으로의 문제들을 극복할 수 있도록 그들의 성장과정을 도와줄 것을 강조하였다. 그래서 상담의 목표는 내담자의 자아개념과 유기체적 경험 간의 불일치를 제거하고 그가 느끼는 자아에 대한 위협과 방어기제를 해체함으로써 완전히 기능하는 사람이 되도록 돕는 데 둔다. 이러한 목표를 위해 먼저 내담자들은 사회화 과정을 통해 내담자 자신의 가면을 벗어야 한다. 이러한 자아실현은 경험에의 개방, 자기 신뢰, 내적 평가, 계속되는 성장에의 의지로 나타난다.

인간중심 상담에서 상담자는 상호 신뢰적인 분위기를 조성하여 내담자가 거리낌 없이 자기를 개방하도록 함으로써, 내담자 자신의 내면세계(감정, 욕망 및 가치판단 등)를 이해하고, 자신의 문제를 파악할 수 있도록 돕는다. 그 과정에서 내담자는 자신의 환경에 대한 왜곡된 지각을 수정하고, 현실적 경험과 자아개념 간의 조화를 이루게 되고, 자신의 능력과 개성을 최대한 발휘하는 등 자아실현을 촉진하게 된다. 이때 자아실현을 이룬 사람은 자기방어를 위해 현실을 왜곡하지 않으며, 자기 자신에 대한 올바른 이해에 바탕을 둔 신뢰감과 융통성 있는 마음의 자세를 가지고 있고, 인간실존의 문제에 대한 해답을 자신의 내부에서 찾으려 한다. 그래서 자아실현을 이룬 사람은 인간적인 성숙이 지속적인 과정임을 아는 사람으로 성장할 수 있다.

(2) 인간중심 상담의 과정

인간중심 상담 과정의 특징은 상담과정이나 문제해결에 대한 내담자의 책임과 구체성을 강조한다. 그리고 수용적인 분위기에서 내담자가 자신을 자유롭게 표현할 수 있게 하고 그러한 과정에서 내담자가 자신의 해결책을 스스로 찾을 수 있게 한다. 인간중심 상담의 핵심 개념은 상담자의 일치성, 무조건적인 긍정적 존중, 공감적 이해로 대별된다. 첫째, 진실성은 내담자의 치료적 성장을 촉진하기 위한 치료자의 진실성으로, 상담자는 꾸밈없이 자신의 모습을 있는 그대로 나타내는 것이며 일치성이라 하기도 한다. 둘째, 무조건적 긍정적 존중은 내담자의 생각, 감정, 행동에 대해 어떤 판단이나 평가도 내리지 않는 상담자의 순수한 보살핌을 의미한다. 셋째, 공감적 이해는 상담자가 마치 내담자가 된 것처럼 그의 심정을 느끼는 것이다.

❶ 상담과정의 조건

- 두 삶은 접촉(만남)해야 한다.
- 내담자는 불일치 상태, 취약한 상태, 불안정한 상태에 있다.
- 상담자는 관계에 있어서 균형과 일치 상태에 있어야 한다.
- 상담자는 내담자에게 조건 없는 긍정적인 지각을 하여야 한다.
- 상담자는 내담자의 내적 준거에 대하여 공감적 이해를 경험하여야 한다.
- 내담자도 최소한의 긍정적 지각과 공감적 이해의 상태를 갖추어야 한다.

❷ 상담과정

상담조건이 갖추어지면 실제 상담이 이루어진다. 인간중심 상담에서 '무엇이 어떻게 진행되는가'의 특징적 과정을 중심으로 상담 기술과 절차를 살펴보면 다음의 12단계가 된다.

- 1단계 : 내담자가 도움을 받기 위해 온다. 내담자가 자발적으로 온다는 것은 이미 문제해결에 책임 있는 한 걸음을 내디딘 것으로 간주된다. 이러한 자발적 의사가 상담에서는 매우 중요하다. 개인의 결정에 의하여 오게 된 것이 아닌 경우, 타의에 의한 결정을 자발적인 결정으로 변화시키는 것에 초점을 두고 상담을 진행해야 한다. 인본주의 상담에서는 스스로 상담을 받겠다는 결정이 중요하기 때문이다.
- 2단계 : 상담이라는 상황을 정의한다. 이때 상담자는 내담자에게 스스로 문제를 해결하도록 도와주는 과정이지, 문제를 대신 해결해 주는 과정이 아니라는 것을 인식시킨다. 상담시간을 계획하고 약속하는 것도 내담자의 책임이라는 것을 명백하게 깨닫게 하는 것도 중요하다.
- 3단계 : 상담자가 내담자의 정서반응을 반영하고, 명료화하여, 내담자가 자신의 문제에 관한 감정을 자유롭게 표현하도록 북돋우어 준다. 내담자가 상담시간에 적개심, 불안, 죄책감 등의 감정을 쏟아놓는 것을 막지 말고 그대로 내버려 둠으로써, 상담시간이야말로 진실로 내담자의 시간이고 그것을 어떻게 활용하느냐에 따라 성과가 생긴다는 것을 알게 한다.
- 4단계 : 상담자는 내담자가 표출하는 부정적 감정을 수용하고, 알아주고, 정리해 주어야 한다. 상담자는 내담자가 표출하는 적개심, 증오, 질투 등의 부정적 감정을 단순히 이지적으로 이해하는 것이 아니라, 그 감정을 진정으로 받아들여서 내담자가 그것을 자신의 것으로 받아들이고 자유롭게 감정을 표현하도록 격려하여 준다. 이때 상담자는 상담과정에서 내담자가 표출하는 감정을 인정, 수용, 명료화하게 해준다.
- 5단계 : 부정적인 감정을 완전히 표현할 수 있게 된 후에는 미약하고 잠정적이기는 하지만 부정적 감정이 긍정적 감정과 교차되어 나타날 수 있다.

이때 내담자는 성장의 증거로 긍정의 감정을 자주 표현하게 된다.

- 6단계 : 상담자는 내담자의 부정적 감정을 받아들임과 동시에 긍정적인 감정을 인정하고 받아들인다. 내담자 쪽에서는 자기평가와 정서반응 간의 일치 및 조화를 탐색하고 정리한다. 긍정의 감정을 받아들인다는 것은 찬성하거나 칭찬한다는 뜻과는 다른 것이다. 이때 상담자는 그저 고개만 끄덕거려 찬성을 표시하면 되는 것이 아니라, 진실로 내담자의 마음과 감정을 이해하고 공감하고 받아들일 줄 알아야 한다.
- 7단계 : 부정의 감정과 긍정의 감정을 모두 경험하면 자기이해, 자기수용, 자기통찰이 나타나고, 내담자는 문제행동에 대한 대안적 선택과정을 탐색하게 된다. 긍정, 부정 모두 자신의 감정세계의 부분이라는 것을 자각할 때 비로소 진정한 자기이해의 토대가 마련된다. 그 과정에서 자기통찰이 증진되며, 그것이 토대가 되어 내담자는 새로운 차원의 통합을 이룰 수 있게 된다.
- 8단계 : 통찰과 함께 여러 가지 의사결정을 할 수 있는 길이 선명하게 보이면서 내담자는 긍정적 사고를 하기 시작한다. 상담자는 내담자가 여러 가지 길을 보다 선명하게 내다보도록 도와주어 앞으로의 진전에 대하여 느끼게 되는 공포나 주저함을 당연한 것으로 인정하여 준다.
- 9단계 : 내담자는 긍정적 행동을 취하게 되며, 생활 장면에 대해 더욱 정확하고 분별력 있는 행동을 하게 된다. 초기에는 부분적으로 긍정적 행동을 하다가 시간이 흐름에 따라 적극적인 행동을 시도하게 된다.
- 10단계 : 더욱 성장을 한다. 긍정적인 행동을 취하게 되면 점차로 통찰이 확대 심화되어 정확한 자기이해를 할 수 있게 된다.
- 11단계 : 내담자는 보다 잘 통제된 긍정적 행동을 점점 더 많이 하게 된다. 내담자의 문제증상이 감소되고 덜 불편해진다. 의사결정을 하는 과정에서 두려움은 점점 작아지고 자신이 시작한 행동에 대해서는 자신을 가지게 된

다. 이때 상담자와 내담자 사이의 유대는 더욱 강화된다.

- 12단계 : 내담자는 이제 도움을 받을 필요를 덜 느끼게 되고, 치료관계를 종결해야겠다는 생각을 하기에 이른다. 지각된 자아와 이상적 자아 사이의 조화를 얻는다. 이 단계는 상담의 곧 종결될 것임을 알리는 것으로서 내담자는 성숙하고 건강한 분위기 속에서 상담을 끝맺게 된다.

③ 상담의 결과

- 내담자는 불일치의 경험은 감소하고 자신의 경험에 개방적이며, 방어도 덜하게 된다.
- 내담자는 현실적이고 객관적이며, 자기지각을 형성하는 데 외부중심적으로 변한다.
- 내담자는 문제해결에 있어서 더 능률적으로 변하게 된다.
- 심리적 적응에 있어서 이전보다 훨씬 적절한 반응을 보이게 되며 최선의 상태를 지향한다.
- 불일치 상태가 제거됨에 따라 내담자의 취약성이 현저하게 감소한다.
- 내담자의 이상적 자아개념이 좀 더 현실적인 것이 되고, 상담 목표의 성취 가능성이 커지게 된다.
- 내담자가 심리적 적응을 잘하게 되고 위협이 감소되었기 때문에 자아는 그의 이상적 자아와 일치감이 더해질 수 있다.
- 이상적 자아에 근접함과 더불어 위협의 제거로 모든 종류의 긴장이 감소될 수 있다.
- 내담자는 근본적 자아지각의 정도가 높아질 수 있다.
- 내담자는 상담 중 행해지는 평가의 핵심이 무엇인지를 파악하게 되고, 자기관리에 자신감이 생기며, 가치체계도 전체적인 면에서 검토하는 태도로 변화한다.
- 내담자가 불일치를 극복하고, 더욱 현실적으로 변화하기 때문에 타인을 좀

더 현실적으로 보게 되며, 정확하게 파악할 수 있게 된다.

- 타인을 좀 더 잘 수용할 수 있게 된다.
- 타인도 내담자의 행동이 이전보다 훨씬 사회성이 높아지고, 성숙했다고 보게 된다.
- 내담자의 행동이 이전보다 창조적이고, 자기 자신의 목적과 가치를 유지하면서도 자기주장을 평탄하게 펴나갈 수 있게 된다.

2. 매슬로우의 욕구단계이론

1) 매슬로우의 생애

Abraham Maslow
(1908~1970)

아브라함 매슬로우(A. Maslow)는 러시아에서 미국으로 이민 온 유대인의 집안에서 7남매 중 장남으로, 1908년 미국 뉴욕의 브루클린에서 태어났다. 그의 초기 아동기와 청소년기에 심한 고독감에 시달리며 지냈다고 한다. 대학에 입학할 당시에는 아버지의 강압에 못 이겨 법학을 전공하기 시작했다. 그 뒤, 매슬로우는 뉴욕시립대학교와 코넬대학교로 여러 대학을 전전했고, 대학 3학년 때는 위스콘신대학교로 전학한 뒤에는 심리학을 전공하였다. 그가 심리학을 전공하기로 마음먹은 결정적 이유는 왓슨의 행동주의에 결정적인 영향을 받았기 때문이다. 대학원에 입학한 이후부터 매슬로우는 1934년 힐로우 교수 밑에서 영상류의 행동을 연구했고, 「원숭이의 성적 특성과 지배 특성에 관한 관찰연구」로 박사학위를 취득했다. 하지만 매슬로우는 첫째 딸을 낳고부터 행동주의 이론으로는 인간을 이해하는 데 많은 한계가 있음을 깨닫게 된다. 매슬로우는 행동주의란 쥐나 다람쥐 같은 동물을 이해하는 데나 적합한 것이지 복잡하고 미묘한 인간의 정신세계를 이해하는 데는 적합하지 않다고 결론 내리게 된다(최옥채 외, 2007). 이후 매슬로우는 1951년부터 브랜다이스대학교 심리학과 교수(1951~1969)로 지냈고, 1967년에는 미국심리학회 회장을 맡으면서, 당시 미국 심리학계가 관찰가능한 인간의 행동과 환경의 영향에 대해서만 초점을 두는 것에 반대하였다. 노년기에 그는 인간의 잠재성에 대한 운동을 벌이는 단체들을 지원하는 일을 하였고 62세가 되던 해인 1970년 6월에 캘리포니아에서 지병인 심장병으로 사망하기까지 인본주의 심리학을 위해서 헌신했다.

2) 주요 개념

(1) 잠재적 창조성

매슬로우는 인간의 가장 보편적인 특질은 창조성이라는 사실에 최초로 관심을 가졌고, 모든 사람은 태어날 때 창조성을 잠재적으로 가지고 있으나 문명화되면서 창조성을 잃게 되었다고 생각하였다. 그는 창조성을 천재들의 특수한 능력, 특정 분야에서의 우수한 소수만이 탁월하게 지니고 있는 창의적인 능력만을 의미하는 것이 아니라 모든 인간에게 잠재된 보편적 능력이며 특성으로 해석하였다.

(2) 형성되어 가는 것

인간은 항상 무언가 다른 존재가 되려는 과정에 있다는 것을 말하며, 이는 곧 인간의 발전과 변화 가능성을 인정하는 것이다. 매슬로우가 영향을 많이 받은 실존철학과 실존 심리학의 흐름은 인간을 유전요소나 환경적 영향에 의해 결정되는 존재가 아니라고 보았으며, 인간을 스스로 자신의 행위에 책임을 지는 존재라고 보았다. 그리고 매슬로우의 인본주의 심리학이 이러한 실존철학으로부터 영향을 받은 것 중 가장 중요한 내용은 형성의 개념이다. 그러므로 '형성되어 가는 것(becoming)'을 거부하는 사람은 성장하기를 거절하는 것이고, 스스로 인간실존의 가능성을 부정하는 것이다. 자기 잠재력을 가능한 한 많이 인식하는 것이 자유로운 인간으로서 개인이 가지는 책임이다.

(3) 욕구

욕구는 대부분 어떤 목적을 위해 좋은 것, 필요한 것, 필수적인 것으로 인간행동의 동기로 보았다. 매슬로우는 욕구가 세 가지 특성을 가지고 있다고 주장했다. 첫째, 그 욕구 충족이 실패하였을 때 상대적으로 역기능적이거나 혼란상태가 유발된다. 둘째, 욕구를 충족시켜 회복됨으로써 역기능을 치유할 수 있다. 셋째, 자유로운 상태에서 하나의 기본적인 욕구의 충족은 다른 욕구의 충족으로 옮아간다. 매슬로우는 다른 이론의 욕구 개념과 구별하기 위해 욕구를 두 가지 형태로 구별하였다.

❶ 제1형태 : 기본적 욕구, 결핍성의 욕구(deficiency needs)

기본적인 욕구는 음식, 물, 쾌적한 온도, 신체의 안전, 애정, 존경 등의 욕구로, 매슬로우의 욕구단계 중 생리적 욕구, 안정의 욕구, 소속과 애정의 욕구, 자기존중의 욕구가 해당한다. 기본적인 욕구의 특징은 다음과 같다.

① 결핍되면 병이 생긴다.
② 충족되어 있으면 병이 예방된다.
③ 충족시키면 병이 회복된다.
④ 자유롭게 선택할 수 있는 상황이라면 충족이 결핍된 사람은 우선적으로 그것을 충족하려고 한다.
⑤ 건전한 사람에게는 결핍성의 욕구가 기능적으로 존재하지 않는다.
⑥ 의식적 또는 무의식적 바람이다.
⑦ 부족감 혹은 결핍감으로 느껴지게 된다.

❷ 제2형태 : 성장욕구(meta needs), 자기실현 욕구(self-actualization needs)

성장욕구는 자기실현의 욕구로 잠재능력, 기능, 정의, 선, 미, 재능을 발휘하려는 욕구이다. 매슬로우는 결핍성의 욕구를 저변으로 하여 자기실현 욕구를 정점으로 하는 체계를 가정하였다. 성장의 욕구도 결핍성의 욕구와 같이 선천적인 것이라고 보았으며 심리적 건강을 유지하고 완전한 성장을 이루려면 성장욕구를 만족시켜야 한다. 성장욕구에 의해 동기화된 사람들이 '진(眞), 선(善), 미(美), 법, 질서, 정의, 완전함'을 추구한다고 본다. 성장욕구가 충족되지 않았을 때 그 사람은 소외, 고민, 냉담, 냉소 등과 같은 상태가 되어서 병적인 상태가 될 수 있다.

(4) 성장 동기

인간행동을 관찰하면 기본 욕구 또는 기본적 동기 외에 다른 종류의 동기를 발견하게 된다. 현재 자기의 상태 또는 가치에 만족하거나 기뻐하고 그것을 긍정적으로 느끼고 싶어 하는 동기와 같은 것을 찾아볼 수 있다. 이것은 성장을 위한 동기이다. 사람들은 자기의 결핍욕구가 충족되면 성장욕구를 가지게 되고 성장으로 동기 유발되어 간다. 앞에서 설명한 생리적 욕구, 안전욕구, 소속과 사랑의 욕구, 자존감의 욕구들은 결핍으로부터 인간을 동기화시키지만 자아실현 욕구는 성장에 의해서 동기화된다. 성장 동기는 정신적으로 강하다는 한 표적이다. 즉, 정신적으로 건강한 사람들은 동기의 다른 영역, 성장욕구와 성장 동기에 의하여 계속적으로 동기가 유발된다.

여기에 대해서 매슬로우는 "성장에 동기 유발이 잘 된 사람을 보면 다가올 휴식에 대한 생각이 그 동기에 아무런 효과를 나타내지 못한다. 그러한 사람들은 만족을 얻으면 동기를 감퇴시키는 것이 아니라 고조시킨다. 따라서 의욕은 고조된다. 그들은 자신을 성장시키는데, 예를 들면 교육을 더욱 받기를 원한다. 휴식을 취하기보다는 보다 활동적이 된다. 성장을 위한 의욕은 충족에 의해서 완화되기는커녕 오히려 자극을 받는다. 그 자체에서 성장은 보상을 받는 것이 되며 흥분하는 과정이 된다. 즉, 노력과 야망을 충족시키는 것이다"라고 설명하고 있다.

3) 욕구단계이론

인간에게는 여러 가지 욕구가 있으며, 욕구의 중요성과 강도에 따라 위계적으로 구성되어 있어서, 하위 욕구를 일단 충족시키면 유기체는 다음의 상위 욕구를 추구하게 된다. 다음 욕구가 출현하기 전에 하위 욕구가 100% 충족되어야 하는 것은 아니다. 사실상 대부분의 사람들은 기본적 욕구를 일부는 충족시키고 일부는 충족시키지 못한다. 욕구의 위계에서 상위 욕구일수록 충족 비율이 상대적으로 낮다. 이러한 욕구의 위계구조는 절대적인 것은 아니지만, 보편적으로 대부분의 인간이 하위단계의 욕구가 어느 정도 충족되고 난 후에 상위단계의 욕구를 충족시키기 위한 노력을 한다고 보고 있다.

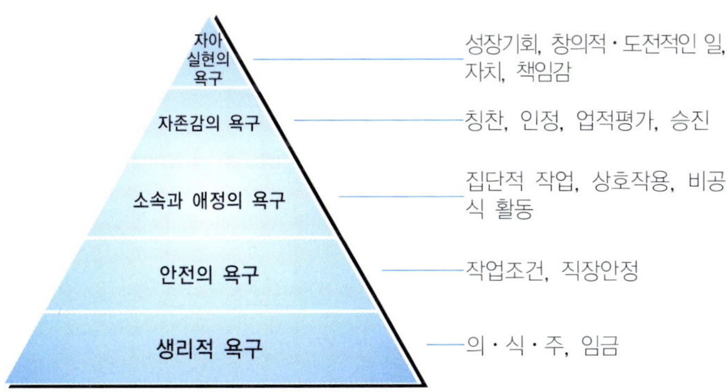

|그림 13-1| 매슬로우의 인간욕구 단계

욕구단계설은 매슬로우가 1943년에 처음 내놓은 것으로, 사람에게 동기를 부여하려면 단계별로 상승하는 인간의 욕구를 제대로 이해해야 한다.

(1) 생리적 욕구(physiological needs)

생리적 욕구는 인간의 욕구 중에서 가장 기본적이고 강하며 분명한 것으로 음식, 물, 공기, 수면, 성, 추위나 더위로부터의 보호, 감각적 자극에 대한 욕구들이 포함된다. 유기체의 생물학적 유지와 직접적으로 관련되어 있다. 더 높은 단계의 욕구를 충족시키기 위하여 이 욕구는 충분히 충족되어야 한다.

(2) 안전의 욕구(safety needs)

안전의 욕구는 환경 내에서의 확실성, 안전질서, 고통회피, 보호 등에 대한 욕구를 말한다. 모든 개인은 확실하고, 잘 정돈되고, 조직화되고, 예측할 수 있는 환경 내에서 생활하고 싶어 한다. 아동기에는 이러한 안전의 욕구가 성인에 대한 의존으로 나타나지만, 성인이 되어서는 재정적으로 안정되고 싶은 욕구와 같은 것으로 전환된다. 안전의 욕구는 사회의 법, 질서, 권위에 대한 위협이 있을 때 절박해진다. 이럴 때 독재나 군사지배를 더 쉽게 받아들인다.

(3) 소속과 애정의 욕구(belongingness and love needs)

생리적 욕구 및 안전욕구가 보장되면 동반자와 가족에 대한 욕구가 생겨 남들과 어울리고 애정을 나누고 싶어 한다. 집단의식이 개인의 주요 목표가 되는 것이다. 건전한 사회를 유지하려면 소속과 애정의 욕구를 충족시켜야 한다. 애정의 욕구는 애정을 주는 것과 받는 것 모두 포함된다.

(4) 자존감의 욕구(self-esteem needs)

자존감의 욕구는 자기 자신과 다른 사람들로부터 존경받고 싶어 하는 욕구를 말한다. 이러한 자존감에 대한 욕구는 자기존중과 다른 사람들로부터의 존경을 모두 포함하는 것이다. 자기존중은 능력, 신뢰감, 개인적인 힘, 적합성, 성취, 독립, 자유 등을 포함하는 것으로, 자기 자신을 가치 있다고 생각하는 것이다. 다른 사람으로부터의 존경은 명성, 인식, 수용, 지위, 평판 등을 포함하는 것으로 타인으로부터의 좋은 평가를 통해 자기 자신을 가치 있는 사람으로 간주하게 된다.

이런 자존감의 욕구가 충족되지 못할 경우 개인은 타인에 대하여 열등의식을 느끼고 자기 비하를 하며, 삶에 대처하는 데 있어서 무력감을 경험하게 되고, 자신이 무용지물이라는 인식을 갖게 된다.

(5) 자아실현의 욕구(self-actualization needs)

자아실현이란 한 개인의 내면적 본성을 인정하는 것뿐만 아니라 그것을 개발하고 표현하는 것이 되어야 한다. 이 욕구는 자신이 원하는 종류의 사람이 되고, 자기가 성취할 수 있는 모든 것을 성취하려는 욕구이다. 이러한 욕구는 자아증진을 위한 개인적 갈망이며, 잠재적 능력을 실현하려는 욕망이다. 매슬로우는 자아실현의 욕구를 충족한 사람들도 나름의 약점을 가지고 있기 때문에 결코 완벽한 인간이라고 할 수 없다고 하였지만, 이와 동시에 자아실현의 욕구를 성취하는 사람은 극소수에 불과하다고 주장하였다. 그렇지만 이들은 이 욕구의 충족을 위해 심신의 고통을 기꺼이 참아내기도 한다. 자아실현하는 사람들은 절정경험에 축복받은 사람들이다.

4) 자아실현자의 특징

매슬로우는 인간은 자신의 잠재력을 발달시키고 성장시키며 완성시킬 수 있는 본능적 욕구를 가지고 태어난다고 보았다. 자아실현을 이룩한 사람은 평범한 사람에 비해 질적으로나 양적으로 움직이는 성장동기가 있으며, 발달적으로 중년 이상에서 달성할 수 있다고 보았다. 매슬로우는 자기실현을 이룬 사람들의 특징을 다음과 같이 제시한다.

- 현실을 효율적으로 지각한다.
- 자신과 타인까지 자연스럽게 수용한다.

- 행동에 꾸밈이 없고, 솔직하며 개방적이다.
- 자기 자신 외에도 외부의 문제에 관심을 갖는데, 자기중심적이지 않고 문제 중심적이다.
- 자신에 대해서 초연함을 가지며, 자율성을 좋아하기 때문에 물리적·사회적 환경에 구애받지 않는다.
- 사회적 관심을 갖는다.
- 보통 사람들보다 더 깊은 인간관계를 맺는다.
- 적개심이 없으며 유머감각이 있다.
- 지극히 관대하여 다른 사람들을 편견 없이 수용한다.
- 창의적이다.
- 자발적이고 독립적이며 자부심이 강하다.
- 감사하는 마음을 가지며 정서적인 반응이 풍부하다.

3. 인본주의 이론의 평가와 적용

인본주의 이론은 인간에 관하여 보다 희망적이고 낙관적인 견해를 지니고 있다. 모든 인간은 자신의 내부에 건전하고 창조적인 성장을 위한 가능성을 가지고 있다고 믿는다. 어떤 비판가들은 인본주의 이론이 과학적 심리학이라기보다는 종교를 세속적으로 대치한 것이라고 보며, 어떤 사람들은 인본주의 이론은 아직도 가설적인 것이고, 이론과 이데올로기를 혼동하고 있으며, 연구 대신에 수사학을 대치하고 있다고 비판을 하기도 한다. 이러한 비판에도 불구하고 인본주의와 실존주의가 사회복지실천에 기여한 바는 매우 크다.

첫째, 인간의 자유의지를 강조하고 있다. 인본주의는 인간이란 의식 있는 존재로서 이성적으로 생각하고, 선택하며, 자유롭게 행동할 수 있는 능력이 있다고 믿는다. 또한 인간은 삶을 통제하고 살아가는 방법에 대한 생각들을 바꿀 수 있는 개인적인 권한을 가질 수 있는 존재라는 사실을 중시한다. 이는 사회복지실천의 가치관 중 자기결정권과 자주성의 원리에서 사회복지실천의 가치와도 일맥상통한다.

둘째, 환경과의 상호작용을 강조하고 있다. 인본주의 이론은 인간을 개별화된 존재로서 대하고 환경과 상호작용하는 존재로 보며, 자신의 경험에 관한 해석과 이해를 존중하고, 클라이언트 중심의 개입은 사회복지실천의 주된 원리와도 잘 맞는다.

셋째, 인간에 대한 존중 사상이다. 인본주의 이론은 인간의 존재 그 자체를 중심으로 고려하고 인간의 변화와 발전을 목표로 하고 있다. 이는 사회복지의 기본 가치와 목표와 일치하고 있다. 자발적이고 스스로 동기가 있는 클라이언트를 위한 사회복지실천을 할 때에 인본주의 사상과 지식은 포괄적인 접근을 할 수 있게 해준다.

요약

- 칼 로저스의 인간중심 상담이론

① 주요 개념
- 자기실현의 경향성 : 모든 사람은 근본적으로 자아실현을 추구하는 경향을 가진다.
- 무조건적 긍정적 존중 : 모든 인간은 누구나 조건 없이 있는 그대로 수용되어야 한다는 로저스 상담의 핵심 기본 원리
- 완전히 기능하는 사람 : 자기경험에 대해 개방적이고 실존의 삶을 살며, 자유의지와 창조성을 가진 사람으로 성장을 도움

② 인간중심 상담
- 목적과 목표 : 개인의 독립과 통합을 목표로 '완전히 기능하는 사람'이 되도록 돕는 것이 목적
- 상담의 핵심 : 상담자의 일치성, 무조건적 긍정적 존중, 공감적 이해

- 매슬로우의 욕구단계이론

① 주요 개념
- 잠재적 창조성 : 모든 인간에게 잠재된 보편적 능력이자 특성
- 형성되어 가는 것 : 인간의 발전과 변화가능성을 인정하는 것

② 제1형태 욕구 : 기본적 욕구, 결핍성의 욕구
- 생리적 욕구 / 안전의 욕구 / 소속과 애정의 욕구 / 자존감의 욕구

③ 제2형태 욕구 : 성장 욕구, 자아실현의 욕구
- 자아실현의 욕구

기출문제

01. 로저스(C. Rogers)의 인간관에 관한 설명으로 옳은 것은?(제12회 기출문제)

① 인간의 병리적인 관점을 강조한다.
② 인간의 주관적인 경험을 강조한다.
③ 인간을 비합리적 존재로 규정한다.
④ 인간을 무의식적 결정론의 존재로 규정한다.
⑤ 인간의 욕구단계를 강조한다.

02. 인본주의 이론의 주요 개념으로 옳은 것을 모두 고른 것은?(제12회 기출문제)

가. 자아실현의 욕구	나. 무조건적인 긍정적 관심
다. 소속과 애정의 욕구	라. 열등감과 보상

① 가, 나, 다　② 가, 다　③ 나, 라
④ 라　⑤ 가, 나, 다, 라

03. 로저스의 이론에 관한 설명으로 옳은 것을 모두 고른 것은?(제11회 기출문제)

가. 주관적 경험을 존중하고 존경과 긍정적 관심을 통해 성장을 고양할 수 있다.
나. 원조관계에서 클라이언트가 자신의 세계를 다룰 수 있도록 지지한다.
다. 인간은 능력이 있고 자기이해와 자아실현을 위한 잠재력을 가지고 있다.
라. 치료과정은 지시적이며 치료자는 능동적 참여자이다.

① 가, 나, 다　② 가, 다　③ 나, 라
④ 라　⑤ 가, 나, 다, 라

04. 매슬로우의 자아실현자의 특성에 관한 설명으로 옳은 것은?(제13회 기출문제)

가. 관대하고 타인을 수용한다.
나. 개방적이고 솔직하며 자연스럽다.
다. 자율적이고 실수를 두려워하지 않는다.
라. 사람과 주변 환경을 객관적이고 명확하게 지각한다.

① 가, 나, 다　　② 가, 다　　③ 나, 라
④ 라　　⑤ 가, 나, 다, 라

05. 매슬로우의 이론에 관한 설명으로 옳지 않은 것은?(제11회 기출문제)

① 인간의 본성은 본질적으로 선하다고 전제한다.
② 다섯 가지 욕구는 동시에 일어날 수 없다고 전제한다.
③ 위계서열이 낮은 욕구일수록 강도와 우선순위가 높다.
④ 연령에 따른 욕구발달 단계를 구체적으로 제시하였다.
⑤ 창조성이란 누구에게나 잠재해 있기 때문에 특별한 자질이나 능력을 요구하지 않는다.

06. 매슬로우의 이론에 관한 설명으로 옳은 것은?(제9회 기출문제)

① 정신분석이론과 행동주의 이론으로부터 긍정적인 영향을 받았다.
② 유전적 요소가 성격발달에 미치는 영향을 부정하였다.
③ 인간의 본성은 본질적으로 악하다고 보았다.
④ 상위 욕구는 하위 욕구가 일정 부분 충족되었을 때 나타날 수 있다.
⑤ 자아실현의 욕구는 인간의 모든 동기 가운데 가장 강력한 동기이다.

정 답　1. ②　2. ①　3. ①　4. ⑤　5. ④　6. ④

4
Part

사회환경의 이해

제14장 생태체계이론

사회복지는 전통적으로 인간과 환경 간의 상호작용을 강조하는 환경 속의 인간(person in environment)이라는 관점을 유지해 왔다. 단지 개인에게만 초점을 맞추거나 혹은 사회환경의 영향만을 분리해서 접근하기보다 양자 간의 상호작용을 중시하는 이 관점은 생태체계이론에 의해 가장 잘 설명될 수 있다. 인간행동의 근거를 사회체계 속에서 밝히고자 한 최초의 시도는 자연과학에 학문적 기초를 두고 있는 일반체계이론(general system theory)이라고 할 수 있다. 반면 사회과학 영역에서는 파슨스(Parsons)의 구조기능이론적 관점에서 재조명한 사회체계이론(social system theory)을 넘어, 저메인(Germain)과 지터맨(Gitterman)의 생태체계이론(ecosystem theory)으로 이론적 지평이 확장되고 있다. 생태체계이론은 생태학(ecology)과 일반체계이론(general system theory)적 관점을 통합한 이론으로 현재 사회복지실천에서 가장 널리 사용되고 있다. 사회복지 영역에서 체계이론에 대한 관심이 증대하게 된 배경은 기존의 성격이론들이 개인의 내재적 문제 혹은 행동의 변화에만 초점을 두었지, 개인의 성격발달에 지대한 영향을 미치는 환경이라는 사회구조적인 부분을 간과한다는 단점을 보완하기 위하여 도입된 것과 관련이 있다.

생태학은 인간발달의 진화적·적응적 관점과 종의 특성들을 설명하는 데 유용한 개념이 되었고(Germain & Gitterman, 1996 : 6), '환경 속의 인간'의 관점을 지향하는 기능주의를 넘어서는 또 다른 성격이론의 패러다임을 창출하였다(Johnson & Yanca, 2001 : 152-153). 이러한 관점은 인간을 둘러싼 사회환경과 물리적 환경의 맥락을 통해 인간의 심리사회적 문제에 대한 깊은 통찰력을 제공하는 등 사회복지 실천에서 인간의 문제에 대한 새로운 시각과 접근법을 개발하는 데 도움을 줄 수 있었다(Pacola et al., 2000 : 65-68). 이 장에서는 생태체계 이론의 주요 개념과 사회복지실천에의 적용에 관해 고찰해 보고자 한다.

1. 생태체계이론의 등장배경

1) 생태체계이론의 기본 관점

전통적으로 사회복지실천이 오랫동안 환경 속의 인간에 관심을 가져왔음에도 대부분의 직접적인 실천은 분절된 형태의 개별사회사업과 집단사회사업 그리고 지역사회복지를 강조하여 인간을 둘러싼 환경과 인간 간의 상호작용에 대해서는 소홀히 다루어 왔다고 보아도 과언은 아니다. 이처럼 전통적 사회사업에서 환경에 대한 실천이 부진했던 것은 인간과 환경, 문화 사이의 발달과 기능이 어떠한 영향을 주고받는지를 규명해 줄 유용한 이론적 기반이 부족했기 때문이기도 하다. 생태체계이론은 인간과 사회환경 간에 존재하는 관계성에 입각하여 체계의 변화를 통한 개입을 시도할 수 있다는 점에서 사회복지실천의 새로운 이론적 지평을 열어주었다(Dubois & Miley, 1996 : 63).

생태체계이론(ecosystem theory)은 생태학과 체계이론에 기초하고 있으며, 생태학은 인간과 생활과 환경과의 관계를 강조한다. 즉, 모든 개체들이 서로에게 어떻게 적응해 나가고 맞추어 나가는가에 특별히 초점을 맞추어 접근한 이론이다(Grief, 1986; Miley et al., 1995). 생태학적 관점은 기존의 심리학이 인간의 성격발달문제를 개인의 유전적 소인과 정신 내적 문제로 보던 질병모델에서 벗어나서 보다 통합적이고 포괄적인 형태의 사회복지실천적 개입으로 진화하도록 도움을 주었다.

생태체계이론은 현재 체계(system)의 측면에서 가족의 구조와 행동을 설명하려는 사회복지실천가들이 가장 선호하는 이론으로 자리 잡고 있다. 전통적인 성격이론의 한계를 극복하고, 인간행동을 보다 효과적으로 설명하기 위해서 시도된 이 이론은 지난 수십 년간 사회복지 분야에서 적용되고 있는 핵심적인 이론들 중 하나라고 말할 수 있다.

2) 철학적 · 경험적 기초

많은 성격이론에서는 인간의 성격과 행동을 설명하기 위한 근거로 심리적 요인과 상황적 요인을 강조하여 왔다. 체계이론은 인간행동을 이해하는 데 있어서 '원인-결과'라는 단선적인 관계성을 규명하려는 시도보다는 한 체계와 다른 체계의 관계성에서 인간행동의 근거를 찾으려고 한다. 체계이론에서는 인간의 행동이 어떠한 하나의 힘이나 체계 자체에 의해 결정되는 것이 아니라, 모든 개체들과 하위체계들의 상호 인과관계에 의해 결정된다고 본다. 이처럼 체계이론은 개인과 환경 사이에 존재하는 상호적응의 개념을 중요시하며, 체계이론의 인간에 대한 이해와 철학적 견해는 다음의 세 가지로 정리할 수 있다.

(1) '환경 속의 인간'의 관점

체계이론에서는 인간과 환경은 분리할 수 없으며, 지속적인 상호작용과 상호교환을 통하여 서로에게 영향을 미치고 상호 적응하는 호혜적 관계를 유지하고 있다고 본다(Johnson & Yanca, 2001; Wakefield, 1996). 또한 인간은 환경적 요구에 적응하고 때로는 환경을 자신의 요구에 맞게 수정 또는 변화시킴으로써 발달해 가며 만족스러운 삶을 영위하는 존재라고 보고 있다. 인간에 대한 관점은 매우 긍정적이며, 환경 속의 인간은 환경의 자원을 자율적으로 이용할 수 있고 환경 속에서 효과적으로 기능할 수 있는 능력을 갖춘 존재이다.

(2) 사회문화적 존재로서의 인간

인간은 생활환경 속에서 타인과 가치 있는 사회적 관계를 맺고 존경과 관심을 주고받는 과정에서 자아를 발달시키며, 사회가 개인에게 요구하는 역할을 적절히 수행하며 살아간다. 체계이론에서는 인간을 사회환경과 지속적인 상호교환을 하는 존재로 보고 환경에 적응하고 진화하는 존재로 바라본다. 일반체계이론의 대표 학자인 브론펜브레너(Bronfenbrenner, 1992)는 인간과 환경은 분리될 수 없기에 동시에 고려해야 할 대상으로 생각했다. 그는 인간과 환경 간의 상호교류(transaction)를 중시하고, '개인+환경'이라는 단순합계적인 효과에 관심을 두는 것이 아니라 상호작용적이고 축적적인 효과에 더 많은 관심을 가졌다.

(3) 체계와 함께 성장하고 발달하는 전인격적 존재로서의 인간

인간은 자신의 삶에 있어서 '유의미한 영향을 주는 사람들(significant others)'이나 집단, 조직, 지역사회, 문화 등과 많은 관계를 맺으며 살아간다. 가족, 집단, 조직, 지역사회에 이르기까지 모든 수준의 체계들은 언제나 상호작용의 관계를 맺는다. 체계이론에서는 인간의 성격형성이란 가족, 집단, 지역사회와의 관계에서 이루어진다고 설명한다(권중돈 · 김동배, 2005). 그뿐만 아니라 인간을 하나의 통합된 주체로 간주하고 전인격적인 존재로 바라본다. 이러한 일반체계이론의 인간관은 인간이 외부 체계와 끊임없이 상호작용하며 상호의존하는 존재임을 강조한다.

2. 주요 개념

1) 체계의 구조적 특성

체계(system)란 상호의존적이고 상호작용하는 부분들로 구성된 전체를 의미한다. 체계의 구조는 체계를 구성하는 요소(구성원)들 사이에서 지속적으로 안정된 관계유형을 지향한다. 전체로서 체계는 부분 간의 관계체계와 다른 관계적 특성을 지니고 '상호작용하는 구성요소들의 복합체'라고 규정지을 수 있으며, 다음과 같은 특징을 지닌다.

① 각 체계는 부분임과 동시에 전체라는 양면성을 지닌다.
② 단일 체계는 결정력이 없으며, 체계의 행동은 부분이나 전체 중 한 수준에서 결정되지 않는다.
③ 모든 존재와 현상은 살아 움직이는 유기체적 특성을 지닌다.
④ 존재와 현상들 간의 직선적인 인과관계는 존재하지 않는다.

(1) 경계

경계(boundary)는 모든 체계가 외부환경과 명확하게 구별되기 위해서 만들어 놓은 보호막과 같다. 경계를 형성하는 요소는 매우 다양하지만 대체로 일반체계이론의 관점에서는 에너지의 교류, 상호작용, 규칙 등이 주된 요소가 된다고 설명한다. 경계의 수직적 성격에 따라 체계의 구조(structure)는 상위체계(suprasystem)와 하위체계(subsystem)로 나누어진다. 이 두 가지 수직적인 구조의 체계 간에는 일정한 역할이 분화되고 엄연한 위계질서가 존재한다.

일반체계이론에서는 상위체계와 하위체계 간의 경계가 명확하지 않거나 지나치게 밀착되거나 떨어져 있을 경우, 체계 내 구성원들은 다양한 심리사회적 문제를 가지게 된다고 보았다. 체계 내에서 경계가 형성되는 기준은 인간과 환경의 관계에서 에너지를 교환하는 강도에 따라 달라진다. 예를 들면, 가족구성원들은 혈연관계만이 아니라 개인접촉의 빈도와 강도에 따라 가족원으로 경계를 구분할 수 있다(송성자 · 정문자, 1998 : 14-17). 경계가 가지는 기능은 대체로 체계의 영역을 구분하거나 보호적이고 조정하는 기능 두 가지로 대별된다.

① 체계의 영역을 구분하는 기능 : 경계는 체계 내의 구성요소들을 한데 묶으며, 외부의 침해를 받지 않도록 보호하고 체계를 중심으로 물리적인 것과 에너지, 정보가 유출되고 유입되는 것을 조정한다. 경계는 마치 체계와 외부환경 사이에 놓여있는 막이나 테두리와 같은 것이다.

② 보호적이고 조정하는 기능 : 경계는 구성요소들이 체계 안에 그대로 있으면서 결속되도록 돕는다. 체계의 영역을 구분하는 경계는 체계 형성, 유지, 발전 과정의 중요한 것들을 결정한다.

(2) 개방체계와 폐쇄체계

체계는 환경과의 에너지 교환과정에서의 '에너지의 투과성'과 '외부환경과의 상호작용하는 정도'라는 두 가지 속성에 따라 개방체계(open system)와 폐쇄체계(closed system)로 나누어진다(Payne, 1997).

① 개방체계 : 외부환경으로부터 에너지나 정보의 투입을 적극 받아들이고 외부환경에 적정한 수준의 산출물을 내보냄으로써 외부세계와 교류하고 변화를 수용하는 융통성이 높다. 그러나 한 체계가 다른 체계들과 자유롭게 에너지를 교류하는 것을 통해 변화와 발전이 용이하지만, 그로 인해 체계 내 여러 부분들의 통합성이나 전체성을 상실하기 쉽다는 것이 단점이다.

② 폐쇄체계 : 환경과 교류함이 전혀 없고 체계 자신의 경계 안에서만 작용한다. 그 결과 폐쇄체계는 외부환경과 에너지를 교류하는 것이 불가능하다. 상대적으로 변화에 대해 저항이 크지만, 체계 내부가 잘 조직화되는 장점을 가진다. 체계 내외부의 에너지 흐름은 불(不)침투성을 보이며, 체계가 외부세계와 교류하는 것도 제한된다.

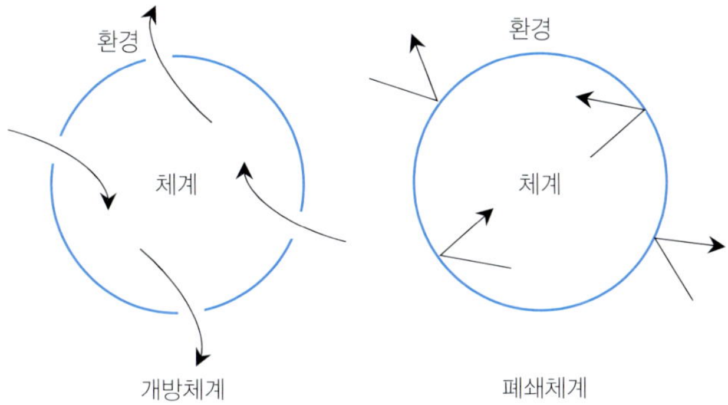

|그림 14-1| 개방체계와 폐쇄체계

2) 체계의 역동적 속성

체계는 지속적으로 변화를 추구함과 동시에 역동적 균형상태를 유지하려고 한다. 체계 내에는 성장과 개혁 그리고 변화를 창출하려는 자기 지향적 과정이 있다. 그리고 체계 내부의 규칙과 가치를 보존하고 안정성을 유지하려는 자기 규제적 과정도 있다(권중돈 · 김동배, 2005 : 392-393). 체계의 역동적이면서도 진화적인 속성을 나타내는 개념으로는 균형, 항상성, 안정상태, 호혜성 등이 있다(최옥채 외, 2007).

(1) 균형과 안정상태

균형 혹은 평형상태(equilibrium)는 주로 폐쇄체계에서 나타나는데, 이는 체계가 고정된 구조를 가지고 외부와의 교류나 체계의 구조변화 없이 고정된 평형상태를 유지하는 것을 말한다. 외부와 교류하거나 체계의 구조변화가 거의 없는 것이 특징이다. 그래서 지나치게 안정된 균형(평형)상태는 체계의 성장과 발달에 장애물로 작용하기도 한다(Anderson & Carter, 1986, 이근홍, 2006 재인용).

반면 안정상태(safety state)는 주로 개방체계에서 나타나는데, 체계가 고정되어 있지 않고 지속적으로 움직이면서 환경과 교류하고 때로는 체계 스스로 환경에 적응하기 위해 체계구조를 변화시키는 상태를 말한다. 균형(equilibrium)과 항상성(homeostasis)이 고정된 평형을 유지하며 체계의 구조에 큰 변화가 없는 보수적인 의미의 속성이라면, 안정상태(safety state)는 고정된 평형이 아닌 새로운 평형과 종전의 다른 새로운 구조를 포함한다는 진보적인 속성이라는 점에서 중요한 차이가 있다.

(2) 항상성

체계 내의 균형(equilibrium)이나 현상유지를 하려고 하는 체계의 본질적인 속성을 설명하기 위해 가장 보편적으로 사용하는 개념이 항상성(homeostasis)이다. 항상성은 원래 생물학에서 유래하는 개념으로, 체온유지처럼 환경의 변화에도 불구하고 유기체가 자신을 항상적으로 유지하는 상태를 의미한다. 생태학에서는 균형과 거의 유사한 의미로 사용된다(권정임, 2009). 그래서 항상성은 어떤 외부의 자극과 변화의 시도에도 체계가 내부적으로 현재의 상태를 유지하려고 하고 변화에 저항함으로써 균형을 찾으려는 체계 내의 경향성이라 할 수 있다(Piercy et al., 1986 : 32).

(3) 순환적 인과관계

순환적 인과관계는 호혜성(reciprocity)을 바탕으로 하여, 체계에서 일부가 변화하면, 그 부분은 다른 부분들과 상호작용하여 나머지 부분들도 변화하게 된다는 개념이다. 예를 들면, 한 가족성원의 변화는 나머지 가족성원들에게 영향을 주고 가족 전체에 영향을 미친다. 변화는 순환적이기 때문에 지속되는 연속성 안에서 처음의 개인에게 영향을 준다. 이런 연속성 내에서 모든 행위는 서로의 반응이 되고 자극이 되므로 가족체계 내에서 인과관계는 직선적이라기보다는 순환적인 것으로 간주된다.

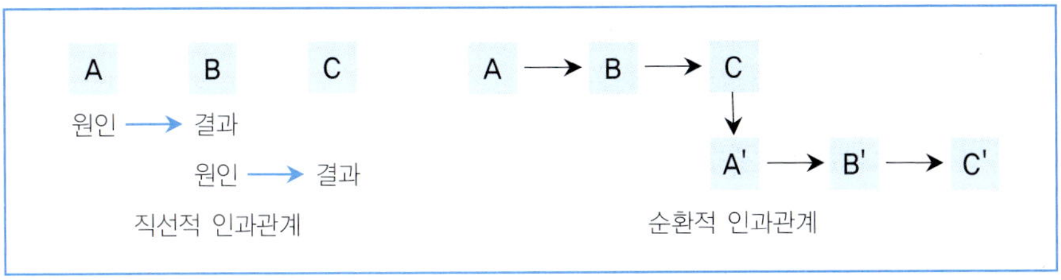

|그림 14-2| 직선적 인과관계와 순환적 인과관계의 특성

(4) 엔트로피와 네겐트로피

버탈란피(Bertalanffy)는 보어(Bohr)의 열역학 두 가지 법칙을 활용하여 엔트로피에 대한 개념을 설명한 바 있다. 열역학 제1법칙인 '에너지 보존의 법칙'에서는 에너지란 인위적으로 만들 수 없고, 없애버릴 수도 없다. 단지 그 형태만 바뀔 뿐이며 에너지의 총량은 보존되는 특성을 지닌다고 설명한다. 다음으로, 열역학 제2법칙인 '에너지 변형의 법칙'에서는 에너지란 언제나 자유로운 형태로 변형되거나 변화할 수 있지만, 그때마다 반드시 어떤 대가를 치르지 않으면 안 된다고 설명한다. 버탈란피는 일반체계이론을 통해, 닫힌 체계가 열역학 제2법칙을 따를 경우, 엔트로피가 증가해 결국은 균형에 도달한 후 정지하게 된다고 보았다. 이는 생명체에게는 죽음을 의미한다(정성훈, 2008).

예를 들어, 겨울철 난방을 위해 석유난로를 피우면 실내가 따뜻해진다. 석유가 원래 가지고 있던 에너지는 방을 데우는 열과 수증기 그리고 배기가스로 방출되는 에너지의 합과 언제나 같다(김동국, 2003). 그러므로 석유난로가 방을 데우기 위해서는 난방용으로는 아무런 쓸모가 없는 배기가스와 수증기를 배출하는 대가를 치르게 된다. 열역학에서는 이 대가로 치러지는 에너지를 엔트로피(entropy)라고 부르고 있다. 엔트로피는 유용한 일로 변환시킬 수 없는 에너지의 양을 말하며, 체계 스스로가 자신의 에너지를 유지하기 위해 사용하는 에너지를 말한다(Payne, 1997).

네겐트로피(negentropy)는 엔트로피에 반대되는 개념이다. 엔트로피의 증가는 피할 수 없는 자연의 진리이지만 엔트로피의 속도를 조절하여 인간의 자유의지로 엔트로피의 증가속도를 가능한 한 늦추어지도록 하는 형태로 고안된 엔트로피의 위기를 극복하는 개념이다. 체계이론에서는 네겐트로피를 '체계 내의 질서, 형태, 분화가 있는 상태'라고 설명한다(임은희, 2005 : 288-289). 네겐트로피는 체계 외부로부터 새로운 에너지를 유입함으로써 체계 내부의 유용하지 않은 에너지가 감소되는 것으로 설명할 수 있다. 네겐트로피가 증가하면 체계 내에 질서와 법칙이 유지되며 정보의 필요성이 높아진다(최옥채 외, 2005 : 166-167).

예를 들면, 부부불화로 인해 가족 내 긴장과 갈등(엔트로피)이 증가한 경우,[1] 부부가 외부 자원인 가족상담소를 통해 부부상담을 받고, 이에 따라 부부관계가 좋아지게 되며 부모와 자녀 관계에도 새로운 질서와 위계가 만들어지면서 가족 전체가 회복되는 계기를 맞게 된다. 따라서 외부의 적절한 도움으로 가족 내 역기능적 관계가 개선되고 가족구성원 간의 긴장이 감소하게 되는데, 이때가 바로 네겐트로피 상태인 것이다.

3) 체계의 과정적 속성

체계이론에서는 위의 개념들과 인간행동의 관계를 에너지의 '투입－전환－산출－피드백' 과정으로 설명한다(이효선 · Garz, 2006; 최순남, 2002). 모든 체계는 성장하고 발전하기 위해서 체계 내 · 외부에 존재하는 정보를 지속적으로 탐색하고 적절한 수준에서의 에너지 교환이 이루어져야 한다. 이를 두고 체계이론에서는 체계의 변화와 발전에는 일련의 과정이 있다고 전제하고, 그것이 바로 체계의 과정적 속성이라고 설명하였다(Norlin & Chess, 1997 : 69-88). 일반체계이론에서는 이러

1) 이런 상태를 엔트로피 상태라고 말하며, 이런 상황이 장기간 지속되면, 가족 내에서 대화가 없어지게 되고 항상 긴장된 상황이 연출되며, 그로 인해 부모와 자녀 관계도 불안정해지게 되고, 심지어 자녀들의 일탈이 일어나기도 한다. 이때 부부간의 상호작용의 감소는 가족 내 질서와 위계를 불안정하게 만들고 부모－자녀 간의 경계도 불명확해지게 한다. 따라서 이러한 역기능적 행동의 증가가 바로 엔트로피 상태인 것이다.

한 일련의 과정을 거쳐서 인간행동이 산출된다고 보았다.

먼저, 투입(input)이란 체계가 환경으로부터 에너지와 정보 등을 받아들이는 것을 말한다. 일단 외부환경으로부터 체계 내부로 투입이 이루어지고 나면, 체계는 투입된 에너지를 자신에게 적절하게 변형시키는 재조직화 과정을 거치게 되는데 이를 전환(through-put)이라고 한다. 전환과정이 시작되면, 체계는 적극적으로 외부환경에 반응하게 되는데, 산출(output)은 체계 내에서 변형된 에너지를 환경으로 방출하는 것을 의미한다. 이러한 일련의 에너지 전환과정에 의해 만들어진 산출은 환류(feedback)를 통하여 다시 체계 내부로 투입된다(Meyer, 1983).

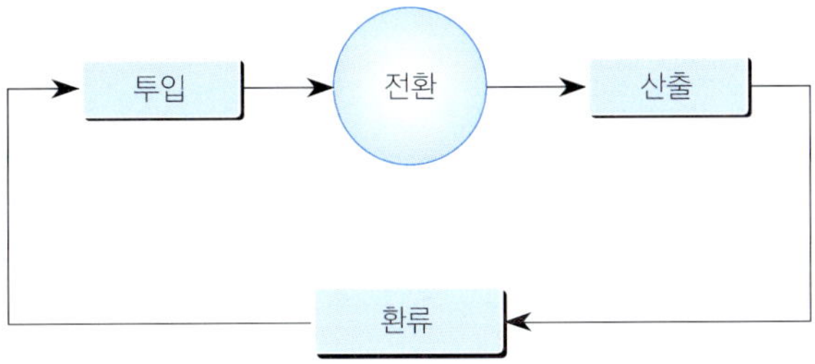

|그림 14-3| 체계의 에너지 흐름 과정도

환류는 체계가 수행했던 정보를 다시 그 체계가 받는 것으로 투입의 특수한 형태라고 할 수 있다. 환류의 종류에는 정적 환류와 부적 환류가 있다. 두 환류의 차이는 내용의 차이가 아니라 체계가 상호작용하는 방향과 관련된다(오창순 외, 2010 : 338; 최옥채 외, 2011 : 162). 부적 환류(negative feedback)는 지금까지의 행동을 중단하도록 하는 것이고, 정적 환류(positive feedback)는 현재의 상황이 지속되도록 하는 환류로 정리할 수 있다.

4) 생태체계이론의 4수준 체계

생태체계이론에서는 인간을 독립된 유기체로 보기보다는 환경과의 상호작용적인 산물로 보고 인간발달에 있어 인간과 환경 간 상호의존(작용)성을 중요하게 다룬다. 이 이론에서는 인간과 환경 간 상호작용적인 관계를 탐색함에 있어 환경의 맥락을 고려한 인간발달(development-in-context)을 강조한다(Bronfenbrenner, 1992). 생태체계이론에서는 네 가지 수준의 체계를 강조한다. ① 미시체계는 개인을 둘러싼 직접적 환경 내의 활동, 역할, 대인관계 유형이며, ② 중간체계는 이러한 미시체계들 간의 상호작용으로, 성장하는 유기체가 참여하는 두 가지 이상의 환경에서 일어나는 과정과 연결성을 말한다. ③ 외부체계는 개인에게 영향을 주기는 하나 개인이 그 환경에 능동적으로 직접 참여하지는 않는다. ④ 거시체계는 민족집단 체계와 같이 특정 문화의 유형들로 그 문화에서 강조되는 철학이나 이데올로기를 의미한다(석말숙, 2004).

5) 체계의 행동적 특성

(1) 적합성과 적응

생태체계적인 관점에서는 인간의 적응문제를 더 이상 병리적으로 보지 않는다. 오히려 클라이언트의 부적응은 개인의 욕구와 대처능력, 그리고 환경적 자원이나 지지 사이에 일치가 이루어지지 않은 상태로 파악한다. 적응(adaptation)은 인간과 환경이 상호작용하고 상호교류를 하는 가운데, 최적합의 상태에 도달하기 위하여 서로 적응하는 상호의존적인 과정을 말한다. 또한 적응은 가능한 한 유익한 적합성을 이루기 위해서 인간과 환경이 서로에게 영향을 미치고 반응하는 것을 의미하기도 한다(Meyer, 1983). 체계 안에서 인간은 환경의 변화에 적응하기도 하고 자신의 욕구에 적합하도록 환경을 변화시키기도 한다. 따라서 적응은 인간이 환경에 적응하기 위하여 스스로를 조정하는 과정으로 이해해도 좋을 것이다.

적합성(goodness-of-fit)이란 최적의 적응상태를 의미하는 것으로서, 인간의 욕구와 환경자원이 부합되는 정도를 말한다. 생태체계이론에서는 인간과 환경의 상호작용 및 상호교류가 서로에게 적응적이며 양자에게 더욱 유익한 효과를 발생할 때

적합성이 이루어진다고 보았다. 만약에 어느 한 개체의 일방적인 희생으로 상대방의 생존과 발달이 이루어진다면, 양자 간에 힘의 평형상태가 깨지고 갈등이 유발될 수 있다. 결국 양자의 생존과 발달을 저해하는 결과를 가져올 때 부적합성이 야기될 수 있다.

(2) 스트레스와 대처기제

스트레스는 개인이 지각한 요구와 이러한 요구를 충족시킬 수 있는 자원을 활용할 수 있는 능력 사이에 불균형이 일어난 상태에서 발생한다. 질병 혹은 장애로 인한 스트레스는 인간이 환경에 대하여 적응하는 데 방해물로 작용한다(Germain & Gitterman, 1986). 스트레스는 개인이 환경과 상호작용하는 가운데, 개인의 욕구가 좌절되거나 외부의 위협으로부터 보호받지 못한다고 생각할 때 자연발생적으로 생기는 불안에서 유발되는 경우가 많다. 스트레스라는 것은 어디까지나 우리 눈에 보이지 않는 무형의 심리상태이며, 스트레스를 받아들이는 사람의 입장에 따라 그 결과가 달리 나타난다.

그래서 생태체계이론에서는 스트레스 자체에 대한 관심보다는 스트레스에 대한 개인의 반응을 중요시한다. 왜냐하면 스트레스라는 것이 반드시 나쁜 것만은 아니며, 인간이 살아가는 데 있어 적당한 긴장(스트레스)은 개인의 발달과 성장에 도움이 될 수도 있기 때문이다. 그렇다고 하더라도 대개 스트레스라는 것은 개인의 심리적 균형을 파괴하고 다양한 신체적·사회적 문제를 야기시킨다. 그러므로 개인이 환경의 요구에 적절하게 반응하고 자신의 마음의 균형을 유지하기 위해서는 스트레스에 효과적으로 대처할 수 있는 다양한 대처기술의 개발이 필수적으로 요구된다.

대처기제(coping mechanism)는 사람들이 자신의 생활문제를 완화할 수 있도록 도와주며, 개인이 스트레스를 경험하였을 때 나타날 수 있는 정서적인 고통을 통제하기 위하여 개인이 수행하는 일련의 행동을 의미한다(권중돈·김동배, 2005 : 414-415). 성공적인 대처기제는 스트레스를 통제할 수 있도록 돕고 스트레스의 감소를 이끌어 낼 수 있다. 대처기제가 성공적으로 작동하기 위해서는 내적 자원과 외적 자원이 필요하다. 내적 자원은 자아존중감과 문제해결기술 등을 말하며, 외적 자원은 가족, 사회적 관계망 등을 의미한다(McAdoo, 1993).

(3) 유능성

유능성(competence)은 사람들의 생활문제를 완화시키는 또 다른 적응전략으로서, 유능성의 발달은 인간발달에 필수적인 요소이다(최옥채 외, 2007; White, 1959). 유능성은 개인과 환경이 효과적으로 상호작용하는 능력을 말한다. 이는 개인이 환경과 성공적으로 상호 교류하는 과정에서 성취된다. 유능성은 인간이 자신을 둘러싼 환경 속에서 효과적으로 기능할 수 있는 능력으로서 환경과의 성공적인 상호작용을 통하여 형성된다. 이러한 유능성의 개념 속에는 확고한 결정을 내리고 자신의 판단을 신뢰하며, 자기 확신을 가지고 환경에 바람직한 영향을 미칠 수 있는 능력이 포함되어 있다. 아울러 환경적 자원과 사회적 지지를 목적의식을 가지고 효과적으로 활용하는 것도 유능성의 개념에 포함된다(권중돈 · 김동배, 2005; Maluccio, 1979).

3. 사회복지실천 적용과제

일반적으로 사회복지실천은 사회적 기능과 바람직한 사회적 상황의 창출에 대한 사람들의 능력을 향상시키거나 회복시킬 수 있도록 개인, 가족, 집단, 지역사회 등을 원조하는 전문적인 활동으로 정의내릴 수 있다(김기태 외, 2002 : 15). 이에 따라 최근 사회복지실천에서는 개인의 문제에 대한 접근방식에서도 환경적인 맥락을 고려하며 전통적인 실천접근방법인 진단주의를 탈피하고 체계이론적 접근이 적극 고려되고 있다.

현대 사회복지실천은 체계이론의 영향으로, 복합적인 심리사회적 문제를 가지고 있는 클라이언트에게 전인격적인 환경을 조성할 것을 강조한다. 환경적 원조를 통해 우리는 클라이언트에게 지지적인 환경을 제공하고, 클라이언트가 환경적인 자원을 효과적으로 활용할 수 있도록 클라이언트의 역량을 강화시킬 수 있다. 생태체계이론은 사회복지사들에게 개인의 과거보다는 현재를 중시하고 체계 내의 역기능적 상호작용 유형에 더 많은 초점을 두기 때문에, 인간행동을 다차원적인 관점에서 바라보고 사정할 수 있는 시각을 형성시켜 주었다는 매우 큰 의의를 지닌다. 이처럼 생태체계적 접근과 클라이언트 강점 중심의 접근은 통합적 사회복지실천을 지향하도록 만들어 주었다. 그리고 클라이언트의 욕구를 총체적으로 파악할 수 있도록 만들어 주어 인간행동을 이해함에 있어 환경의 중요성을 일깨워 주었다(Johnson & Yanca, 2001 : 153).

생태체계적 관점은 사람과 환경 간의 상호작용의 질적인 측면을 향상시키며 그 결과 사람들의 '적응 잠재성과 환경의 질' 사이의 조화를 이루는 것을 중요시한다. 사회복지사의 역할과 기능들은 인간의 적응능력을 향상시키고 지지하는 것과 밀접한 관련이 있다(Carton, 1984; Pecora et al., 2000). 인간이 자신을 둘러싼 환경에 대해 조화를 이루지 못하고 적응하지 못하면 스트레스가 생기게 된다. 질병 혹은 장애로 인한 스트레스(stress)는 인간이 환경에 적응하는 데 있어서 장애물로 작용하기도 한다.

그렇다면 어떻게 하면 스트레스를 줄이고 인간이 환경과 조화를 잘 이루며 살아갈 수 있을까? 이에 대해 페코라 등(Pecora et al., 2000)은 스트레스를 완화시키고 조절해 줄 수 있는 방법으로 효과적이고 다양한 대처기제(coping mechanism)를 개발할 것을 권고한다. 이상의 내용을 바탕으로 하여 볼 때, 일반체계이론 및 생태체계이론의 관점이 사회복지실천에서 유용하게 쓰이기 위해서는 다음과 같은 실천원칙을 세우고 유지할 필요가 있다.

① 건강과 성장 지향적인 관점을 활용함으로써, 개인과 가족, 집단 그리고 지역사회의 자원을 동원하고 원조할 수 있다.

② 사회복지사는 인간과 환경 간의 상호작용을 이해함으로써, 인간문제의 갈등과 스트레스의 원천을 통합적으로 파악할 수 있다.

③ 효과적인 실천을 하기 위해 문화적인 특성을 반영할 수 있어야 한다.

④ 사회복지사는 개인과 집단의 고충과 문제에 대하여 지지적인 환경을 조성하여 전문적이고 지지적인 원조를 할 수 있다.

⑤ 사회복지서비스의 연속성을 위하여 치료 지향과 더불어 예방 지향적인 실천가의 자세를 필요로 한다. 인간의 환경에 대한 적응력 향상을 도모하고 환경적인 장애물을 극복하기 위해서는 개인의 역량을 증진시키는 쪽으로 유도하는 개입이 필요하다.

요약

- 일반체계이론
  - 개방체계와 폐쇄체계의 결정조건 : 에너지의 투과성과 외부환경과의 상호작용 정도에 따라 결정됨
  - 체계의 역동성 : 균형, 항상성, 순환적 인과관계, 엔트로피와 네겐트로피
  - 체계의 과정적 속성 : 투입－전환－산출－피드백
- 생태체계이론
  - 적합성 : 인간의 욕구와 환경자원이 부합되는 정도
  - 적응 : 인간이 환경에 적응하기 위하여 스스로를 조정하는 과정
  - 스트레스와 대처기술 : 스트레스 자체에 대한 관심보다는 스트레스에 대한 개인의 반응(대처기술)이 중요함
  - 유능성 : 개인과 환경이 효과적으로 상호작용하는 능력

기출문제

01. 사회체계의 주요 개념으로 옳지 않은 것은?(제12회 기출문제)

① 시너지는 체계 내에 유용한 에너지가 증가하는 것이다.
② 경계는 모든 사회체계에서 볼 수 있는 사회적 구조를 말한다.
③ 엔트로피는 체계 내에서 질서, 형태 분화가 있는 상태를 의미한다.
④ 항상성은 시스템이 지속적으로 안정적 균형을 유지하려는 경향이다.
⑤ 균형은 외부환경으로부터 새로운 에너지의 투입 없이 현상을 유지하려는 속성이다.

02. 폐쇄형 가족체계의 설명으로 옳은 것을 모두 고른 것은?(제10회 기출문제)

가. 외부체계의 간섭을 허용한다.	나. 경계가 자유롭고 유동적이다.
다. 지역사회와의 교류가 확대된다.	라. 외부와의 상호작용을 제한한다.

① 가, 나, 다　② 가, 다　③ 나, 라
④ 라　⑤ 가, 나, 다, 라

03. 생태체계관점이 사회복지실천에 미치는 영향으로 옳은 것은?(제6회 기출문제)

가. 환경 속의 인간이라는 관점 유지
나. 클라이언트에게 개입할 수 있는 단 하나의 유일한 기법 제시
다. 클라이언트가 처한 상황을 다양한 체계 수준에서 설명
라. 개인과 사회의 문제를 단순한 원인과 결과의 관계로 해석

① 가, 나, 다　② 가, 다　③ 나, 라
④ 라　⑤ 가, 나, 다, 라

04. 사회체계이론에 관한 설명으로 옳은 것은?(제14회 기출문제)

① 인간행동은 단일체계에 의해 결정된다.
② 인간행동을 원인과 결과라는 단선적 관점으로 이해한다.
③ 인간행동은 체계 간에 에너지를 주고받으면서 변화한다.
④ 체계의 한 부분의 변화는 다른 부분에 영향을 미치지 않는다.
⑤ 거시체계는 인간이 가장 밀접하게 상호작용하는 가족, 친구, 학교 등을 포함한다.

05. 다음 제시된 사례의 결과와 관련되는 개념은?(제11회 기출문제)

> 이혼 위기에 처한 부부가 상담을 받아 관계가 회복되는 계기를 맞게 되고, 외부의 도움으로 부부간의 불화가 개선되고 긴장이 감소되었다.

① 엔트로피(entropy) ② 네겐트로피(negentropy) ③ 시너지(synergy)
④ 균형(equilibrium) ⑤ 항상성(homeostasis)

정답 1. ③ 2. ④ 3. ② 4. ③ 5. ②

제15장 사회구성체계와 문화

환경 속에서의 인간의 관점과 사회복지 및 인간행동에 대한 관심은 개인과 환경 및 상호작용이라고 해도 지나치지 않다. 특히 사회체계이론에서는 개인의 욕구는 그가 살고 있는 사회체계와 분리하여 생각할 수 없다. 여기에는 가족, 소집단, 지역사회 그리고 학교, 교회, 사회기관 등 다양한 사회조직이 포함된다. 모든 인간은 상충되는 욕구를 가진 여러 개의 큰 사회체계에 속해있다. 이러한 체계들은 각 개인의 환경의 일부분이다. 어떤 사회복지사들은 사회체계의 욕구를 환경적 욕구라고 부른다. 사회체계이론은 이러한 사회체계를 이해하고 이들의 욕구를 찾아내는 데 유용한 틀을 제공해 준다.

사회를 구성하는 여러 단위들을 설명하는 사회체계이론은 개인, 가족, 소집단, 조직, 지역사회 간의 관계와 연결을 구체화하도록 도와준다. 각기 다른 사회체계 속에서 유사점과 차이점을 발견하고, 사회복지사들이 사정된 클라이언트의 상황을 유지하고 있는 체계와 도움을 주는 체계 속에서 개인적인 어려움과 공적인 문제들을 고려하는 데 유용하게 쓰인다(Norlin et al., 1997). 이 장에서는 사회체계이론의 관점에서 가족과 집단, 조직, 지역사회, 문화 등에 대해 살펴보고자 한다.

1. 가 족

가족은 사회의 기본적인 단위로, 개인이 발달하고 성장하는 데 있어 가장 친밀하고 영향력 있는 사회환경이다. 결혼을 통해 형성되고 출산을 통해 확대되며, 자녀가 결혼하여 독립된 가구를 형성하면서 축소되거나 부부 중 한 명이 사망함으로써 해체 또는 소멸되는 과정을 거친다. 혈연을 중심으로 가족을 이루었다면 현대 사회에는 결혼이 아니라 동거가 결혼의 대안으로 받아들여지고 있고(프랑스, 스웨덴 등), 비혈연 관계의 가족이 나타나는 등 그 형태가 다양해지고 있다. 사회복지사가 다양한 문제와 상황에 처해있는 클라이언트를 효과적으로 도와주기 위해서는 무엇보다 그 개인에게 있어 가장 일차적이고 직접적인 환경인 가족체계를 충분히 이해해야 한다.

1) 정 의

가족에 대한 전통적인 정의는 결혼, 혈연 또는 입양으로 이루어진 사람들로 구성된 집단, 한 가구를 이루고 함께 기거하는 집단, 특정한 사회적 역할을 담당하여 서로 상호관계를 하는 사람들의 집단으로 정의할 수 있다. 우리나라 민법에서는 가족(가족원)의 범위에 기본적으로 자기를 중심으로 자기의 배우자, 형제자매, 직계혈족(부모와 자녀)을 포함하고 있다. 그러나 가족에 대한 정의는 고정되어 있지 않고, 사회적 조건이나 시대적 흐름 등에 따라 변화한다. 세틀즈(Settles, 1987)는 사람들이 가족을 법적 의무 또는 생물학적으로 연결된 관계로 정의하기보다 선택에 의한 것으로 인지하고 있는 것으로 보았다. 이에 가족을 법, 출생, 혼인에 의한 것이 아니라 헌신과 사랑 등으로 연결된 집단으로 정의하였다(이삼식 외, 2015 재인용). 또한 현대 사회가 복잡해지면서 기존의 혈연관계로 이루어진 가족만으로 설명이 부족한 가족의 형태들이 다양해지고 있다.

2) 가족의 기능

가족은 사회의 기초 단위로 가족구성원을 위해 혹은 사회를 위해 고유한 기능을 수행한다. 일반적으로 가족의 기능을 네 가지로 요약할 수 있다.

첫째, 친밀한 관계의 근원을 제공한다. 친밀함은 인간의 기본 욕구이며, 가족 내에서 친밀한 관계는 정서적인 안정감을 주어 신체적·정신적 성장의 토대가 된다. 사회가 발달하고 복잡해질수록 사람들은 가족 내에서 애정과 친밀함을 발견하려고 노력한다.

둘째, 경제적인 협조의 단위이다. 경제적 기능으로 직장에서 주로 경제활동이 이루어진다고 하나 소득이나 소비의 단위로서의 가족 기능과 협동하여 경제적 안정을 유지하도록 한다. 가족은 보통 소비단위로 생각하기 쉬우나 중요한 생산단위이기도 하다. 전업주부의 자녀양육이나 가사노동, 남편이 아내를 돕는 일, 자녀들의 가족원 돌보기, 청소하기 등은 모두 생산적인 활동이다.

셋째, 자녀를 출산하고 사회화시킨다. 자녀출산은 가족의 주된 기능이다. 또한 가족은 아동에게 자신을 보호하고 타인과 관계를 맺는 방법을 가르치며, 사회에 적응할 수 있는 기술을 습득시킨다. 사회화 기능은 인간을 인간답게 만드는 중요한 역할을 한다.

넷째, 가족구성원에게 일정한 지위와 사회적 역할을 부여한다. 결혼으로 가족이 탄생하면 남편이나 아내로서 새로운 역할을 부여받게 된다. 또한 가족은 개인의 사회경제적 배경과 문화, 종교를 결정하기 때문에 사회 내에서 특정한 지위와 위치를 획득하게 된다.

3) 가족의 유형

전통적인 사회에서는 가족의 크기나 구성원에 따라 대가족, 소가족, 핵가족, 방계가족, 직계가족 등으로 구분하였으나 최근 현대 사회에서는 가족의 형태에서 많은 변화들이 나타나고 있다. 대표적인 가족형태로는 노인가족, 한부모 가족, 재혼가족, 동성애 가족, 독신가구 등을 들 수 있다.

(1) 핵가족

핵가족은 가장 보편적인 형태로, 부부와 미혼자녀로 구성된 가족이며 부부 중심의 가족 형태이다. 대가족에 비해 현대사회에 적합한 가족 유형으로, 자녀들이 성장하여 결혼하면 자연스레 분가하여 또 다른 핵가족을 형성하게 된다. 확대가족에 대해 보호와 부양의 기능이 약화되고 부부체계에 갈등이 크고 위기가 왔을 때 가족해체의 위기가 큰 형태로 알려져 있다.

(2) 확대가족

확대가족이란 자녀가 결혼한 이후에도 부모와 동거하는 형태로, 한 집에 여러 세대가 함께 사는 것을 말한다. 한국보건사회연구원(2015)의 연구에 따르면, 3세대 이상 가구는 1970년 6만 4천여 가구에서 2010년 5만 3천여 가구로 약 80% 감소할 정도로 확대가족의 형태가 현저히 줄어들고 있다.

(3) 한부모 가족

한부모 가족은 이혼이나 배우자 사망, 결혼을 하지 않은 상태에서 자녀를 출산하여 키우게 된 경우 등으로 부모 중 한 명과 자녀로 이루어진 가족을 말한다. 부모가 해야 할 역할이 한 부모에게 가중되어 자녀 돌봄에 대한 심리적 부담뿐만 아니라 경제적 문제가 나타날 수도 있다. 그리고 한부모 가족의 자녀들이 적절한 보호와 돌봄을 받지 못하거나 정서적으로 불안하고 적응상에 문제를 가지는 경우도 높은 것으로 알려져 있다.

(4) 재혼가족

재혼가족은 이혼이나 사별 등의 이유로 혼인관계가 해체된 이후 또 다른 결혼을 통해 만들어진 가족으로 자녀의 유무와 관계없이 결혼한 적이 있는 한 명의 배우자가 재혼하여 형성되는 가족을 의미한다. 이는 가족구성원 간의 복잡한 문제를 겪을 수 있는데, 특히 자녀가 있는 경우 자녀들이 역할 혼란을 겪을 수 있고, 초혼 부부보다 복잡한 문제양상을 초래할 수 있다.

(5) 독신가족

독신가족은 결혼을 하지 않은 상태에서 가족으로부터 자유롭고 관습으로부터 자유로우며 원하는 것을 할 수 있는 자유를 누릴 수 있는 특징이 있다. 이러한 독신 가족의 증가는 초혼 연령의 증가와 여성의 사회참여율이 높아지고, 삶에 있어 결혼보다 개인의 행복을 추구하거나 반드시 결혼해야 한다는 사회적 인식이 낮아지는 등 사회적 변화가 영향을 주고 있다.

(6) 무자녀 가족

무자녀 가족이란 생리적 혹은 의학적 문제가 없으며 자발적으로 자녀를 갖지 않기로 결정하고, 자녀 없이 부부 두 사람으로만 구성된 가족으로서, 소위 딩크(DINK : Double Income, No Kids)족으로 부르기도 한다. 무자녀 가족의 부부들은 자기 성취와 직업에 몰두하기 위하여 그리고 개인적인 자유를 얻고 그들의 결혼생활 자체에 에너지와 자원을 동원하기 위하여 자녀를 갖지 않는 경우가 많다.

4) 우리나라의 가족문제

산업화, 도시화의 촉진으로 우리나라의 가족문제는 매우 다양해지고 있다. 다음은 한국보건사회연구원(2015)에서 보고한 가족변화와 가족문제이다.

첫째, 만혼화와 비혼화의 영향으로 미혼 1인 가구가 빠르게 증가하고 있다. 2015년 1인 가구는 506만 1천 가구로 전체 가구 중 1인 가구가 차지하는 비중이 27.1%에 달하는 것으로 나타났다. 특히 1인 가구에서 65세 이상 가구가 차지하는 비중이 2015년 35.8%로 고령의 1인 가구가 급속히 증가하고 있다. 이와 같은 변화는 편의점의 급격한 증가나 혼밥 메뉴의 등장 등 사회환경에 큰 영향을 주고 있다. 또한 이런 가족환경의 변화는 가족의 정서적 지지기능과 보호기능의 약화를 초래하므로 이에 대한 대책마련이 시급한 상황이다.

둘째, 가족의 규모가 축소되고 있다. 부부세대로만 구성된 1세대 가구는 1985~2010년간 4.6배 증가하는 등 현대 가족의 규모가 점점 축소되고 있다. 그리고 맞벌이 부부이면서 실제 자녀를 두고 있지만 1세대 가구도 꾸준히 증가하고 있는데, 이것은 자녀양육이 어려워 부모 등에 자녀를 맡겨 양육하는 가구가 증가하고 있음을 의미한다. 가족규모의 축소는 부부가 이혼이나 별거 등 가족들이 위기를 겪게 되었을 때 적절한 대처능력이 저하되어 부적절한 자녀양육이나 학대 등 사회문제에 노출될 가능성을 증가시키고 있다.

셋째, 가족형태는 부부와 자녀로 구성된 2세대가 보편적으로, 미혼 자녀와 거주하는 가구가 여전히 대부분을 차지하고 있으나 기혼 자녀와 거주하는 가구도 빠르게 증가하고 있다. 이혼으로 인해 한부모 가족, 여성가구주 가정 등이 증가하고 있으며 이는 사회문제가 되고 있고 사회복지실천의 영역이 되고 있다.

넷째, 3세대 가구[부부+자녀+부모(부/모)]의 경우 부부세대가 이중 돌봄에 대한 부담을 지고 있을 수 있고, 또한 자녀양육에 대한 도움을 받기 위해 부모와 함께 사는 가구(신캥거루족)일 수 있다. 이러한 변화는 결혼 여부와 상관없이 부양에 대한 부담이 증가하고 있음을 간접적으로 알 수 있다.

5) 체계이론에서 보는 가족의 특성

체계이론에서는 가족 내에 어떤 문제를 특정 가족 구성원의 문제라기보다 가족 전체의 문제로 보며, 그 구성원은 '가족의 문제를 표출시키고 있는 사람'으로 간주한다. 체계로서 가족의 특징은 다음과 같다(최옥채 외, 2007).

(1) 가족체계의 특성과 의미

체계이론에서는 가족의 문제는 개인의 내적인 문제로서만이 아니라 그를 둘러싼 전체로서의 가족이라는 맥락에서 이해하려고 한다. 다음은 체계이론의 관점에서 보는 가족의 특성과 의미를 정리한 것이다(김유숙, 1998 : 16-17).

- 가족은 각 부분의 특성을 합한 것 이상의 특성을 가진 체계이다.
- 가족체계의 움직임은 일반적으로 가족규칙에 지배된다.
- 모든 가족체계는 경계(boundary)를 가지고 있다.
- 가족체계 한 부분의 변화는 가족체계 전체의 변화를 초래할 수 있다.
- 가족체계는 비교적 안정된 상태를 유지하려는 경향을 보인다.
- 가족체계에서는 체계 간의 의사소통이나 피드백 기능이 중요하다.
- 가족 내 개인의 행동은 순환적 인간관계로 이해해야 한다.
- 가족체계는 여러 하위체계에 의해서 성립되며, 또한 가족체계는 지역사회와 같은 보다 큰 상위체계의 일부이다(Barker, 1986).

(2) 가족체계의 주요 개념

❶ 기능적 혹은 역기능적 가족체계

기능적 가족체계는 가족구성원에게 지속적인 발달의 기회를 제공한다. 가족 안에서 일어나는 학습은 사회적응에 결정적인 역할을 한다. 다른 한편으로 가족은 가족구성원의 잠재능력을 저해할 수도 있다. 역기능적인 가족의 모습으로는 첫째, 가족 중 특정 개인이 희생하는 것을 방치하는 경우, 둘째, 부부간의 갈등 표출의 대상으로 자녀가 희생양이 되는 경우, 셋째, 가족 내 역할을 회피하기 위해 다른 구성원을 갈등 상황으로 끌어들이는 경우, 넷째, 자신의 욕구충족을 위해 다른 가족성원을 도구로 이용하는 경우 등이 있다(이영철 외, 2003).

2 가족의 항상성

가족체계에는 가족 내의 균형을 이루려는 항상성 기제를 갖는다. 예를 들면, 가족 중에 알코올중독자가 있는 경우, 환자가 회복할 때, 역설적이게도 다른 가족들이 오히려 알코올중독자가 문제음주를 계속 유지하도록 보이지 않는 압력을 가하는 경우가 가끔 있다. 이것은 가족 내에 고정적으로 만들어진 잘못된 관계 유형을 지속하기 위해 문제를 가진 대상이 계속 필요한 경우이다.

3 가족규칙

가족은 일련의 명시적이거나 암시적인 규칙을 만들어 내는데, 가족들이 서로 협력하고 조화를 이루기 위해서는 일정한 규칙을 지켜야 한다. 만약 한 구성원이 어떤 규칙을 위반하면 다른 가족원이 그것을 통제하는 힘을 행사한다. 어떤 가족 규칙은 각 구성원들의 역할과 기대와 관련하여 명확한 것도 있으나, 어떤 규칙에는 불명확하고 암시적인 것도 있다. 예를 들면, 청소년기 자녀에게 '9시까지 귀가해야 한다'는 것을 공개적으로 이야기하는 것은 명시적 규칙에 해당하며, 아버지의 문제음주 행동과 같은 것은 가족들이 입 밖에 내서는 안 되는 암시적 규칙으로 작용할 수 있다.

4 가족신화

가족신화란 가족구성원들이 가족 내에서 지키는 신념이나 기대를 말한다. 이것은 현실에 대한 왜곡이나 부정을 일으키고, 가족구성원들의 행동은 물론이고 가족구성원 간의 관계에도 영향을 크게 줄 수밖에 없다.

5 가족 내 하위체계

체계적 시각에서 가족 내부를 들여다보면, 그 안에는 많은 하위체계들이 존재한다. 가족의 하위체계에는 부부 하위체계, 부모 하위체계, 부모-자녀 하위체계, 형제자매 하위체계 등이 있다. 하위체계 간 경계가 명확하고, 서로 개방적인 의사소통과 상호교류가 많을수록 건강한 가족이다.

❻ 가족의 경계

가족이 건강하게 기능하기 위해서는 체계 간 경계가 명확해야 한다. 경계는 체계를 보호하는 기능을 한다. 명확한 경계가 있는 가족에서는 남편과 아내는 자녀들이 부부 하위체계에 지나치게 관여하는 것을 허용하지 않는 대신 경계가 매우 유연하고 융통성이 있다. 그러나 가족들이 서로 지나치게 친밀하여 체계 간의 구분이 어려운 경우에는 '밀착된(enmeshed) 경계'를 나타낼 수 있다. 반면에 경계가 너무 굳어져서 융통성이 없는 경우에는 '유리된(disengaged) 경계'를 만들어 낼 수 있다.

2. 집 단

인간은 사회적 동물로 집단에 소속되어 끊임없이 다른 사람들과 관계하며 살아간다. 사회체계 가운데 가족 다음으로 개인의 성장과 발달에 영향을 미치는 집단을 이해하기 위해서 먼저 집단에 대한 개념을 잘 알아야 한다.

1) 주요 개념

(1) 정의

집단이란 "한 개인으로서 서로 인식하고 상호작용하며, 사회적 실체로서 집단에 대한 의식을 공유하고, 구성원들의 집단과 연관된 행동에 의해 영향을 받으며, 자연적이고 표현적 행동이 지배적인 두 명 이상으로 구성된 사회조직의 한 형태"로 정의된다(Norlin & Chess, 1977). 집단을 구성하려면 적어도 2인 이상이 모여야 한다. 그리고 공동의 목적과 관심을 공유하면서, 서로에 대한 매력을 가진 모임을 정기적으로 가져야 한다. 그 과정에서 집단성원들은 응집력을 발휘하고 상호작용하며 교류하게 된다(Hartford, 1971 : 26). 이처럼, 집단은 개인들의 단순한 집합이 아니라 그 안에 있는 사람들의 관계가 구조화되고 유형화되어 있는 상호작용을 하는 조직체라고 할 수 있다.

(2) 주요 개념

❶ 집단목적

집단목적은 집단구성원들이 집단에 기대하는 이상의 것으로 집단에 관여한 사람들 간 상호작용의 산물이다. 그것은 집단성원들의 기대가 융합된 것으로서, 집단의 존립과 이유, 기대, 희망 등을 포함한다(권중돈 · 김동배, 2009). 하지만 때때로 개인적인 목적은 집단의 명시적 목적과 일치하거나 갈등을 일으킬 수 있다. 집단성원과 집단의 목적이 통합될 때 집단활동에서 바람직한 결과를 성취할 수 있다.

❷ 집단문화와 집단규범

집단문화는 집단성원들이 공통적으로 가지고 있는 가치, 신념, 관습 그리고 전통을 의미한다(권중돈 · 김동배, 2009; Olmstead, 1959). 예를 들어, 자기결정, 개방성, 공정성, 의견의 다양성 등의 가치를 중시하는 집단문화가 발달한 경우 전체 집단과 개별 성원의 목적성취를 촉진시킬 수 있다. 그러나 집단성원이 가지고 있는 독특한 태도나 가치가 때로는 집단의 발달과 기능을 저해할 수도 있다(권중돈 · 김동배, 2009). 한편 집단규범은 성원들 간에 공유된 행동 기준으로, 구성원들이 적절한 행동방식이라고 믿고 있는 기대이다. 일반적으로 집단규범은 집단의 목적을 달성하고 성원들의 집단 내 활동을 통제하고 안정시키며 행동에 대한 예측력을 증진시켜 주는 기능을 한다(손병덕 외, 2008).

❸ 리더십

리더십은 집단의 목적 달성을 위한 활동에 행사하는 사회적 영향력이나 힘을 의미한다. 집단의 리더는 집단 및 집단의 목적과 목표를 달성하고, 집단을 유지하며 성장하도록 집단구성원에게 동기를 부여하고 촉진하는 역할을 수행한다.

④ 지위와 역할

지위는 한 집단 속에서 점하는 구성원의 위치로서, 집단 내 모든 집단성원들과 비교하여 각 성원의 집단 내에서의 사회적 서열을 의미한다. 이러한 지위에 영향을 미칠 수 있는 요인은 개인적 호감, 성격, 연령, 지식수준, 집단에 대한 기여도 등이 있을 수 있다. 역할은 집단에서 개인이 해야 할 것으로 기대하는 것으로, 특정 성원이 집단 내에서 수행해야 할 구체적인 과업이나 기능과 관련된 행동을 규정하는 것이다. 각 성원 간에 기대하는 역할에 차이가 생기면 서로 오해가 생기거나 집단 갈등이 발생하거나 집단의 응집력이 낮아질 수 있다.

⑤ 상호작용

집단 내에서 이루어지는 상호작용은 힘의 역동적인 교환행동이다. 이러한 상호작용에 영향을 미치는 요인은 언어적 표현이나 비언어적 표현, 특정 행동의 결과로 주어지는 강화물, 정서적 결속력, 하위집단, 집단의 크기와 물리적 환경, 역할과 지위 등이 있다.

⑥ 집단응집력

집단응집력은 집단성원들이 보이는 집단에 대한 헌신과 몰입의 정도를 말한다. 응집력이 강한 집단은 집단성원들이 공유된 가치와 행동유형을 가지고 있다. 그들은 규범의 준수 정도가 높으며, 소속집단에 대한 만족도가 높다. 한편 응집력이 낮은 집단성원들은 서로 협동하기 어렵고 집단목적을 달성하는 데 매우 어려움을 겪는다. 집단응집력을 형성하는 데는 집단 내 성원 간의 연합, 인정, 안정에 대한 욕구, 성원의 권위, 집단의 목적과 활동, 집단의 운영방식, 리더십, 집단문화 등의 다양한 요인들이 영향을 미친다.

❼ 하위집단

하위집단은 집단이 유지되고 발전되는 데 긍정적인 영향을 주기도 하나 리더십에 도전하거나 하위집단에 속한 성원들하고만 소통하는 등 부정적인 역동이 발생하게 되면 집단의 유지와 목적 달성에 위협이 되기도 한다.

2) 집단의 특징

집단은 일정한 목적을 가지고 움직이는 체계이므로 내적으로 구성원들을 통제하기 위한 독특한 규범과 문화를 발전시킬 뿐 아니라, 외적으로 환경체계의 영향을 받는다. 이러한 집단의 특징을 정리해 보면 다음과 같다.

첫째, 일정한 구성원을 가진다. 집단의 최소 단위는 2인 이상이 모여야 하고, 집단의 크기는 구성원 상호 간의 상호작용으로 인해 제한을 받는다.

둘째, 공통된 목적이 존재한다. 집단에는 구성원들이 함께 공유하고, 실제로 달성할 수 있는 목적이 있어야 한다. 목적은 체계를 유지하고 과업을 성취하는 기능을 한다.

셋째, 정체성을 가진다. 모든 구성원은 전체로서의 집단에 대한 정체성을 갖는데, 이는 다양한 집단활동을 통해 형성되는 '우리 의식(We-ness)'이라 할 수 있다.

넷째, 집단은 개인의 행동에 영향을 미친다. 집단은 구성원들에게 사회통제의 기능뿐 아니라 중요한 사회화의 기능을 수행한다. 각 집단은 독특한 하위문화를 형성하는데, 이것은 구성원들의 집단 관련 행동에 영향을 미치는 규범이 된다.

다섯째, 상호작용은 일차적으로 정서적 맥락에서 이루어진다. 집단 내 상호작용은 구성원들의 내적 혹은 자연적인 상태를 기반으로 한다. 집단 관련 활동들은 일차적으로 이성적이기보다 감정적이다.

여섯째, 집단참여에는 한계가 있다. 한 개인이 가족 이외의 다양한 집단에 참여하는 것은 일정한 관심과 흥미에 기초하여 자발적으로 결정된다. 각 집단은 구성원들에게 상호작용을 요구한다.

3) 집단의 유형

집단의 유형은 집단의 크기, 목적, 활동범위 등에 따라 다양하게 구분된다. 여기서는 집단을 다음의 몇 가지로 나누어 살펴보고자 한다. 우선, 사회적 관계의 측면에서 일차집단과 이차집단, 자연적 집단과 형성집단에 대해서 소개하고(이화여자대학교, 1993 : 220-222; 전병재, 1993 : 425-426), 집단성원의 가입・탈퇴의 자율성에 따른 개방집단과 폐쇄집단에 대해 알아보고자 한다. 그런 다음, 토스랜드와 리바스(Toseland & Rivas)의 분류를 참조하여 실천현장에서 이루어지는 지지집단, 교육집단, 성장집단, 치료집단, 사회화집단에 대해서 알아보고자 한다.

(1) 일차집단과 이차집단

이것은 쿨리(C. Cooley)가 개인의 사회화 과정에 있어 집단적 분위기가 개인의 성격발달에 어떤 영향을 미치는가를 설명하기 위한 개념으로 만들어 낸 개념이다. 일차집단은 혈연과 지연을 바탕으로 자연발생적으로 이루어지는 집단으로 가족, 또래집단 등이 있다. 이차집단은 목적달성을 위해 인위적으로 계약에 의해 만들어진 집단이다. 일차집단에서의 인간관계는 정서적이며, 감정적인 면이 강조되는 반면, 이차집단에서는 수단적이며 능률 위주의 합리성이 강조된다.

(2) 자연집단과 형성집단

이것은 집단의 구성동기에 따른 분류이다. 자연집단은 자연발생적으로 만들어진 집단으로 공식적인 지원체계가 없는 것이 특징이고 일차집단과 성격이 유사하다. 한편 형성집단은 이차집단의 특성이 강하고 특정 위원회나 팀처럼 일정한 목적을 갖는 것이 특징이다. 이 집단은 보통 공식적 규칙과 일련의 과업을 갖고, 설정된 목적을 달성하기 위해 역할에 의해 구조화되고 지위에 따른 위계질서를 강조한다(김종옥 · 권중돈, 1993 : 21-22). 형성집단은 집단이 추구하는 목적에 따라 치료집단과 과업집단으로 분류되기도 한다. 치료집단의 경우에는 구성원의 교육과 성장, 행동 변화, 사회화에 대한 욕구를 충족시키기 위해 구성되지만 과업집단은 특정한 과업들을 성취하기 위해 구성된다.

(3) 개방집단과 폐쇄집단

이것은 집단성원의 가입과 탈퇴의 자율성 여부에 따른 구분이다. 개방집단이란 집단이 진행되는 동안 언제나 새로운 구성원의 가입과 탈퇴가 자유로우며, 구성원이 바뀌면서 새로운 생각과 신념, 가치관이 유입될 수 있는 장점이 있다. 그러나 구성원의 유입과 탈퇴가 빈번하여 집단의 목표를 향해 노력해 온 구성원들의 성장을 정체시키거나 불안을 유발할 수 있다. 그리고 집단성원에 대한 개별화를 이루기에는 일정한 한계가 있다.

한편 폐쇄집단은 집단성원들이 동시에 가입하여 집단이 구성된 뒤부터는 새로운 성원의 유입 없이 처음부터 끝까지 일정한 수를 유지하며 운영되는 집단이다. 집단에 대한 응집력이 높고 집단의 공동목표와 개별목표를 모두 효과적으로 달성할 수 있는 점이 장점이다. 그러나 집단과정 중간에 목표설정의 수정이 쉽지 않고 집단성원이 중도탈락할 경우에, 집단의 규모가 소수화되어 집단역동을 기대할 수 없거나 아예 집단 운영이 어려워지는 경우가 발생할 수 있다.

(4) 지지집단, 교육집단, 성장집단

지지집단은 성원들이 스트레스를 주는 생활상의 사건에 잘 대처하고 효과적으로 적응할 수 있도록 원조하는 데 목적을 둔다. 지지집단에서 집단 지도자의 역할은 자조와 상호원조를 통해서 대처기술을 향상시키도록 동기화시키며, 미래에 대한 희망을 촉진시키는 것이다. 지지집단의 성원은 대개 유사한 문제나 경험을 가지고 있기에 정서적 유대가 빨리 형성되며, 자기표출의 정도가 매우 높다. 지지집단의 예는 이혼한 부부의 자녀 집단, 암 환자와 그 가족으로 구성되어 질병의 영향과 대처방법을 의논하는 집단, 아동양육의 어려움을 함께 나누는 부모집단, 지역사회에서 사회복귀를 준비하는 정신장애인 집단 등이 있다.

교육집단은 집단성원들의 지식, 정보 또는 기술의 향상에 목적을 둔다. 정보제공은 주로 전문가에 의해서 강의 형태로 이루어지며 집단성원들 간의 토의를 통해서 학습이 이루어진다. 집단성원은 학습에 대한 공통의 관심사를 가진 사람들로 구성된다. 교육집단에서는 주로 강의중심이어서 성원들의 자기노출은 상대적으로 낮다. 여기에는 성교육을 받는 청소년집단, 예비부모집단, 위탁가정을 준비하는 부모모임 등이 있다.

성장집단은 성원들에게 자신과 타인에 대해서 그들의 생각, 감정, 행동을 인식하고 확장하여 자신의 잠재력을 최대한 발휘할 수 있도록 돕는 데 목적을 둔다. 성장집단은 집단성원들의 자기감정에 대한 자각 증진, 대인관계 의사소통의 향상, 생활양식의 변화 등을 목표로 성장과 훈련에 초점을 두는 훈련집단이다. 이 집단에서 집단성원들은 변화를 위한 통찰력을 얻을 수 있고 새로운 행동을 시험해 볼 수 있다. 성장집단의 예는 결혼생활 향상집단, 감수성훈련 집단, 청소년 대상의 가치명료화 집단, 여성을 위한 의식고양집단, 퇴직준비집단, 참만남집단, 잠재력개발집단 등이 있다.

(5) 치료집단과 사회화집단

치료집단의 목적은 성원들의 행동 변화, 개인적인 문제의 개선 또는 상실된 기능의 회복을 원조하는 것이다. 대개 집단성원은 전문가에 의해 치료집단이 적합한지를 사정한 후에 공통적인 문제를 겪고 있는 사람들로 구성한다. 치료집단에서 집단지도자는 전문가, 권위적인 인물 또는 변화 매개인으로서의 역할을 수행하게 되며, 집단의 공동목적 내에서 개별 성원의 목적을 구체적으로 수립하여 이를 달성하도록 원조한다. 즉, 개별 성원에 대한 개별화의 정도가 치료의 주된 요인이 될 수 있다. 치료집단에서 자기표출의 정도는 비교적 높은 편이나 성원들이 겪는 문제에 따라 차이가 날 수 있다. 치료집단의 예는 건강증진협회에서 지원하는 금연집단, 보호관찰 청소년집단, 약물중독 치료집단 등이 있다.

한편 사회화집단은 사회적 관계에 어려움을 가지고 있는 사람을 중심으로 사회생활에서 필요한 사회기술을 학습하거나 사회적으로 받아들여지는 행동 형태를 배우는 데 목적을 두고 있다. 사회화집단은 역할연습, 여가활동 등의 특정 프로그램 활동에 참가하여 대인관계기술을 향상시킨다. 사회화집단은 사회기술훈련 집단, 자치집단, 그리고 여가집단으로 구분된다. 사회기술훈련 집단에서는 의사소통을 효과적으로 하지 못하거나 하지 않으려고 하는 사람 또는 만족스러운 사회관계를 맺는 데 어려움을 느끼는 사람들을 대상으로 하는 자기주장훈련을 할 수 있다. 자치집단은 정신병동이나 시설에서 생활하는 사람들이 자신의 역할, 책임, 권리 등을 분명히 할 수 있는 집단이다. 여가집단은 스카우트 활동, 캠핑, 스포츠 활동 등을 들 수 있다.

(6) 자조집단

자조집단은 공통 관심사, 혹은 비슷한 정서적 · 신체적 · 행동적 문제 등을 가진 사람들이 모인 집단이다. 사회복지사 등 전문가가 자조집단의 형성에 도움을 줄 수 있지만 이들 집단은 비슷한 문제로 고통을 겪는 사람들에 의해 이루어지며 공통적인 문제나 생활상의 어려움을 공유하는 사람들을 중심으로 운영되는 것이 특징이다. 예를 들어, 단주모임(A.A), 치매노인 가족집단, 말기암환자 유가족 집단, 장애아동 부모집단, 환자 가족모임 등이 있다.

3. 조 직

우리는 조직 속에서 태어나 조직 속에서 배우고 성장하며 살아간다. 조직에는 회사, 군대, 학교, 병원, 교회, 관공서 등 여러 가지가 있으며, 조직 속에서 인간들은 더욱 긴밀한 관계를 맺기도 하고, 개인이 조직에 속하여 개인의 자유와 권리가 조직에 의해 규제받기도 한다.

1) 주요 개념

(1) 조직의 정의

파슨스(Parsons)는 조직을 특정한 목표를 추구하기 위한 사회적 단위 또는 집단으로 정의했다. 기든스(Giddens)는 현대인은 일생의 대부분을 조직의 구성원으로 활동하고 있음을 강조하며 조직활동을 다음과 같이 묘사했다(우리 실정에 맞게 약간 수정함). "우리들 대부분은 병원에서 태어나 학교에 다니고, 대부분 대학까지 간다. 성인이 된 후엔 직장에서 평생 일을 한다. 심지어 집에 전기와 난방을 공급하기 위해, 정보와 오락을 얻기 위해 인터넷을 하거나 텔레비전을 보려고 할 때조차 조직에 의존해야 한다(이인정 · 최혜경, 2008 재인용)."

(2) 주요 개념

조직의 주요 개념과 특징을 소개하면 다음과 같다(최옥채 외, 2007).

❶ 조직체계

조직은 조직성원에 의해 형성될 뿐만 아니라 일정한 형식에 따라 만들어진다. 조직체계는 조직을 구성하는 조직성원 각자에게 지위와 역할을 부여함으로써 조직의 튼튼한 기틀을 구축한다. 이 외에도 조직체계는 외부로부터 조직을 인정받는 데 중요한 역할을 한다.

❷ 조직규율

조직규율은 조직의 목적을 달성하고 조직체계를 유지하기 위해 조직의 성원이 지켜야 할 규칙을 의미한다. 조직의 규율은 조직성원이 수행해야 할 의무, 역할, 권리, 조직의 운영방식 등을 명시함으로써 조직이 추구하는 목적을 달성하고 기능을 원활하게 한다.

③ 조직문화

조직문화는 한 조직의 성원을 다른 조직의 성원과 달라지게 만드는 집합적 정신 프로그램이라 정의할 수 있다. 조직문화는 조직성원의 공통된 성향(성, 나이, 성장환경 등)과 조직의 외부환경을 반영함으로써 조직 고유의 특성을 가능하게 한다.

④ 조직화

조직화는 특정 목적을 달성하기 위해 일정한 지위와 역할을 지닌 사람으로 모임을 만드는 일로 정의된다. 사회복지실천에서 조직화는 클라이언트의 욕구 혹은 문제해결을 위해 필요한 자원을 효과・효율적으로 활용하기 위한 것뿐만 아니라 지역사회의 특정 문제를 해결하기 위해 지역사회 주민의 개입을 구체화하는 데 필요한 기술로 간주할 수 있다.

⑤ 집합행동

집합행동은 기존의 규범, 정책, 가치 등의 변화를 지향하는 다수의 사람들에 의한 공동행동으로 정의한다. 집단행동은 조직성원의 결집을 강화하여 한 조직이 대외적으로 큰 힘을 발휘할 수 있다는 데 중점을 두고 있다.

(3) 집단과의 유사점과 차이점

① 집단과 조직의 유사점

집단과 조직은 인간에 의한 집합체로 특정 목표와 문화를 지닌다. 집단의 목표가 뚜렷하고 집단성원의 결합과 집단역동이 강한 소집단은 조직과 유사한 점이 많다. 이 같은 집단은 집단성원의 결속력과 책임의식, 집단성원의 집단 내 자유로운 의사소통, 집단의 기능을 평가하는 능력과 의지의 존재 등과 같은 특성을 지니기 때문에 조직과 다르지 않다.

❷ 집단과 조직의 차이점

집단은 공동목표를 달성하기 위해 성원 간 상호의존과 상호작용이 빈번하고 조직구성원에 비해 좀 더 자율적으로 활동한다. 반면 조직은 단순한 인간 집합체에서 볼 수 없는 공식적 상하관계, 노동의 정교한 분배, 투명하게 형성된 구조 등과 같은 특성을 가진다. 그리고 집단의 목적은 개인적으로 성취할 수 없는 목적을 달성하기 위해 집단에 참여하지만, 조직은 집단보다 더욱 목표 지향적이며 관료적 성향이 강하다. 사회복지실천에서 집단이 개인을 변화시키는 한 방법으로 활용하는 데 초점을 둔다면, 조직은 문제해결을 위한 대응세력화의 한 수단 혹은 자원으로 활용되고 있다.

2) 조직의 특성과 유형

(1) 조직의 특성

조직의 특성을 사회복지실천과 관련하여 정리해 보면 다음과 같다.

- 조직은 특정 목표를 가진다. 조직은 오로지 특정 목적을 실현하기 위해 설립된다.
- 조직은 조직의 특성에 맞는 일정한 규범을 가진다. 규범은 조직을 구성하는 성원들의 행동을 통제함과 동시에 이들 성원에게 조직에서 필요로 하는 지위와 역할을 부여함으로써 권한을 보장하기도 한다.
- 조직의 운영과 유지를 위해서는 내・외부적으로 권력배분, 적응, 변화, 결속, 정체성을 부여하는 것이 중요하다. 조직은 비징치직 활동을 통해 국가권력을 견제하고 조직성원의 사회적응을 도모하고 사회변화를 주도하는 등 사회체계와 결합된다.
- 상하체계를 갖는 조직은 서로 영향을 주고받으면서 의지하게 된다.
- 어떤 조직이든 개별 조직마다 독특한 조직문화를 가진다.

(2) 조직의 유형

① 공공조직

공공조직은 중앙정부 혹은 지방정부의 업무를 수행하는 조직을 말한다. 이 조직은 모든 국민의 포괄적 복지를 위해 존재한다. 그리고 조직 내의 성원 간 위계질서가 분명하며 정기적 업무 이동이 있을 수 있다.

② 영리조직

영리조직은 최소투자로 최대생산을 강조하기 때문에 주로 민간기업의 인사관리 원칙에 따라 채용된 피고용자들로 구성된 조직이다. 따라서 조직성원은 기업주가 원하는 최대산출을 위해 뛰어야 하고 자신의 활동내용에 대해 기업주로부터 엄격한 평가를 받는다.

③ 사회봉사조직

사회봉사조직은 조직과 관련하는 자들에게 이익 혹은 도움을 주고자 하는 조직이다. 또 이 조직은 정부가 주도하는 사회복지사업에 인적·물적 자원을 제공함으로써 정부를 비롯하여 사회복지기관 혹은 시설을 지원한다. 사회봉사조직은 사회복지실천 현장에서 사회복지사업을 이끌어 가기도 하고, 사회복지실천 현장과 서로 도움을 주고받는다.

④ 상조조직

조직성원들의 이익을 위한 조직으로 정당, 노동조합, 전문가단체 등을 들 수 있다. 상조조직은 시대의 흐름을 반영하고 자발적 참여를 강조하나 실제로는 성원의 원리를 지키기 때문에 조직성원에 대한 통제규범을 가지고 있다.

⑤ 비공식조직

비공식조직은 특별히 정하고 있는 규정이 없기 때문에 정해진 역할과 책임은 없으나 특정 상황에 신속히 대처할 수 있는 강점이 있다. 비록 일정한 규정에 의해 운영되는 조직은 아니지만 사회복지실천 현장에서는 이 조직을 중요한 인적 자원으로 활용할 수 있다.

4. 지역사회

지역사회(community)는 동일한 지역에 근거하여 사는 사람들로, 공동체로 번역되어 사용되기도 한다. 사회복지실천방법들이 개인, 집단, 지역사회를 기반으로 이루어지고 있으므로 지역사회에 대한 이해는 매우 중요하다.

1) 주요 개념

(1) 지역사회의 정의

지역사회에 관한 정의는 "공동의 장소, 이해, 정체감, 문화, 활동에 기반하고 있는 사람들이 구성한 사회 단일체"로 정의된다. 지역사회는 반드시 지리적 공간 속의 주민뿐만 아니라 친목회나 기관들의 협의회 같은 공동체 의식을 갖는 개인 혹은 기관들의 결합체도 포함한다. 최옥채(2010)는 지역사회를 다양한 욕구나 문제를 가지고 있으며, 일정한 규모의 지리적 공간 안에서 지역사회 주민의 상호작용이 활발하게 이루어지고 지역사회의 욕구나 문제를 해결하기 위해 사회복지실천이 가능한 일정 규모의 장이라고 정의하고 있다.

(2) 주요 개념

❶ 지역사회 욕구

모든 사람이 저마다 서로 다른 욕구를 가지고 있듯이 지역사회에서 욕구가 존재한다. 왜냐하면 개개의 결합체가 하나의 유기체로 존재하는 것이 지역사회이기 때문이다. 대체로 지역사회의 욕구는 지역사회 주민이 공동으로 갖는 욕구로 대표된다(최옥채 외, 2007).

② 지역사회 문제

지역사회의 욕구가 적절한 시기에 합당한 방법으로 충족되는 것이 마땅하지만 그렇지 못할 경우 이것은 곧 지역사회의 문제가 된다. 욕구와 마찬가지로 지역사회 주민들이 떠안고 공동으로 해결해야 할 문제이다.

③ 지역사회 목표

개인이 궁극적으로 자아실현을 인생의 목표로 가지듯 '살기 좋은 지역사회'라는 궁극적이면서도 포괄적인 지역사회의 목표를 갖는다.

④ 지역사회 자원

지역사회 목표 달성은 지역사회가 지닌 욕구 혹은 문제를 해결하는 것부터 시작하여 한층 이상적인 지역사회를 만드는 일이다. 이 과업을 수행하기 위해 다양한 유형과 수준의 인적·물적 자원을 필요로 한다. 이에는 근로, 물품, 현금, 시설 등과 같은 눈에 보이는 자원과 심리적 지지와 같은 눈에 보이지 않는 자원이 있다.

⑤ 지역사회 문화

지역사회는 지리·역사·정치·경제적 맥락에서 고유의 특성을 갖는다. 지역사회가 위치한 자연환경과 주변 여건, 지역사회의 빈부 정도 등에 의하여 그 지역사회는 독특한 성향을 지니는데 이것이 지역사회 문화이다. 이는 지역사회를 포괄적으로 설명하는 근거가 될 뿐만 아니라 지역사회 주민의 공통된 특성 혹은 성향을 반영한다.

(3) 지역사회의 기능

❶ 생산, 분배, 소비의 기능

지역사회 주민들이 일상생활을 영위하는 데 필요한 재화와 서비스를 생산하고 분배하고 소비하는 과정과 관련된 기능을 말한다. 현대에 있어서 이 기능은 기업이 주로 담당하지만, 정부, 각종 전문기관, 종교단체, 교육기관 등도 이러한 경제적 기능을 담당할 수 있다.

❷ 사회화의 기능

사회화 기능은 사회 전체가 향유하고 있는 사회적 가치나 행동양식을 그 사회 구성원들에게 전달시키는 과정을 말한다. 학교, 기업, 지역사회 단위 등이 구성원들에게 사회적 가치를 전수하고 지역사회 구성원들과 함께 공통의 지식을 공유하며 행동 양식을 통일화하는 것 등이 이에 해당한다.

❸ 사회통제의 기능

지역사회가 그 구성원들에게 사회의 규범에 순응하게 하는 것을 말한다. 사회통제의 일차적인 기관인 정부 외에 다른 여러 사회조직인 가정, 학교, 교회와 사회기관들도 이러한 기능을 부분적으로 수행한다.

❹ 사회통합의 기능

사회체계를 구성하는 여러 단위의 조직들 간의 관계와 관련된 기능을 말한다. 사회통합의 기능은 사람들 스스로 규범을 준수하여 바람직한 행동을 하도록 하는 것이라고 말할 수 있다.

❺ 상부상조의 기능

사회제도에 의해서 자기들의 욕구를 충족할 수 없는 경우에 필요하게 되는 사회적 기능을 말한다. 과거의 전통적인 사회나 오늘날의 후진 사회에서 상부상조의 기능은 가족과 친척, 이웃, 친목단체나 자선단체와 같은 일차적인 집단에 의해서 수행되고 있으나, 현대사회에서는 이러한 기능이 정부, 민간사회복지단체, 종교단체 등으로 옮겨지고 있다.

2) 지역사회의 특성

❶ 역동성

지역사회는 사회를 구성하고 있는 지리적 공간, 생활공간, 주민, 조직, 상호작용 등이 지역사회가 추구하고자 하는 목표를 달성하기 위해 움직이는 상태를 의미한다. 모든 지역사회는 지역사회의 구성요소들이 서로 다양한 수준과 방법으로 순환하면서 영향을 주고받는다. 즉, 사회는 다수의 상호연관적이고 상호의존적인 부분들, 즉 경제, 종교, 가족 등으로 구성되면서 동시에 각 부분들은 전체가 성공적인 기능을 발휘할 수 있도록 기여한다.

❷ 변화성

지역사회의 변화성은 지역사회가 자기변화를 꾀하기 위해 외부환경과 대처하는 상황에 중점을 두고 있다. 갈등주의적 관점에서 볼 때, 변화성은 지역사회에 존재하는 갈등현상(경제적 자원, 권력, 권위 등이 불평등한 배분관계에 의해 발생)에 의해 지역사회의 변동이 초래된다는 것을 의미한다.

❸ 서비스 요구성

모든 지역사회는 나름대로 욕구나 문제를 가지고 있어서 적당한 시기에 욕구 혹은 문제 상황에 걸맞은 도움을 받고자 한다. 외형상 안정된 지역사회라고 할지라도 더욱 향상된 상태를 위해 잠재적 도움의 필요성은 존재한다.

❹ 변화의 능력

지역사회 역시 자가발전하여 변화할 수 있는 능력을 가지고 있다. 지역사회는 그 나름대로 여러 유형과 수준의 자원을 가지고 있다. 아무리 열악한 지역사회라고 할지라도 그 나름대로의 중요한 자원이 있고 유형의 자원이 아니더라도 주민들의 끈끈한 정과 같은 무형의 자원이 존재한다.

⑤ 시민의 변화를 위한 최적 단위

지역사회는 시민의 변화를 위한 개입활동에 가장 적합한 규모의 공간이다. 좋은 사회를 만들기 위해서는 먼저 시민들의 성숙함과 같이 시민의 변화를 강조한다. 시민의 변화는 지역사회 단위로 이루어지는 것이 바람직하다고 본다. 왜냐하면 시민의 변화에 가장 효과적이고 효율적인 개입은 적절한 규모라야 하는데, 지역사회가 최적의 단위, 적절한 규모라고 보기 때문이다.

5. 문 화

1) 문화의 정의

좁은 의미의 문화는 예술과 관련되거나 교양 있고 세련된 생활모습을 말하는 반면, 넓은 의미의 문화는 한 사회구성원들이 주어진 환경에 적응하고 극복하면서 만들어 온 그 사회의 전반적인 생활양식을 말한다. 유네스코(2002)는 문화를 한 사회 또는 사회적 집단에서 나타나는 예술, 문학, 생활양식, 가치관, 전통, 신념 등의 독특한 정신적·물질적·지적 특징으로 정의하였다.

그리트 홉스테드(Greet Hofstede, 1991)는 문화란 한 집단이나 범주에 속해있는 사람들을 다른 집단 사람들과 구별시켜 주는 집단적인 사고방식의 프로그래밍으로 이해했다. 문화는 우리 사회 구석구석에 스며있어서 인간의 정신에 마치 컴퓨터 소프트웨어처럼 작동하여 우리의 가정과 생각과 행동방식을 정의하게 한다. 일반적으로 문화는 개인이 가정에서, 학교에서, 그리고 조직에서 배우고 경험하는 것이다.

이처럼 문화는 사회의 거시체계로서 인간이 자연 상태에서 벗어나 일정한 목적 또는 생활, 이상을 실현하고자 사회구성원에 의하여 습득, 공유, 전달되는 행동양식과 생활양식의 과정이며, 그 과정에서 이룩하여 낸 물질적·정신적 소득을 통틀어 이르는 말이다. 의식주를 비롯하여 언어, 풍습, 종교, 학문, 예술, 제도 등이 모두 여기에 포함된다(두산동아, 2003). 즉, 문화란 주어진 환경에 인간이 어떻게 적응하면서 그들의 삶을 영위해 나갈 것인가에 대해 고민하며 만들어 낸 그들의 생활지혜이며, 삶의 적응방식인 것이다.

2) 문화의 특징

❶ 학습성

문화는 타고난 것이 아니라 사회화를 통해서 후천적 학습으로 습득하는 것으로, 특정한 사회에서 살고 있는 사람들의 공통된 생활양식이다. 문화는 일시적으로만 나타나는 현상이 아니라 특정한 부류들에 의한 사회적인 상속으로 전승되어 온 전통 혹은 유산이다.

❷ 보편성

문화의 보편성은 각 사회마다 공통적인 문화 형태가 있음을 말한다. 여기에는 모든 사회에 존재하는 복잡한 체계의 언어, 부부와 자녀 사이에 관련된 가치나 규범이 포함된 가족체계의 혼인제도, 종교 등이 있다. 또한 인간의 본능, 의식주 문제가 포함된다.

❸ 상징성

문화의 상징성은 모든 문화가 외형으로 드러나는 것 외에 속으로 품고 있는 의미가 따로 있음을 뜻한다. 그래서 문화를 사람들의 경험으로 해석하고 행동을 유도, 규제하는 의미와 상징의 체계로 정의하기도 한다.

④ 역동성(가변성)

문화의 역동성은 문화는 고정되어 존재하는 것이 아니며, 특정 문화 내에서뿐만 아니라 문화 간 움직임에 매우 강하게 영향을 받음을 뜻한다. 문화는 시간의 흐름으로부터 영향을 받아 새로운 문제를 제기한다. 이 새로운 문제는 변화된 행동과 신념에 적응해야 하므로 문화는 역동적일 수밖에 없다.

⑤ 다양성

문화의 다양성은 인간사회의 문화 형태가 서로 다를 수밖에 없음을 의미한다. 문화는 그 사회가 처했던 자연환경, 역사・사회적 상황에 적응하고 극복하면서 형성된 것이기 때문에 서로 다른 문화를 만들어 낼 수밖에 없다. 지구상의 모든 문화는 주어진 환경을 가장 잘 이용한 훌륭한 것이며, 문화에 높고 낮음이 있을 수 없다. 우수한 민족, 열등한 민족의 구분도 있을 수 없다.

⑥ 공유성

문화는 한 사회 구성원에게 공통적으로 나타나는 행동 및 사고방식으로, 사회생활을 위한 공동의 장을 제공한다. 이러한 공유성으로 인하여 우리는 사회구성원들의 행동과 사고방식을 예측하는 것이 가능하다.

⑦ 축적성

문화는 하루아침에 생긴 것이 아니라 여러 세대를 거쳐 만들어진 생활양식이 축적된 결과이다. 문화는 한 사회의 유산으로서 모방되고 계승된다. 예를 들어, 인간은 언어와 문자를 사용하여 한 세대의 경험과 지식을 다음 세대로 전달하며, 이렇게 다음 세내로 선해진 문화는 다시 경험과 지식이 보태져 그 다음 세대로 전해짐으로써 문화의 축적이 이루어진다.

⑧ 전체성

문화는 한 사회의 지식, 도덕, 법, 제도 등 수많은 요소들이 서로 밀접하게 연결되어 하나의 전체를 이루고 있다. 즉, 문화란 생활양식의 총체이므로 사회생활의 모든 부분이 문화와 연관을 갖는다는 것을 의미한다.

3) 문화의 기능

❶ 사회화의 기능

사회화란 자신이 속한 사회의 지식, 규칙 그리고 가치 등의 행동양식을 배우는 과정으로, 문화는 그 사회의 문화를 공유함으로써 다음 세대에 전달하여 안정된 사회의 유지와 발전에 기여한다.

❷ 욕구충족의 기능

욕구는 누구나 살아가기 위해 필요한 것인데, 문화는 여러 세대를 통해 전수된 생활양식, 가족제도, 경제제도, 정치제도 등을 통해 개인의 기본적인 욕구를 충족시켜 주는 욕구충족의 기능을 수행한다.

❸ 사회통제 기능

문화는 그 사회의 지식, 예술, 도덕, 관습 등 기타 사회구성원으로부터 획득된 모든 능력과 관습의 복합체로, 사회구성원들이 개인행동에 대한 규제를 통해 사회통제의 기능을 수행한다.

❹ 사회존속 기능

문화는 인간이 기본적인 욕구를 충족시켜 주고, 공동체의 유지와 통합에 필요한 요건을 충족시킴으로써 사회가 통일된 질서를 이루고 발전하도록 도와줌으로써 사회를 존속시켜 주는 기능을 수행한다.

4) 문화적응

문화인류학자인 레드필드, 린턴과 헤르스코비츠(Redfield, Linton, & Herskovits)는 문화적응(acculturation)을 서로 다른 문화를 가진 집단이 지속적으로 접촉하게 되었을 때 발생하는 현상으로, 집단 중 하나 혹은 모두가 속한 사회의 문화변화가 수반된다고 하였다. 이런 관점을 반영하여 베리(Berry)는 심리적 문화적응을 개인이 다른 문화와의 접촉의 결과로 나타나는 경험적, 질적 변화라고 정의하였다(손영미 외, 2011).

(1) 문화접촉(culture contact)

문화접촉은 서로 다른 문화를 지닌 집단이나 사회가 문화적인 면에서 지속적으로 직접 접촉하는 것을 말하나 정보통신문화의 발전으로 직접적인 인간의 접촉 없이 전파에 의해 일어날 수도 있다. 매우 다른 문화환경과 접촉할 경우 상당한 불안감을 느끼고 문화충격을 겪으며, 새롭거나 다른 문화에 대해 강력한 혐오를 느끼기도 한다.

(2) 문화마찰(culture conflict)

서로 다른 문화가 접촉하면 사람들은 저마다 자기 문화의 규준으로 상대를 헤아리므로 서로 오해와 마찰이 생겨나는 일이 많다. 그 과정에서 서로 다른 문화권의 역사나 전통, 관습 등의 문화적 차이에 의하여 사고나 행동 양식에 갈등이 생기게 되는데, 이러한 마찰과 갈등을 문화마찰이라고 한다.

(3) 문화변화(culture change)

문화라는 것은 단기적으로 변하기 어려운 성질을 가지면서도 장기적으로 변화한다. 문화변화는 문화 간 접촉으로 전파되어 들어온 문화요소가 기존 문화요소들과 접촉하는 과정에서 일어나기도 하며, 한 사회의 자연환경의 변화나 인구요인, 경제적 상황의 변화 등의 내부적 요인에 의해 일어나기도 한다.

(4) 문화변용(acculturation, 문화적응)

문화변용은 문화적응의 다른 언어로서, 독립된 문화를 지닌 둘 이상의 사회가 오랫동안에 걸쳐 직접적으로 접촉함으로써 한쪽 또는 양쪽의 문화체계에 변화가 일어나는 현상을 말한다. 베리(Berry)의 문화적응이론에 따르면, 이주집단의 고유문화 정체성과 특성을 유지하느냐 여부와 이주사회의 주류문화에 적극적으로 참여하고 관계하는 여부와 정도에 따라 통합(integration), 동화(assimilation), 분리(separation), 주변화(marginalization) 등으로 구분[1]된다. 베리는 이주민의 고유문화 정체성과 주류문화의 정체성이 공존 가능하다는 다차원적 문화적응모형을 제시하였다(손영미 외, 2010).

요약

- 가족 : 친밀한 관계의 근원 제시, 경제적 협조단위, 자녀출산과 사회화, 구성원에게 지위와 사회적 역할 부여
- 집단 : 구성원, 공통의 목적, 정체성, 개인의 행동에 영향을 미침, 상호작용(정서적 맥락), 집단참여의 한계
- 조직 : 공공조직, 영리조직, 사회봉사조직, 상조조직, 비공식조직
- 지역사회 : 욕구, 문제, 목표, 자원, 문화를 함께하고 있는 단위
- 문화 : 문화의 특성(학습성, 보편성, 상징성, 역동성, 다양성, 축적성, 전체성), 문화의 기능(사회화, 욕구충족, 사회통제, 사회존속), 문화적응(문화접촉, 문화마찰, 문화변화, 문화변용).

1) 통합(integration)은 자국의 문화를 유지하면서도 주류의 새로운 문화를 동시에 받아들이는 유형이다. 동화(assimilation)는 자국의 문화정체성과 특성을 유지하지 않고 새로운 주류문화만을 받아들이는 유형이다. 분리(separation)는 자국의 문화를 유지하면서 주류문화를 받아들이지 않으려는 유형이며, 주변화(marginalization)는 자국의 문화 정체성과 특성을 유지하지도 못하면서 주류문화와도 접촉을 하지 못하는 유형이다.

기출문제

01. 가족의 특성으로 옳은 것은?(제8회 기출문제)

가. 가족은 폐쇄체계이다.
나. 상호배타적 성격이 다른 사회체계보다 강하다.
다. 가족 내 하위체계가 존재하지 않는다.
라. 가족만의 독특한 규칙이 있다.

① 가, 나, 다　② 가, 다　③ 나, 라
④ 라　⑤ 가, 나, 다, 라

02. 둘 이상의 사회가 장기간 직접적인 접촉에 의해 한쪽이나 양쪽의 문화체계에 변화가 일어나는 현상을 설명하는 개념은?(제8회 기출문제)

① 문화마찰　② 문화지체　③ 문화변용
④ 문화접촉　⑤ 문화상대주의

03. 문화의 기능에 관한 설명으로 옳은 것을 모두 고른 것은?(제11회 기출문제)

가. 개인의 생리적·심리적 욕구 충족에 기여한다.
나. 인간의 행동과 사고에 직·간접적으로 영향을 미치며 세대 간 전승된다.
다. 다양한 생활양식을 내면화시켜 개인이 사회에 적응하며 살아갈 수 있게 한다.
라. 사회의 안정과 질서에 악영향을 미치는 문제들을 제거·소설하는 기능을 수행한다.

① 가, 나, 다　② 가, 다　③ 나, 라
④ 라　⑤ 가, 나, 다, 라

04. 인간행동에 영향을 미치는 사회체계에 관한 설명으로 옳지 않은 것은?(제10회 기출문제)

① 가족 내의 구조적 변화는 개인의 행동에 영향을 미친다.
② 인간의 성격은 조직생활을 하면서 변화될 가능성이 있다.
③ 집단은 집단역동성을 통하여 개개인의 사회화에 영향을 미친다.
④ 지역사회의 특성은 인간의 성격형성에 긍정적 또는 부정적 영향을 미친다.
⑤ 동일문화권에 속하는 사람들 간에는 일방적으로 동일한 성격을 지니게 된다.

05. 자조집단으로 기능할 수 있는 것을 모두 고른 것은?(제10회 기출문제)

가. 치매노인 가족 집단	나. 단도박모임
다. 자폐아동 부모 집단	라. 지역사회위원회

① 가, 나, 다 ② 가, 다 ③ 나, 라
④ 라 ⑤ 가, 나, 다, 라

정 답 1. ④ 2. ③ 3. ⑤ 4. ⑤ 5. ①

참고문헌

권민균 외(2014). 아동발달. 서울 : 창지사.

권민균 외 공역(2016). Robert V. Kail 저. 아동과 발달. 서울 : 시그마프레스.

권석만(2013). 현대이상심리학(제2판). 서울 : 학지사.

______(2014). 현대심리치료와 상담이론. 서울 : 학지사.

______(2015). 현대심리치료와 상담이론. 서울 : 학지사.

권정임(2009). 시스템 생태학에 대한 철학적 비판－생태적 통합과학에 대한 전체론적 전망의 창출을 위해. 사회와 철학, 18, 33-70.

권중돈 · 김동배(2014). 인간행동과 사회환경. 서울 : 학지사.

김기석 역(2010). Dewald, P. 저. 정신치료의 이론과 실제. 서울 : 고려대학교출판부.

김동배 · 권중돈(2000). 인간행동이론과 사회복지실천. 서울 : 학지사.

김문성 역(2015). 알프레드 아들러 저. 아들러 실전 심리학_개인심리학의 창시자. 서울 : 스마트북.

________(2018). 알프레드 아들러 저. 아들러 심리학 입문 플러스. 서울 : 스타북스.

김미례 · 노안영 · 오명자(2007). Adler의 생활양식이론의 관점에서 본 중년기 여성의 사회적 관심 정도 및 활동수준과 주부생활스트레스의 관계. 상담학 연구, 7(2), 935-950.

김선욱 · 김 원 · 김혜경 · 조철래 · 최병휘 공역(2015). Stephen Briers 저. 똑똑한 인지행동치료. 서울 : 시그마프레스.

김영애 외 공역(2005). 아서 J 클락 저. 방어기제를 다루는 상담기법. 서울 : 김영애가족치료연구소.

김영호 · 양은심 · 이순영 · 주수길(2005). 인간행동과 사회환경. 경기 : 양서원.

김윤재 외(2011). 사회복지실천기술론. 서울 : 동문사.

김태련 · 장휘숙(1994). 발달심리학. 서울 : 박영사.

남세진(2001). 집단지도방법론. 서울 : 서울대학교출판부.

박경애(2012). 인지행동치료전문과정. 초급과정 자료집 중.

박재현 역(2015). 기시미 이치로 저. 아들러 심리학을 읽는 밤. 경기 : 살림.

박찬진 · 안성진 · 정진옥(2010). 콜버그의 도덕발달단계 이론에 따른 인터넷윤리 교육방법에 관한 연구. 한국컴퓨터교육학회 학술발표대회논문집. 한국컴퓨터교육학회, 2010(8), 177-181.
법무부(2016). 출입국 · 외국인정책통계연보.
사회복지연구센터 편저(2009). 인간행동과 사회환경. 서울 : 나눔의집.
손병덕 · 강란혜 · 백은령 · 서화자 · 양숙미 · 황혜원(2008). 인간행동과 사회환경. 서울 : 학지사.
손영미 · 오세숙(2011). 문화적응이론의 전개와 여가 연구동향. 한국여가레크리에이션학회.
송길연 외 공역(2019). Robert Siegler 저. 발달심리학. 서울 : 시그마프레스.
송명자(1999). 발달심리학. 서울 : 학지사.
송지성 · 이성애(2012). 인지발달적 상호작용이 유아 디자인교육에 미치는 영향-피아제와 비고츠키의 인지발달이론을 중심으로. 한국디자인문화학회지, 18(3), 215-227.
양옥경 외(2005). 사회복지실천론. 경기 : 나남출판.
엄명용 · 노충래 · 김용석(2008). 사회복지실천기술의 이해. 서울 : 학지사.
연문희 · 이영희 · 이장호(2008). 인간중심상담이론과 사례실제. 서울 : 학지사.
오선영(2001). 아동의 협력적 상호작용 과정에서 나타난 언어유형 분석. 아동학회지, 22(3), 241-256.
오창순 외(2010). 인간행동과 사회환경. 서울 : 학지사.
유안진 · 김혜선(1996). 인간발달. 서울 : 한국방송대학교출판부.
이 주 역(2015). 기시미 이치로 저. 아들러, 용기의 심리학을 말하다. 서울 : 한국경제신문.
이근홍(2007). 인간행동과 사회환경. 경기 : 공동체.
이명희(1994). 칼 로저스의 인간중심 상담이론의 철학적 함의. 한국심리학회지 : 상담 및 심리치료, 6(1), 1-20.
이무석(2005). 정신분석에로의 초대. 서울 : 도서출판 이유.
이부영(2011). 분석심리학. 서울 : 일조각.
이삼식 · 최효진 · 윤홍식(2015). 가족변화에 따른 결혼 · 출산형태 변화와 정책과제. 한국보건사회연구원.
이인정 · 최혜경(2012). 인간행동과 사회환경. 경기 : 나남출판.
이장호 · 정남운 · 조성호(2010). 상담심리학의 기초. 서울 : 학지사.
이종복(2011). 인간행동과 사회환경. 경기 : 학현사.
이현성 역(2015). 칼 G. 융 · 캘빈 S. 홀 저. 분석심리학의 창시자 융의 심리학 해설. 서울 : 스마트북.
임 혁(2021). 사회복지상담론. 서울 : 학지사.
임 혁 · 채인숙(2015). 정신건강의 이해. 경기 : 공동체.
임선영 · 권석만(2012). 관계상실을 통한 성장이 성격적 성숙과 정신건강에 미치는 영향. 임상, 31(2), 427-447.
임안나 외(2011). 사회복지실천기술론. 경기 : 공동체.
장수한 외(2014). 청소년복지론. 경기 : 양서원.

장연집 · 박 경 · 최순영(1998). 현대인의 정신건강. 서울 : 학지사.
장휘숙(2008). 가족심리학. 서울 : 박영사.
전남련 외(2011). 사회복지실천기술론. 서울 : 도서출판 오래.
정 은(2010). 인간행동과 사회환경. 서울 : 학지사.
정명숙 외 공역(2010). Usha Goswami 저. 인지발달. 서울 : 시그마프레스.
정성훈(2008). 구별, 일반화, 기능적 분석－체계이론의 비교연구방법에 관한 고찰. 철학사상, 28, 379-419.
정옥분(2005). 아동발달의 이해. 서울 : 학지사.
주삼환 외(2009). 교육행정 및 교육경영. 서울 : 학지사.
차익종 · 이미옥 공역(2015). 데이비드 버스 저. 필링굿. 서울 : 아름드리미디어.
최순남(1994). 인간행동에 대한 사회체계이론의 접근. 한신논문집, 11, 201-230.
최영민(2011). 대상관계이론을 중심으로 쉽게 쓴 정신분석이론. 서울 : 학지사.
최옥채(2010). 사회복지실천론. 경기 : 양서원.
최옥채 외(2015). 인간행동과 사회환경. 경기 : 양서원.
최옥채 · 박민은 · 서미경 · 전석균(2011). 인간행동과 사회환경(제4판). 경기 : 양서원.
최해림 · 장성숙 공역(2008). Irvin D. Yalom 저. 집단정신치료의 이론과 실제. 서울 : 하나의학사.
한국기독상담심리학회 편(2019). 분석심리학과 표현예술치료. 서울 : 학지사.
한성자 역(2017). 알프레드 아들러 저. 아들러 인생방법 심리학. 서울 : 동서문화사.

Bower, T. G. R.(1979). *Human Development*. San Francisco : Freeman.
Brown, L. S.(2007). Empathy, genuiness and the dynamics of power : A feminist response to Rogers. *Psychotherapy : Theory, Research, Practice, Training, 44*, 257-259.
Farber, B. A., Brink, D. D., & Raskin, P. M.(1996). *The Psychotherapy of Carl Rogers : Cases and Commentary*. New York : The Guilford Press. 주은선 역(2017). 칼 로저스의 심리치료 : 사례와 해설. 서울 : 학지사.
Germaom, C., & Gitterman, A.(1996). *The Life Model of Social Work Practices : Advances in theory practice*(2nd ed). New York : Columbia University Press.
Goldfried, M. R.(2007). What has psychotherapy inherited from Carl Rogers. *Psychotherapy : Theory, Research, Practice, Training, 44*, 249-252.
Greet Hofstede(1991). *Cultures and Organizations : Software of the Mind*. New York : McGraw-Hill.
Hill, C. E.(2007). My personal reactions to Rogers(1957) : The facilitative but neither necessary nor sufficient conditions of therapeutic personality change. *Psychotherapy : Theory, Research, Practice, Training, 44*, 260-264.
McAdoo, J. L..(1993). The Role on Africxan-American Father : An Acological Perspective. *Family in Society, 74*(1), 28-35.

Montenmayor & Erisen(1977). The Development of Self-conceptions from Childhood to Adolescence. *Developmental Psychology, 13*, 314-319.

Newman, B., & Newman, P. R.(1987). *Development Through Life : A Psycho-social Approach*. IL : Oorset Press.

Piaget, J., & Inhelder, B.(1971). *Science of Education and the Psychology of the Child*. New York : Vikong.

Rogers, C. R.(1961). *On Becoming A Person : A Therapist's View of Psychotherapy*. Boston : Houghton Mifflin Company. 주은선 역(2009). 진정한 사람되기 : 칼 로저스 상담의 원리와 실제. 서울 : 학지사.

___________(1980). *A Way of Being*. Boston : Houghton Mifflin Company. 오제은 역(2009). 사람 —중심상담. 서울 : 학지사.

Shebib, B.(2003). *Choices : Counseling Skills for Social Workers and Other Professionals*. Massachusetts : Allyn and Bacon. 제석봉 · 이윤주 · 박충선 · 이수용 공역(2006). 사회복지상담심리학. 서울 : 학지사.

Thompson, R. A.(1998). Early Sociopersonality development. In W. Damon & Eisenberg(Eds.), *Handbook of Child Psychology*. New York : John WIiely & Son.

Thorne, B.(2003). *Carl Rogers*(2nd ed). London : SAGE Publishing Inc. 이영희 · 박외숙 · 고향자 공역(2007). 칼 로저스. 서울 : 학지사.

Von Hofsten, C.(1983). Catching skills in infancy. *Journal of Experimental Psychology : Human perception and performance, 9*, 75-85.

Zastrow, C.(1995). *The Practice of Social Work*. Pacific Grove : Books/Cole Publishing Company.

찾아보기

인 명

내 용

■장 수 한
부산대학교 대학원 사회복지학 박사
전 김해시 종합사회복지관 관장
현 인제대학교 사회복지학과 교수

■김 현 주
부산대학교 대학원 사회복지학 박사
전 한국복지재단 울산화정복지관 팀장
현 창원대학교 가족복지학과 교수

■임 혁
부산대학교 대학원 사회복지학 박사
전 원송병원 정신건강사회복지사
현 동서대학교 사회복지학과 교수

■채 인 숙
부산대학교 대학원 사회복지학 박사
전 컴넷하우스 시설장
현 인제대학교 해운대백병원 정신보건사회사업실 실장

인간행동과 사회환경 【제4판】

|공저자| 장수한·김현주·임 혁·채인숙

|1판 1쇄| 발행 2008년 8월 29일
|1판 5쇄| 발행 2011년 1월 15일
|2판 1쇄| 발행 2011년 8월 10일
|2판 6쇄| 발행 2016년 3월 5일
|3판 1쇄| 발행 2017년 2월 10일
|3판 5쇄| 발행 2022년 1월 25일
|4판 1쇄| 발행 2022년 8월 30일
|4판 2쇄| 발행 2023년 8월 10일
|4판 3쇄| 발행 2024년 7월 30일
|4판 4쇄| 발행 2025년 3월 20일

|발행인| 김동훈
|발행처| 공동체

|주소| 경기도 고양시 일산동구 호수로 358-39, 동문타워 1차 905호(백석동)
|전화| 031)814-3000(대표)
|팩스| 031)814-3100
|홈페이지| http://www.compub.co.kr
|전자우편| compub@naver.com
|출판등록| 2005년 10월 6일
|등록번호| 제396-2005-36호

|ISBN| 979-11-6725-165-7
정가 20,000원

memo.

memo.